U0956106

成交量核心技术

金　铁◎著

中国宇航出版社
·北京·

版权所有　侵权必究

图书在版编目（CIP）数据

成交量核心技术 / 金铁著. -- 北京 : 中国宇航出版社，2018.6（2025.10重印）
ISBN 978-7-5159-1471-8

Ⅰ. ①成… Ⅱ. ①金… Ⅲ. ①金融交易－基本知识 Ⅳ. ①F830.9

中国版本图书馆CIP数据核字(2018)第111587号

责任编辑　田芳卿
责任校对　白希国　　　装帧设计　宇星文化

出版发行　中国宇航出版社
社　址　北京市阜成路8号　　邮　编　100830
(010)60286808　　(010)68768548
网　址　www.caphbook.com
经　销　新华书店
发行部　(010)60286888　　(010)68371900
(010)60286887　　(010)60286804(传真)
零售店　读者服务部
(010)68371105
承　印　北京厚诚则铭印刷科技有限公司
版　次　2018年6月第1版　　2025年10月第11次印刷
规　格　787×960　　开　本　1/16
印　张　18.25　　字　数　253千字
书　号　ISBN 978-7-5159-1471-8
定　价　45.00元

本书如有印装质量问题，可与发行部联系调换

前 言

技术是什么?

技术不是根据已有的模式和数据，按照自己希望的方向去分析和判断。一个以主观愿望进行交易的理想主义者，很快就会接到市场开出的罚单。

技术更不是“感觉要涨了或感觉要跌了”， 如果交易行为建立在感觉上，那么结果注定会令人失望。

技术，其实是用来分析价格强与弱的变化、支撑与压制的转化及多空力量此消彼长的。跟随市场的动态，分析价格的变化，厘清潜在的逻辑，这才是技术之本。

技术包括两个部分：分析技术和操作技术。

别人没看见远处有块金子，你看到了，这是分析技术。看到金子和拿到金子是两码事儿，拿到了，这叫操作技术。

学会分析买点和卖点并不太难，难在“看到金子后，怎么想方设法拿到金子”。

掌握了分析方法，并不代表你必然就会赚钱，实战中的具体操作也是决定成败的关键。操作技术需要实践摸索和心态磨炼。

如果价格是航行中的船，那么成交量就是信风、潮汐或暗流。突如其来的量能，有时会使混乱的盘面趋于明朗，但有时也会让本来明朗的盘面横生变故。

常量、聚量、变量、量能消散等一系列成交量形态构成解密价格走势的钥匙，量能催化与背离分析等则指出了行情运行中的关键交易点。

本书集中阐述的成交量理论是笔者的独创，如果一定要为这些理论找一个源头的话，那么这个源头就是实战。

无论何种技术，学是为了变，变是为了更好地适应实战。没有永远不老的容颜，人如此，技术何尝不是。

水本无形，因器成之。不囿成说，不困于中，技术派才会有春天。

目　录

第一篇　成交量基础分析

市场交易最引人入胜之处在于，它永远具有改善自己的空间。从事其他行业的人也许可以用其他方法改正自己的错误，但是交易员必须直面错误，因为数字是不会骗人的。

——马丁·舒华兹

第一章　成交量概述

如果一只普通股被确定为良好的投资对象，那么这只股票同时也是良好的投机目标。

——本杰明·格雷厄姆

一、成交量与图示

成交量是指交易市场的多空（买卖）双方，在某个单位时间内对某项交易成交的数量。

成交量的计算单位为手或股，1 手等于 100 股。

成交量能够直观地反映交易情况：成交量稀疏、低迷，说明参与交易的人数少或资金量小，价格走势多呈萎靡、盘整的状态；成交量密集、高涨，说明参与交易的人数多或资金量大，价格走势必然亢进、大开大阖。

成交量分析是技术分析中不可或缺的组成部分。漠视成交量的变化情况，只专注于其他技术分析形式，很容易脱离实战、坠入“为技术而技术”的死链中，最终得出的结论很难为实战提供有益的帮助。

同样，单一的成交量分析也难以完成对价格趋势或趋向的判断，在实战中很容易出现这样或那样的误判。只有综合运用各种技术分析手段才能事半功倍，达到理想的效果。

实战中既有放量上涨也有放量下跌，成交量的放大与缩小并不能决定价格的涨跌，只能起到关键性的催化作用。对此要有明确的认知，这也是正确分析成交量的技术基础。

技术分析中观察成交量的变化，主要通过 K 线图、分时图以及量比、换手率、技术指标等不同的形式。在最为常用的 K 线图、分时图上，通常以成交量柱状图来表示成交量及其变化情况。

如图 1–1 所示，上方为 K 线图，下方为代表成交量大小的柱状图，每根 K 线对应一根成交量柱。

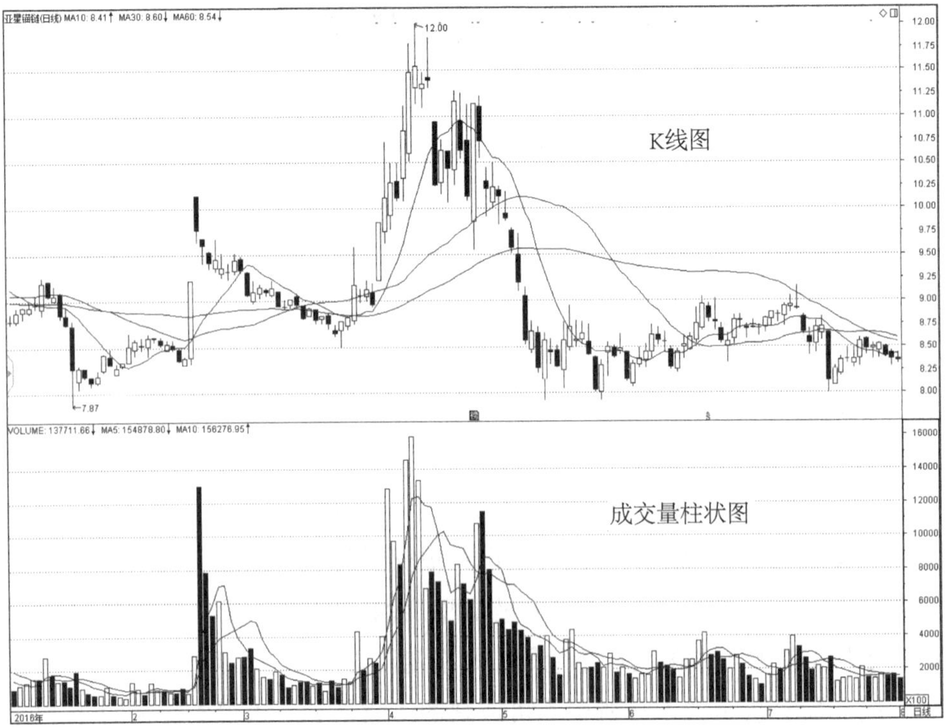

图 1–1

在不同周期系统 K 线图中，每根成交量柱代表着不同时间周期内的成交量，例如图 1–1 为日线系统，则每根成交量柱代表某日成交的情况。周线、月线、分钟系统上的成交量柱则分别代表某周、某月和某分钟的成交量。

与 K 线图类似，分时图上同样以成交量柱状图的形式来显示成交量变化的情况，不过分时图中的成交量柱相对较细，更像一条线，所以通常也称为成交量柱线。

如图 1–2 所示，上方为分时图中的现价线、均价线、昨日收盘线，下方为成交量柱线图。

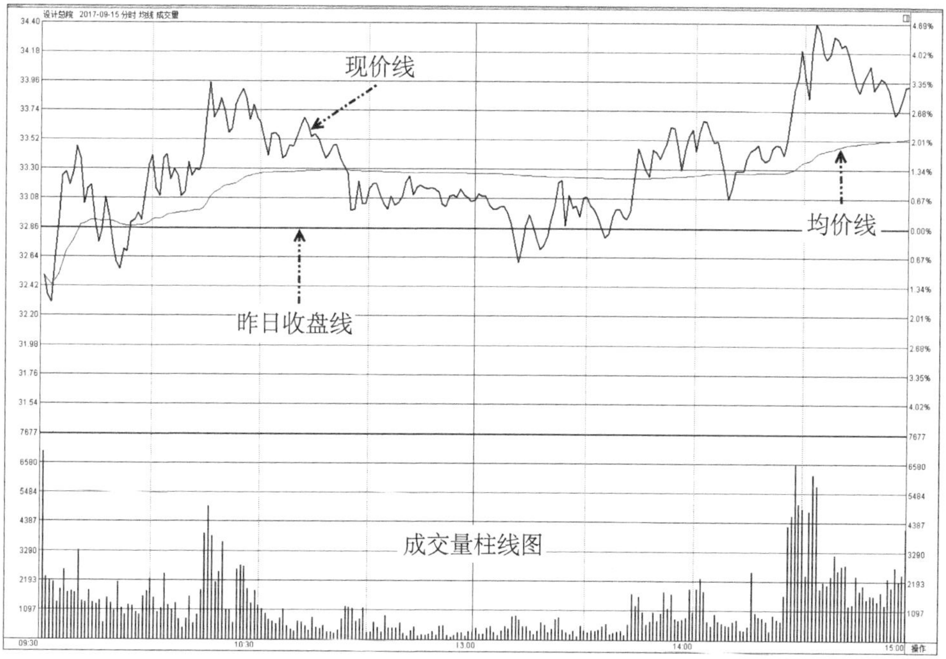

图 1–2

每条长短不一的柱线代表每分钟的累积成交之和。柱线越长，表明在这一分钟里的总成交量越大。

无论是 K 线图还是分时图，都有各自的优缺点。

K 线图中成交量柱的优点是，可以简单明了地看到一段时间内成交量的高低变化。其缺点是，与 K 线的阳线或阴线相匹配的成交量柱，虽然也会呈现阳量或阴量，但阳量并不完全等于大部分是买入，阴量也不完全等于大部分是卖出，其中的变化绝不会像图示中的阳量或阴量那样简明易辨。

分时图所显示的是当日的即时走势，量柱量线会随即时成交数据而变化，其优点是能够及时观测到交易中成交大单的出现及其密集程度，缺点与 K 线图相似，即并不能完全确认成交大单的真实指向。

实战中，无论是 K 线图还是分时图，最基本的成交量观测点就是量价契合形态以及后市发展在逻辑上是否具有合理性。这部分内容在后面的章节中会不断提及并加深。

二、成交金额、总量、现量的含义

成交金额是指交易市场的多空（买卖）双方，在某个单位时间内对某项交易成交的金额，以人民币“元”为单位来计算。

例如，卖方卖出 1000 股，买方需向卖方支付 1000 股的价款，即为成交金额。股票成交金额除以成交量，即可得出每股均价。

在成交量相同的情况下，因个股股价不同，成交金额也必然不同。例如，某股日成交量 1 亿股，均价每股 5 元，另一股日成交量也是 1 亿股，均价每股 10 元，二者的成交金额显然不同。

在柱状图的图示中，成交量和成交金额也存在一些差异。

如图 1-3 所示，K 线的下方为成交量柱状图和成交金额柱状图叠加后

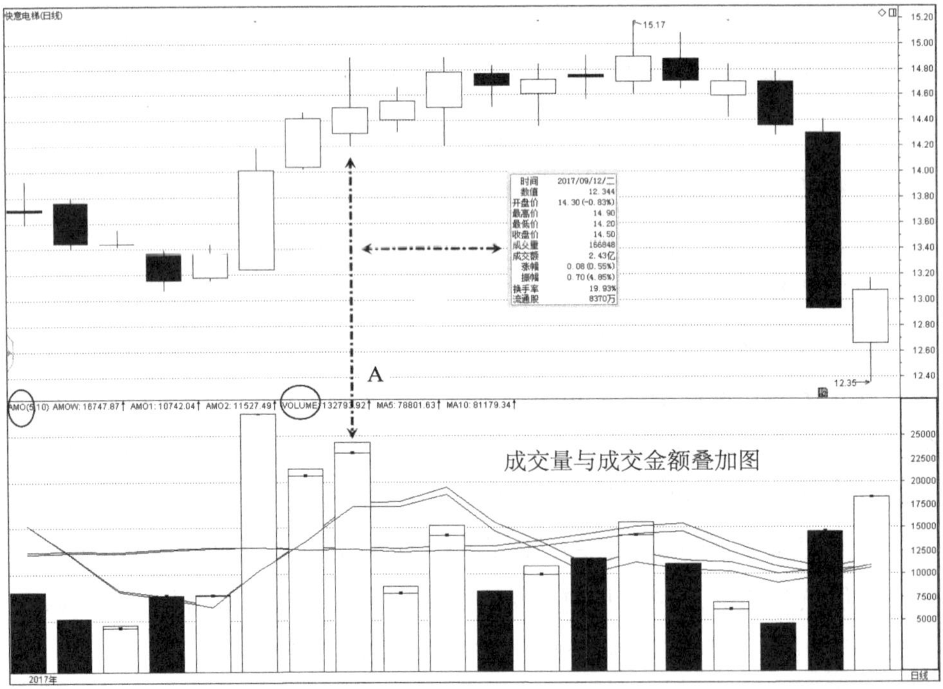

图 1-3

的情况。A 点当日成交量为 166848 手，成交金额为 2.43 亿元，在柱状图上二者还是显示出些许差距。

在谈及大盘指数的成交时，习惯说成交金额，比如，某天沪市或深市成交多少亿元。而说到个股时，习惯说成交量（成交量以手为单位），或者换手率，比如，某股日成交多少手或股，或是当日换手率为多少。

实战中，成交金额的分析方法和成交量相似，而成交金额在资金流动分析上似乎更能直观地反映出某一时间段内，市场有多少真金白银在流进或流出。

在常用的交易软件上，都会有今日总金额排名（如图 1–4 所示）。分析今日总金额排名，可以知道即时交易金额最大的股票是哪些，收盘后全天交易金额最大的股票是哪些，盘中显示即时交易金额最大的股票在收盘后是否有变化，交易金额较大的股票是处于上涨，还是处于下跌的态势中。

今日总金额排名		
浙大网新	17.42	7.23亿
东方市场	7.39	6.54亿
京威股份	10.84	5.12亿
方大炭素	28.80	4.30亿
光威复材	68.48	4.26亿
格力电器	40.07	4.05亿
九安医疗	13.41	3.87亿
原尚股份	47.88	3.74亿
特 力A	50.67	3.41亿
恒银金融	36.09	3.18亿
中国联通	7.21	2.66亿
韦尔股份	32.42	2.55亿
京东方A	4.69	2.49亿
哈三联	43.04	2.45亿
赣锋锂业	85.86	2.44亿
二六三	11.80	2.35亿
安凯客车	11.29	2.32亿
科恒股份	80.19	2.22亿
中兴通讯	28.99	2.17亿
煌上煌	22.55	2.16亿

图 1–4

通过上述观察可以分析出，当日资金攻击方向和热门目标个股是哪些。但是总金额排名高的并非都是上涨的。不过有一点可以确定，总金额排名高的，资金进出极其活跃，而且多空双方对于当前的价格分歧较大，正处于激烈交锋中。

在个股的盘口，会有总量、现量、外盘、内盘等数据显示。

总量就是截至当前时间段总的成交量，也即外盘加上内盘合计的成交量，如图 1–5 所示。现量是指最新的即时成交的数量。

卖五	11.06	21	
卖四	11.05	227	
卖三	11.04	26	
卖二	11.03	40	
卖一	11.02	627	
买一	11.01	18	-2
买二	11.00	87	
买三	10.99	276	
买四	10.98	402	
买五	10.97	49	
现价	11.01	今开	10.50
涨跌	0.76	最高	11.28
涨幅	7.41%	最低	10.35
昨收	10.25	均价	10.98
总量	160980	量比	30.11
外盘	80559	内盘	80421

图 1–5

总量和现量的含义较容易理解，那么什么是内盘和外盘呢？

以买入价成交的交易，成交现手数量加入的累计数量，即内盘。换句话说，主动性卖出的数量，就是内盘数据。

以卖出价成交的交易，成交现手数量加入的累计数量，即外盘。换句话说，主动性买入的数量，就是外盘数据。

内外盘数据是动态的，会随着行情发展而改变。早盘内盘大的个股，也许到了午市收盘就会变成外盘大。分析内外盘要结合盘口综合运用。

对于一些经过长期大幅下跌之后走势低迷的冷门股，如果发现其外盘在连续多日的交易中都明显大于内盘，但个股价格变化并不明显，可以选择将部分资金埋伏其中，因为这种现象意味着有资金悄悄进场。相关盘口数据的技术应用，请参阅《盘口分时图核心技术》[①]一书。

三、分析当日成交量构成的意义

分析 K 线图、分时图中的成交量，可以得知一段时间或者当日量能的分布情况，这些可以说是成交量整体性分析，其重要性不言而喻，但也不可忽视成交量分析中的细节分析。

当日的成交量构成是一个需要重点关注的细节。尤其对短线交易者来说，盘中或盘后及时分析成交量构成，有利于摸清主导资金运作的脉络或操作手法。

在常用交易软件行情信息区的下方，是个股的分时成交明细，也被称为成交回报。在分时成交明细里，可以看到每分钟、每笔成交单的情况，如图 1–6 所示。

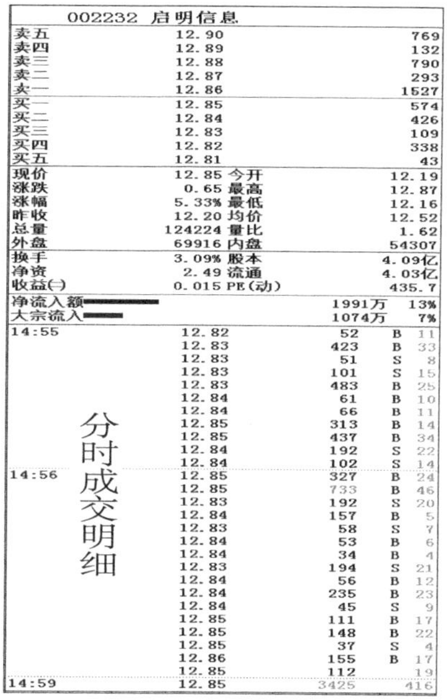

图 1–6

① 《盘口分时图核心技术》一书已由中国宇航出版社于 2018 年 1 月出版。——编者注

在分时界面上键入 01 后回车，就可以看到个股自开盘到最新即时交易，直至收盘时的分时成交明细，如图 1–7 所示。

分时成交明细是分析当日成交量构成的第一手资料。

由于很多软件不保存分时成交明细的内容，如果未在盘中或盘后有限的时间里及时分析这部分数据，则可能很难再看到当日每分钟、每笔成交的细节情况。

尽管可以通过分时图的成交量柱或量线来模拟或大体估算当时的成交单，但要花费大量的时间和精力，远不如数据本身来得直观真切。

在分时成交明细里，不仅可以看到开盘时第一笔成交单数据，还可以看到盘中有何种级别的大单，某一时间段密集成交单的数量、级别、连续性，等等，这些内容对没时间盯盘的交易者来说都是极为重要的分析数据。

分时成交明细里的一些大成交单或密集成交单，对相应分时走势带来的影响，以及价格所处的趋向、趋势，都是细节分析中需要重点分析的关键点。

通过这些数据分析，可以初步推断主导资金是否存在对倒，以及后市可能形成的走势等。

四、预估当日成交量及实战意义

个股的异动，多伴以量能。成交大单的出现足以搅动股价急涨急跌，但在实战中经常遇到的情况是：几笔大单成交后，股价又重新回到原先“门庭冷落”的状态，使得热血追高的交易者瞬间被套几个百分点。

避免追高是个老调，老调重弹得有几分新意，才能让人继续看下去。

面对瞬间放量急涨的个股，追与不追并不是重点，重点是有没有追的必要。

预估目标个股当日的成交总量，并与前几日相比较，看是否存在明显的放大，这也是辨别个股由冷转热的条件之一。

一只长期处于缩量盘整状态的个股，即使某日盘中出现几分钟的放量

×002232 启明信息　分时成交明细　Up/PageUp:前翻 Down/PageDown:后翻

时间	价格	成交		
09:25	12.19	653		76
09:29	12.20	395	B	9
09:30	12.24	677	B	44
	12.21	120	S	10
	12.26	27	B	4
	12.21	98	S	8
	12.28	102	B	6
	12.21	9	S	2
	12.27	20	B	2
	12.28	9	B	4
	12.27	76	S	6
	12.27	12	B	2
	12.30	159	B	6
	12.28	14	S	2
	12.30	4	B	2
	12.30	64	B	3
	12.29	2	B	2
	12.29	18	B	3
	12.30	19	B	2
	12.30	99	B	10
	12.30	49	B	4
09:31	12.31	16	S	2
	12.31	55	S	5
	12.31	9	S	1
	12.31	5	S	1
	12.38	73	B	7
	12.37	15	S	4
	12.38	16	B	7
	12.38	25	B	5
	12.39	23	B	5
	12.40	89	B	5
	12.39	127	S	4
	12.40	42	B	5
	12.41	116	B	4
	12.42	32		4
	12.45	80	B	2
	12.45	77	B	11
	12.47	8	B	3
	12.46	65	S	11
	12.48	162	B	22
	12.46	47	S	9
09:32	12.48	332	B	19
	12.48	19	S	5
	12.48	71	S	7
	12.48	78	S	8
	12.50	303	B	21
	12.47	125	S	12
	12.48	135	B	15
	12.41	101	S	10
	12.47	144	B	14

时间	价格	成交		
	12.48	113	B	4
	12.40	15	S	5
	12.46	12	B	4
	12.40	123	S	11
	12.40	44	B	6
	12.39	145	S	8
	12.39	68	S	5
	12.35	236	S	19
	12.35	16	B	4
	12.35	265	B	6
	12.39	31	B	6
09:33	12.35	143	S	4
	12.35	30	S	3
	12.35	22	S	3
	12.35	246	S	16
	12.35	5	B	1
	12.38	9	S	3
	12.35	100	S	7
	12.38	91	B	4
	12.39	92	B	7
	12.40	7	B	2
	12.44	14	B	2
	12.44	7	S	1
	12.45	90	B	14
	12.44	45	B	4
	12.44	8	B	3
	12.44	41	B	9
	12.45	44	B	6
	12.43	24	S	5
	12.46	410	B	24
09:34	12.46	60	B	3
	12.42	101	S	9
	12.46	124	B	8
	12.46	24	S	4
	12.45	20	S	4
	12.39	237	S	11
	12.43	29	B	1
	12.41	105	S	3
	12.43	17	B	6
	12.40	13	S	2
	12.41	5	B	1
	12.40	111	S	3
	12.39	66	S	4
	12.40	30	B	1
	12.40	55	B	5
	12.41	151	B	11
	12.42	30	B	4
	12.42	43	B	6
09:35	12.42	12	S	4
	12.42	47	S	6

时间	价格	成交		
	12.43	72	B	5
	12.43	35	S	5
	12.43	34	S	7
	12.44	241	B	17
	12.44	19	S	4
	12.43	107	B	5
	12.43	23	S	2
	12.44	2	B	1
	12.43	112	S	8
	12.43	149	B	5
	12.43	14	S	4
	12.43	29	S	3
	12.43	158	S	19
	12.45	111	B	8
	12.43	11	S	2
	12.45	219	B	7
09:36	12.45	51	B	6
	12.45	9	S	2
	12.46	49	B	7
	12.45	12	S	4
	12.46	78	B	6
	12.46	172	B	8
	12.46	55	B	8
	12.47	50	B	7
	12.47	13	B	3
	12.46	115	S	10
	12.46	1	B	1
	12.46	48	B	5
	12.48	403	B	27
	12.48	55	B	8
	12.45	56	S	5
	12.47	417	B	15
	12.45	15	S	2
	12.48	69	B	4
	12.49	50	B	5
09:37	12.49	271	S	33
	12.49	85	S	8
	12.49	71	S	9
	12.50	15	B	4
	12.48	189	S	14
	12.48	16	B	3
	12.50	27	B	4
	12.48	20	S	2
	12.48	55	S	9
	12.48	10	S	1
	12.48	80	S	7
	12.49	100	B	12
	12.48	99	S	9
	12.46	128	S	6
	12.49	515	B	21

时间	价格	成交		
	12.48	12	S	2
	12.48	36	S	3
	12.49	10	B	3
	12.48	57	S	6
09:38	12.49	142	B	16
	12.48	27	B	3
	12.45	53	S	4
	12.46	19	S	2
	12.45	123	S	8
	12.43	143	S	12
	12.48	131	B	13
	12.48	52	S	4
	12.48	32	S	4
	12.48	35	B	1
	12.48	73	B	7
	12.47	8		3
	12.46	37	S	4
	12.46	27	S	4
	12.46	5	B	1
	12.48	186	B	12
	12.48	5	B	2
	12.48	55	B	5
	12.47	36	S	2
09:39	12.46	81	S	8
	12.48	236	B	6
	12.46	76	S	7
	12.47	34	B	3
	12.46	119	S	5
	12.46	44	B	1
	12.46	34	B	1
	12.45	15	S	2
	12.48	302	B	11
	12.43	10	S	1
	12.45	2	S	1
	12.45	10	S	1
	12.45	87	S	3
	12.44	1	S	1
	12.44	326	S	17
	12.47	58	B	7
	12.44	79	S	6
	12.44	10	B	1
09:40	12.44	45	B	4
	12.47	30	B	3
	12.46	10	B	1
	12.46	17	B	3
	12.46	34	B	2
	12.46	5	S	2
	12.47	37	B	7
	12.47	91	S	6
	12.47	10	S	1

图 1-7

急涨，也并不能证明该股就会从此转为资金追捧的对象。至少几个交易日内，目标个股有一个量能积蓄、聚拢的过程。

当某日的量能明显超出这个聚量的平均值时，该股才有可能真正形成升势。但问题是，如果需要等到收盘才能确定量能是不是超出平均值，那么无疑会错过不少极佳的短线交易点。

要解决这个问题，就需要提前预估目标个股当日的成交总量，而并不一定要等到盘中出现放量急涨，或者尾盘、收盘时才做出决定。

预估当日成交量可以借用下面这个公式：

240 分钟 / 已用时间 × 即时成交总量＝预估日总成交量

例如，午市收盘某股成交 360 万股，240 分钟 /120 分钟 ×360 万股＝720 万股。这个预估数和全天收盘后的实际成交量会有一定的差距。

该股前一交易日全天收盘的成交总量为 770 万股，通过上述预估值可以看出，该股至午市收盘时的成交量并没有出现明显的放大，基本和前一交易日持平。也就是说，量能上该股并无异动，即使出现急涨，如果成交量不能连续密集放出，冲高回落的概率也很大。

其实还可以用换手率来粗略预估当日成交总量，如上述案例中的个股，午市收盘时的换手率为 2.09%，平均计算则全天收盘应在 4% 上下。

前一交易日该股全天收盘换手率为 4.38%，预估值也与之接近。

常用的交易软件中，一般有一个成交量盘中虚拟的功能（VOL-TDX），可以虚拟当日成交量可能达到的数值。

如图 1-8 所示，图中虚线构成的量柱即为盘中虚拟的成交量，而下面实线构成的量柱为即时成交量。

使用成交量盘中虚拟的功能，可以较为直观地对比当日成交量是否有明显的放大。这个盘中虚拟是动态的，实盘中会根据数值不断修正。

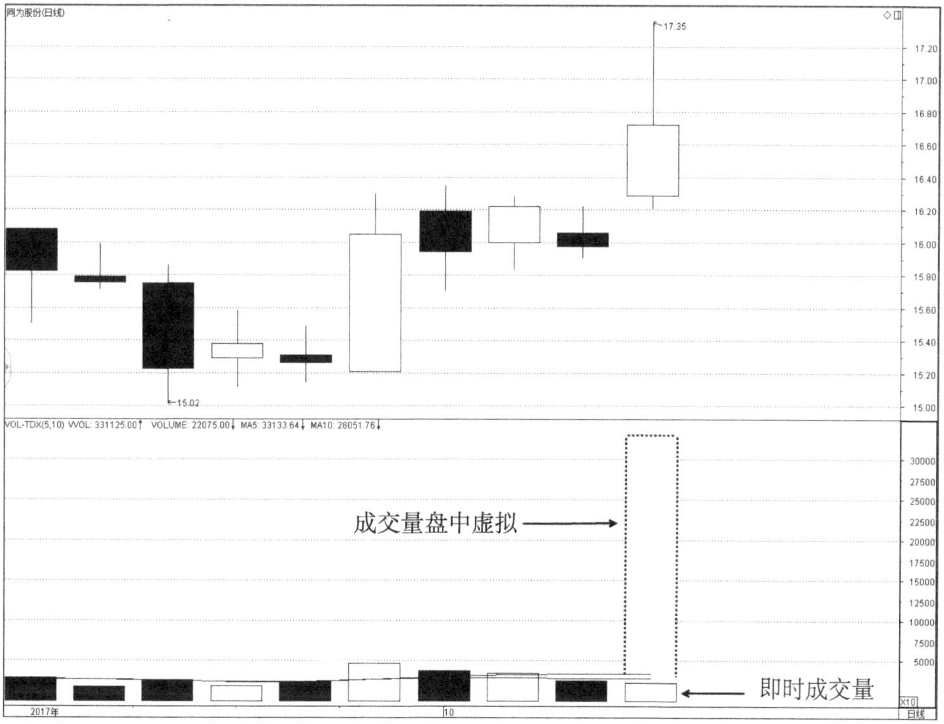
同为股份(日线)
17.35
15.02
17.20
17.00
16.80
16.60
16.40
16.20
16.00
15.80
15.60
15.40
15.20
15.00
VOL-TDX(5,10) VVOL: 331125.00↑ VOLUME: 22075.00↓ MA5: 33133.64↓ MA10: 28051.76↓
30000
27500
25000
22500
20000
17500
15000
12500
10000
7500
5000
成交量盘中虚拟
即时成交量
X10
2017年
10
日线

图 1-8

第二章　成交量实战分类及不同分析形式

在价格形成一个明显的趋势后，它将一直沿着贯穿其整个趋势的特定路线自动运行。

——杰西·利弗莫尔

一、地量

地量指某一交易标的历史成交中的最小值，如图 1–9 所示。

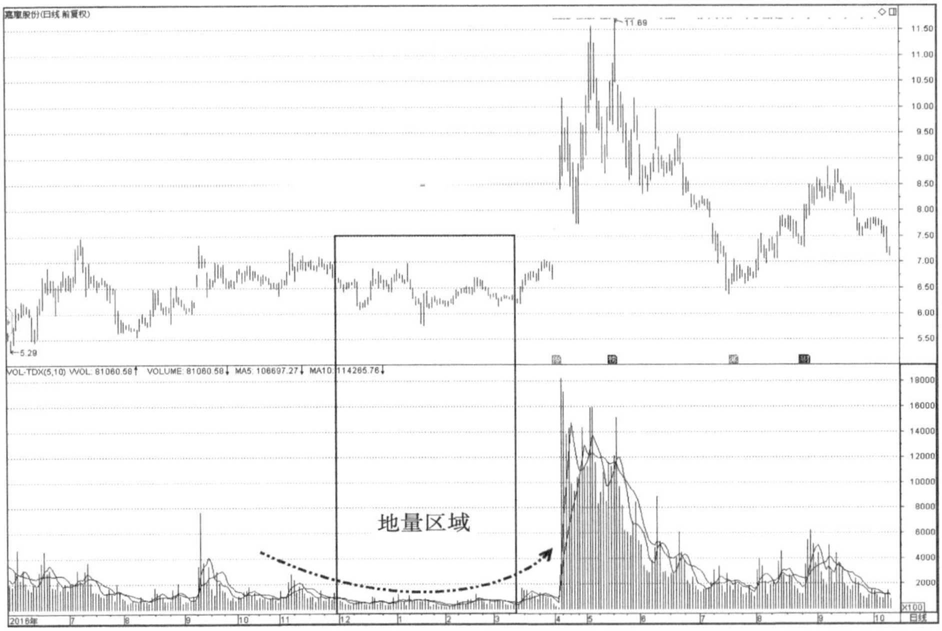

图 1–9

地量所显示的是成交量极度低迷，接近或创出历史最低值。这种成交量极端状况的出现说明，市场资金或持仓者对目前的价格和趋势持消极或观望态度。

资金持有者不愿盲目买入股票，仓位持有者也不愿卖出股票，市场参与者都在等待一个能够指明方向的契机。

当某一个或几个交易日出现成交的历史低值时，可能只是趋势或趋向运行中的休整态势，而成交长时间维持在历史低值，则形成地量区域，可能趋势或趋向会由此孕育出相应的拐点。

市场上有“地量见地价”的说法，意思是成交量极度低迷后，下跌的股价见到低点会反弹。这种说法具有一定的局限性。

地量的出现只能说明一个问题，即交易处于低迷阶段，是否发生逆转并不具有必然性，只存在这种可能性。至于这种可能性是否会转化为真实的存在，则需要结合技术环境综合判断。

如果盲目地认为地量就是价格触底反弹的唯一标准，很可能就会导致失败的交易。

实战中有很多案例证明，个股在地量区域发生价格暴跌（挖坑），然后再进入趋势向上逆转的情况并不少见（如图 1–10 所示）。还有不少案例证明，地量阶段在某些个股的运行中会长时间存在，直至消磨掉持仓者的信心。

这些地量所带来的滞后性因素，以及不能以主观愿望作为交易的理由和依据，都是交易者必须高度重视的分析环节。

地量是某一个股或指数成交的历史低值，随着送股或分红等股本不断变大，地量值也会随之改变。但从技术分析的角度来说，这种改变的动态分析作用较小，而能够对价格运行起到重要分析作用的成交低值必然是动态的，处于不断变化之中。

这就引出了“常量”的概念，这个概念包括地量，但不限于历史低值这个条件，是灵动分析成交量的手段之一，后面的篇章中将会具体讲解。

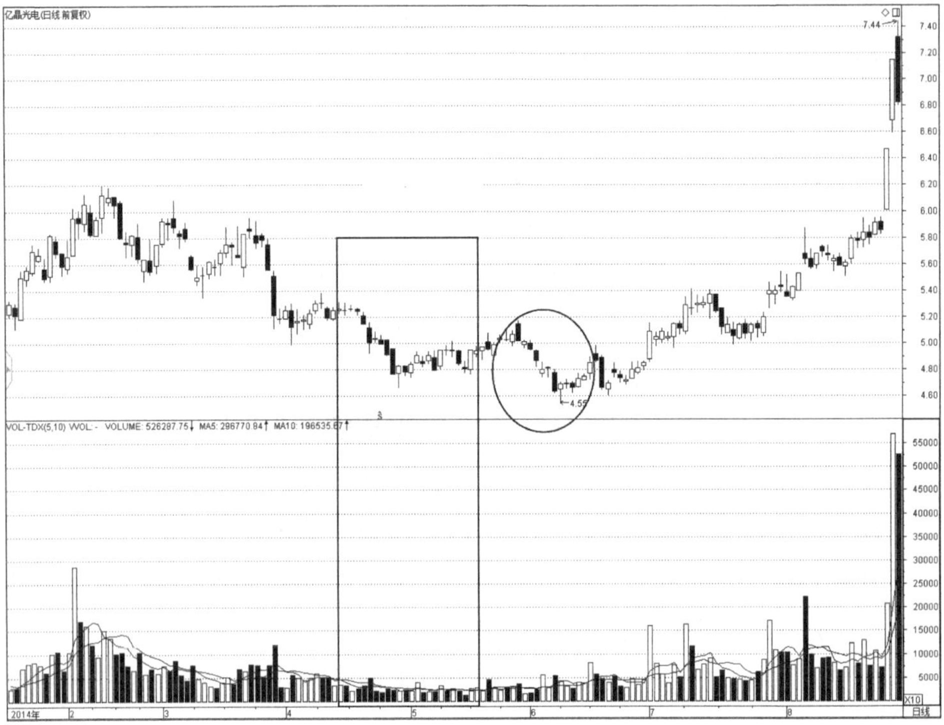

图 1-10

二、天量、巨量

天量指成交量值接近或超过历史成交的最高值。某股周线图如图 1-11 所示，A 区域的成交量已经远超历史最高成交数值。

随着市场扩容速度的加快以及个股股本的变大，交易者对大盘指数或个股成交天量的具体数值，应根据市场的实际变化情况灵活掌握，适时调整。

巨量是一个相对模糊的概念，是指超过一段时间内平均成交量较多的量能。通常以 5 日均量线为标准，超过 5 日均量线 2 倍以上的量能，称之为巨量，如图 1-12 中 A 点所示。图中圆圈标注为 5 日均量线数值。

与“地量见地价”的说法一样，市场上也有“天量见天价”的说法，意思是说，天量或巨量出现后，上涨的价格将会见顶回落。

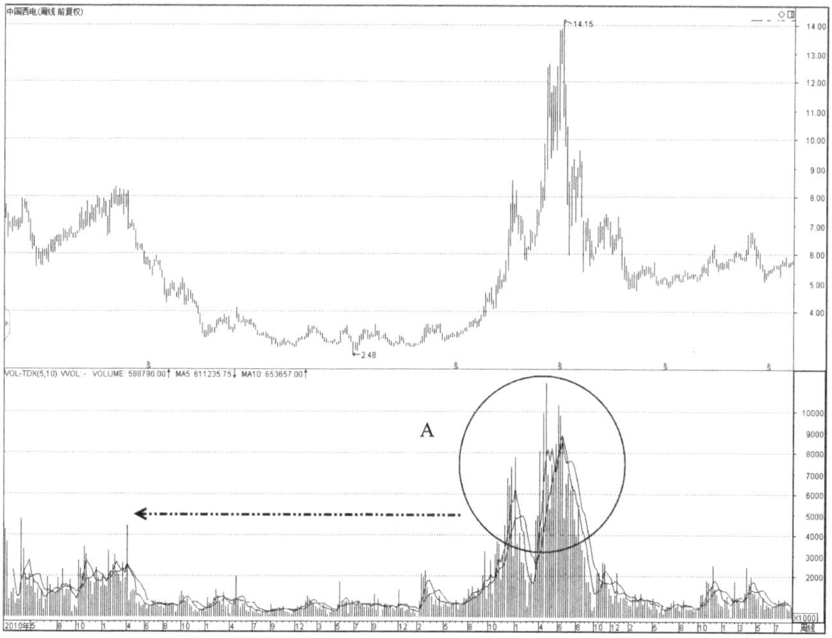
中国西电(周线 前复权)
14.15
2.48
VOL-TDX(5,10) VVOL: - VOLUME: 588790.00↑ MA5: 611235.75↓ MA10: 653657.00↑
A

图 1-11

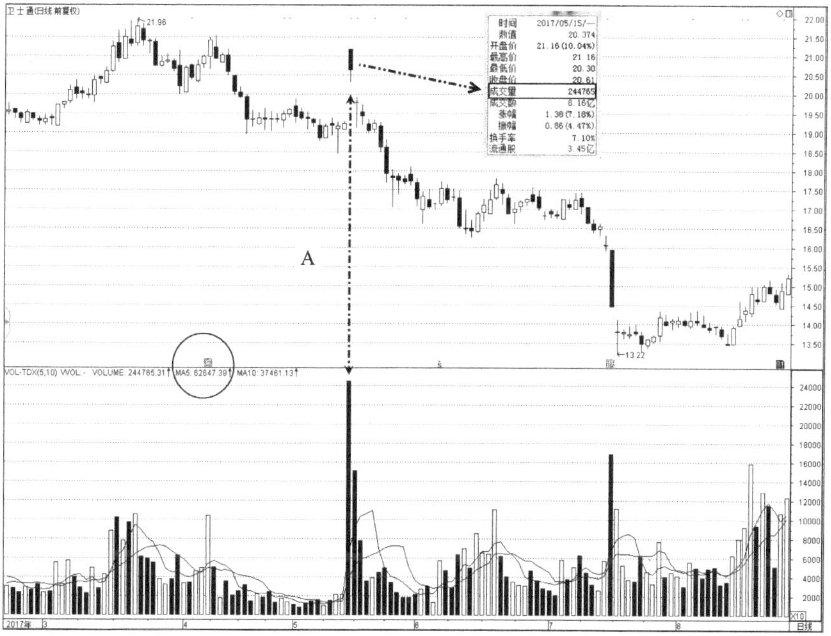
卫士通(日线 前复权)
21.96
13.22
时间 2017/05/15/—
数值 20.374
开盘价 21.16(10.04%)
最高价 21.16
最低价 20.30
收盘价 20.61
成交量 244765
成交额 5.16亿
涨幅 1.38(7.18%)
振幅 0.86(4.47%)
换手率 7.10%
流通股 3.45亿
A
VOL-TDX(5,10) VVOL: - VOLUME: 244765.31↑ MA5: 62647.39↑ MA10: 37461.13↑

图 1-12

天量或巨量的出现势必对原有趋势或趋向产生重大影响。

个股出现天量或巨量这种成交量的极端状况，说明多空双方对目前的价位有着巨大的分歧，为此双方展开了极为激烈的争斗。

无论哪方取得优势地位，都必然消耗巨大，所以量能的这种极端状况难以持久，接下来将会处于持续时间不定的休整态势，直至价格拐点出现或延续原有趋势。

实战中，对突如其来的所谓天量或巨量，一些交易者不免忧心忡忡，生怕遭遇暴跌或错失暴涨的机会。

其实遵循技术环境分析的原则，就不难辨别个股将朝哪个方向发展。

例如，若经过长期大幅上涨的个股，在价格高位集中出现天量或巨量，股价却未能顺势拓展上涨空间，而是出现反复折返的态势，那么该股后市继续涨升的可能性远小于就此展开下跌或盘整。关于技术环境分析的内容，后文将有详解。

三、量比及实战应用

量比是以成交量为衡量对象的指标，也是极为重要的成交量分析形式之一。在解读盘面、研判价格运行趋向上，量比是不可或缺的一项数据和指标。

量比是指开盘后每分钟的平均成交量与过去5个交易日每分钟平均成交量之比。其最突出的作用就是能够及时发现哪些个股在成交量上出现了突变情况。

成交量的突变意味着交投活跃度激增，虽然并不必然产生获利的机会，但量能的变化总会额外告诉交易者一些关于价格的线索。

量比的计算公式如下：

量比＝现成交总手/[过去5日平均每分钟成交量×当日累计开市时间（分钟）]

（一）量比分析的基本法则

（1）当量比小于 1 时，说明现在的成交比不上过去 5 日的平均水平，多数时候价格处于微幅震荡中。

若价格大幅上涨，则意味着盘口压力极小，后市如出现增量将还有高点。反之，若价格大幅下跌，则说明多空双方对下跌没有太大的争执，后市还将继续下跌。

（2）当量比大于 1 时，说明当日每分钟的平均成交量大于过去 5 日的平均数值，交易量比过去 5 日稍大。这种情况实战中最为常见，多为相对平衡的市道。

（3）当量比在 1.5 ~ 2.5 之间时，则为温和放量，现在的价格运行趋势仍将维持。

（4）当量比在 2.5 ~ 5 之间时，则为明显放量，价格趋势得到明显强化。

（5）当量比在 5 ~ 10 之间时，则为剧烈放量，价格处于长期低位是关注入场的信号，价格在高位则是关注回落的信号。

（6）当量比达到 10 或 20 以上时，价格高位运行趋向可能会随时发生逆转。

被资金狂热炒作的个股，其量比指标数值可能会非常惊人，如图 1–13 所示，某日排名前三位个股的量比指标数值。这种量比数值已经失去基本分析意义，代表的是一种资金击鼓传花的游戏。

今日量比排名

百达精工	24.84	368.77
睿能科技	51.54	303.02
君禾股份	28.56	138.80
星光农机	20.19	9.16
金种子酒	8.43	6.83
长园集团	14.52	5.78

图 1–13

如图 1–14 所示，该股 A 点打开连续涨停板，当日量比达到 359 倍。其当日的分时走势如图 1–15 所示，通过分时走势可以看到，A 点涨停板开盘后不久被打开，量能大幅增加。这种量能的大幅增加说明有大量筹码兑现离场，但同时也说明有大量资金蜂拥买入。

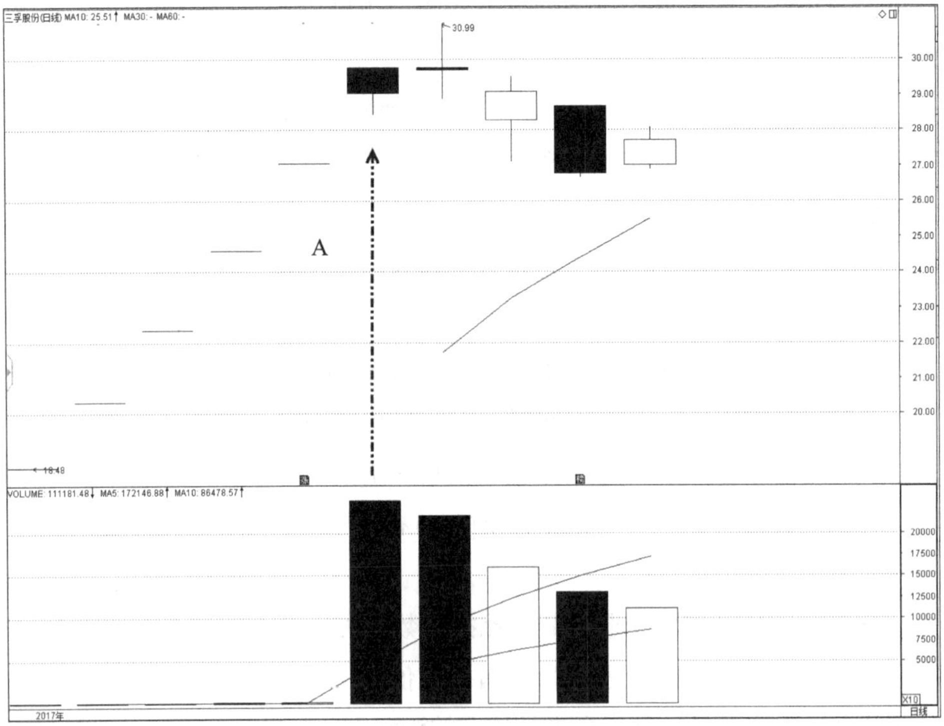

图 1–14

如图 1–15 所示，该股主要的跌幅出现在 A 区域，即早盘的前 30 分钟，这个阶段量能也最为集中。之后的时间段，股价有所回升，但量能并未再现早盘的集中程度。

单独分析某一技术细节时,很容易进入“死循环”,并导致“无解”的结论，而避免这种“死循环”，就需要技术环境分析。

对该股所处市场等技术环境中多个因素进行分析，当时市场习惯热炒开盘新股，即上市后第一次打开涨停板的新股。不少个股打开涨停后，会

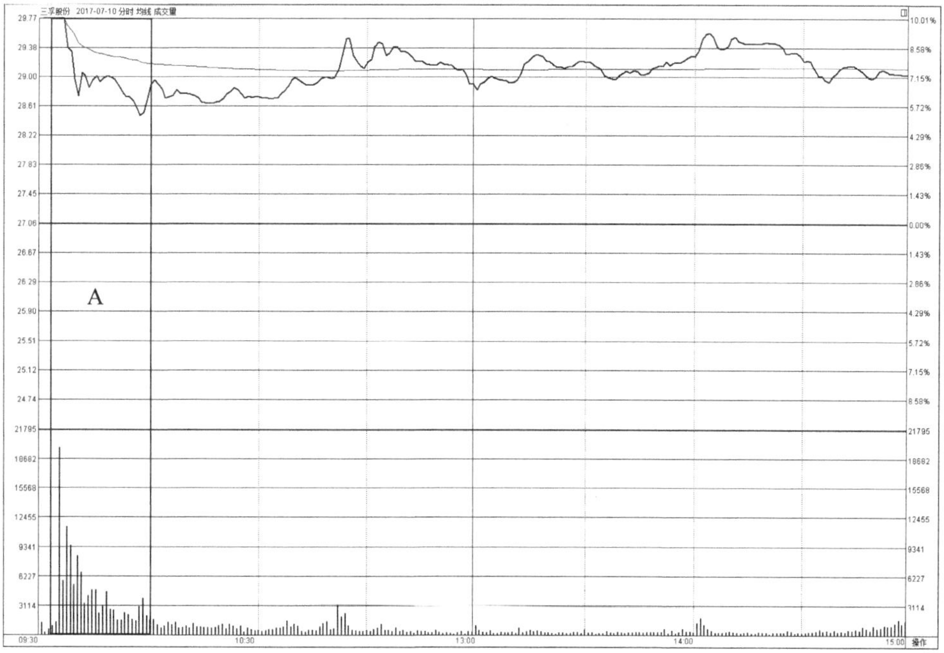

图 1-15

被再次大幅拉高。这种曾经发生过的案例会给市场资金带来无限的想象空间。直至这种惯性思维方式被无数失败的案例打破，市场资金才会重新变得谨小慎微。

见图 1-15，该股早盘涨停板打开后，正是由于上述原因，市场参与者愿意蜂拥买入。

图 1-15 中并未再次出现量能集中，也就告诫市场参与者，目前入场的资金很可能只是“一帮乌合之众”，尽管总量不小，但因缺乏主导或领袖难以形成合力。

图 1-14 中 A 点之后，股价略有上冲便开始回落，也证明了这种判断。

通过以上案例，可以发现量比的过度激增是一种极端情况，大多数都是资金击鼓传花的游戏。当然，“鼓声”未止时，“花”还会继续传下去，参与者只能希望传到自己手里时，“鼓声”不要戛然而止。

（二）量比的实战应用

（1）价格上涨，量比保持较低数值。

价格开始反弹时，如果量比仍旧保持在 1 倍或以下，说明当前资金主动性积极交易较少，与其说是资金主动性买入带来的上涨，不如说是更多的人不愿意卖出造成的上涨。交易者对于量比低迷时股价的微弱上涨，不可抱有过多的幻想。

（2）价格上涨，量比出现突增。

当价格大幅下跌之后，或是低位蓄势已久，量比的突增预示着该股可能重获资金的青睐，连续上涨的可能性较大。

如果价格处于一波短期反弹或次级反弹相对的高位区域，那么这个时候量比突增，则极有可能就是反弹行情结束的信号。例如，下跌趋势中个股迅猛反弹时，量比有时也会达到较高数值，但之后多会结束反弹，重新回归下跌趋势。

（3）价格下跌，量比低迷或突增。

价格下跌，量比低迷。这种情况说明对于当前的下跌，市场各方并无太大的争议，价格缺乏吸引力，下跌仍将继续。

如果经过大幅下跌之后，价格略作盘整再次下跌时，量比突增，交易者可以适当关注，这是价格下跌加速的特征。在加速下跌中恐慌性抛盘告一段落之后，价格将可能迎来一次极佳的反弹或反转行情。

一般来说，加速下跌中量比激增的个股已经在孕育一定的机会，但是这个机会同时也隐藏着一定的风险。介入时点的把握存在较大的难度，过早介入必然遭受价格继续下跌所带来的亏损，过晚介入很容易落入主力的陷阱。

稍显保守的做法是，等待这类个股的量比恢复到一个相对稳定的数值，不再激增也不再继续萎缩，整体强于之前的低迷期间。当量比随着价格的上升再度放大时，则可适量短线介入。

实战中，量比指标在监测目标个股是否出现异动时，具有较好的指示作用。如图 1–16 所示，开盘后某股量比达到 6.08，远超其他观测个股，则应对该股重点关注，当日交易中该股股价的运行节奏必然会有别于之前的走势。

现价	涨幅%	涨跌	换手%	量比	现量	总量
8.25	-0.48	-0.04	0.02	6.08	1246	1246
12.84	-0.08	-0.01	0.01	0.85	220	220
4.64	-0.22	-0.01	0.00	0.63	78	78
7.52	-1.05	-0.08	0.01	2.05	944	944
5.15	0.00	0.00	0.00	1.58	1233	1233
7.96	0.00	0.00	0.00	0.04	9	9
10.54	-0.38	-0.04	0.02	1.87	2240	2240
7.79	0.26	0.02	0.00	1.25	253	253
6.16	0.00	0.00	0.00	0.18	46	46
11.53	0.09	0.01	0.00	0.56	317	317
5.83	-0.34	-0.02	0.00	0.16	22	22
19.82	0.20	0.04	0.00	0.06	14	14
17.81	-0.72	-0.13	0.07	1.26	415	415

图 1–16

四、均量线

均量线是指将一定时期内的成交量（值）相加后平均，在成交量柱状图中形成的曲线，如图 1–17 所示。

均量线的参数可以设为 5 日、10 日等，其中 5 日均量线代表短期量能态势，10 日均量线代表中长期量能态势。

在常用软件 K 线图的下方，即为成交量柱状图，而均量线在成交量柱之间波动，显示不同时间段量能的变化情况。

升势初期均量线连续走高，显示市场资金不断回归的过程。当升势进入狂热阶段时，均量线却已走平或回落，与升势形成背离，说明入场资金已经处于顶端并开始逃逸，需要提防价格高点的出现。

跌势初期均量线持续下跌，显示市场资金不断逃逸的过程。当跌势进入末期阶段时，均量线已走平或回升，与价格跌势形成背离，说明资金已经开始回归，此时不应跟风杀跌，而应寻机介入潜伏。

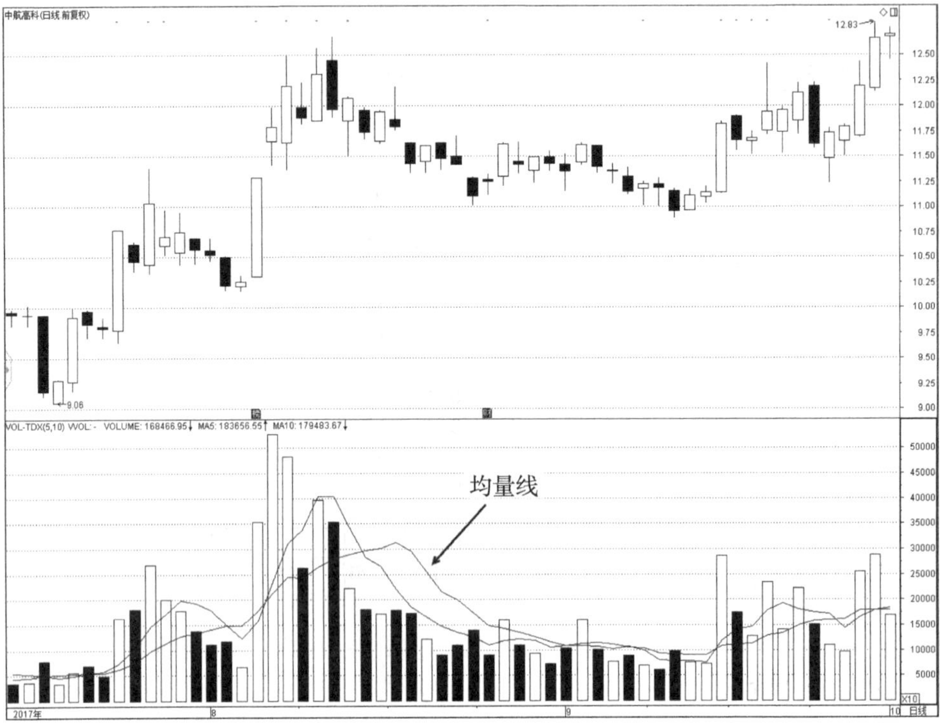

图 1-17

成交量分析的表现形式还有很多，比如换手率、成交量相关技术指标等，为更有利于初学者理解，本着循序渐进的原则，将在后文分别以专章的篇幅予以讲解。

第三章 换手率——成交量分析的杀手锏

相信很多操作者都有过相似的经历，从市场本身来看，似乎一切都充满了希望，然而就是此时此刻，微妙的内心世界已经闪起危险的信号，只有通过长期研究市场和长期在市场上摸爬滚打，才能慢慢培养出这种特殊的敏感。

——杰西·利弗莫尔

一、换手率的概念与计算

换手率是指在一定时间内市场中股票转手买卖的频率，是反映个股流通性强弱的指标之一。

换手率计算公式如下：

换手率＝某一时期的成交量／发行总股数 ×100％

或

换手率＝成交量／流通总股数 ×100％

换手率是成交量的一种分析形式，也可以看作对成交量的细节分析。相对成交量来说，换手率在个股活跃度的研判上具有明显优势。

一段时期的成交量变化，可以简单地通过柱状图分析，但是量柱的高低起伏并不能完全反映出个股的整体流动性，换手率却可以弥补这种缺憾。

换手率能够及时反映出，某个股在当前交易中的成交量占其全部流通筹码的比例，也就揭示出该股的活跃度，以及是否受到资金的青睐与关注。

例如，一根看起来远超前期平均成交量的量柱，相对于个股的流通股本来说可能却是微不足道的。

如图 1–18 所示，A 点报收一根长上影阴线，其成交量量柱也远高于之前。如果仅关注量柱本身，那么无疑会认为当日成交量巨大，甚至符合巨量的标准，即超过 5 日均量线 2 倍以上的量能。

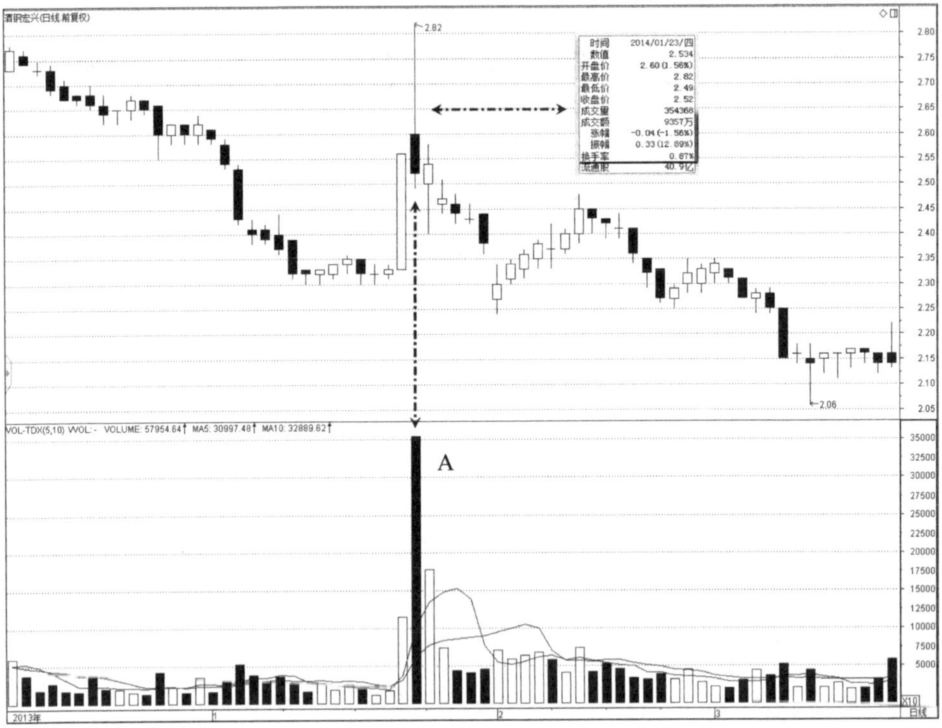

图 1–18

那么这种“巨量”的真实性究竟如何？

既然成交量本身难以给出答案，那么这个时候就需要借助换手率来进一步分析。

图 1–18 中 A 点当日的换手率为 0.87%，也就是说尚不足流通股本的 1%，图中所谓的“巨量”，如果和该股流通股本相比，那么实在不值一提。换手率不足 1%，却显现出达到巨量标准的量柱，在实战中至少告诉交易者以下两方面的信息。

（1）前期成交量极其低迷。

（2）“巨量”具有相对性。

当某个股突如其来地出现巨量时，如果这种巨量是与前期过度低迷的成交量相对比的结果，那么交易者对这种巨量的认定和持续性都要报以警惕之心。

技术环境的不同会使常规行情中极为平庸的量能，在特定行情中表现为巨量。

图 1–18 中的情况很常见，发生的原因也会因个股不同而有所差异，比如主力控盘个股、冷门股盘中主导资金的自救，以及股本较大的个股，等等。

总之，观测成交量不能仅仅依据量柱或部分数据指标，换手率是其中不可或缺的重要组成部分。

二、不同股本下的换手率应用

同样的换手率并不一定会带来相似的价格表现，这种情况一是和个股不同的技术环境有关，二是和个股股本有关。

如图 1–19 所示，该股为蓝筹权重股，流通股本为 956 亿股，A 点为股价高位，当时的换手率为 2.76%，这个换手率已经处于其历史高值区域，可谓是该股的天量。之后，股价由此发生趋势向下转折。

如图 1–20 所示，该股为小盘股，该股经过下跌后，在盘整阶段的 A 点换手率为 2.59%。该股流通股本不足 1 亿股，这个换手率可算是该股成交量接近地量水平的表现。

同样是超过 2% 的换手率，图 1–19 的案例中是该股历史天量的级别，图 1–20 的案例中却仅仅是该股的一个意味着交易冷清的地量级别。这就是不同股本个股之间的差异。

由此可见，换手率分析并不是单纯的数字百分比分析，还需要考量个股不同股本的影响。运用换手率分析的前提是，充分认识和理解换手率的各个方面以及应当综合研判的部分。

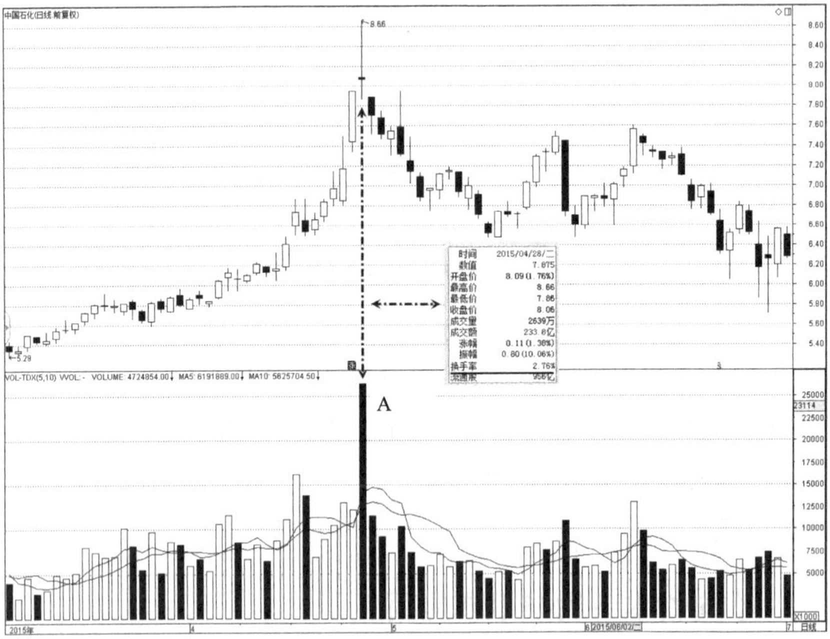
中国石化(日线 前复权)
8.66
5.29
时间 2015/04/28/二
数值 7.875
开盘价 8.09(1.76%)
最高价 8.66
最低价 7.86
收盘价 8.06
成交量 2639万
成交额 233.8亿
涨幅 0.11(1.38%)
振幅 0.80(10.06%)
换手率 2.76%
流通股 956亿
VOL-TDX(5,10) VVOL: - VOLUME: 4724854.00 MA5: 6191889.00 MA10: 5625704.50
A
2015年
2015/06/02/二
日线

图 1-19

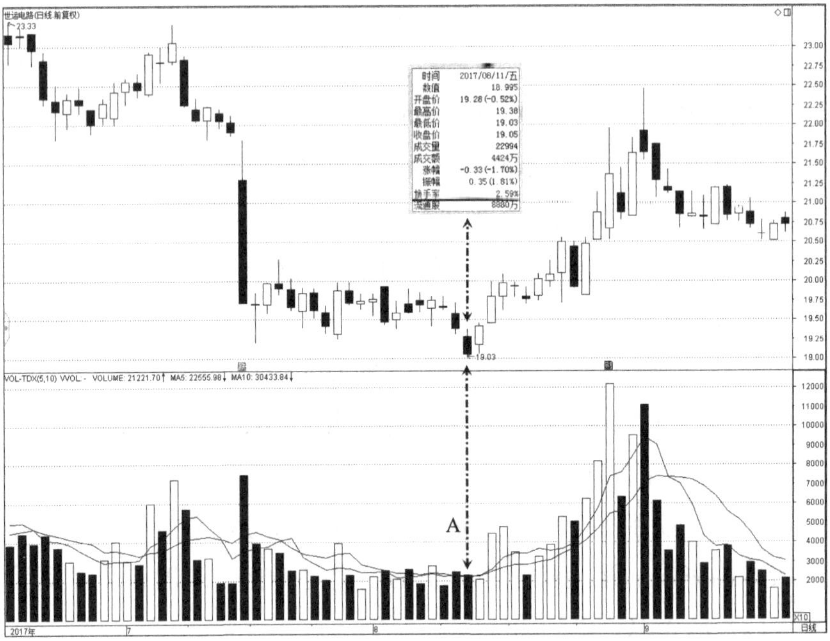
世运电路(日线 前复权)
23.33
时间 2017/08/11/五
数值 18.995
开盘价 19.28(-0.52%)
最高价 19.38
最低价 19.03
收盘价 19.05
成交量 22994
成交额 4424万
涨幅 -0.33(-1.70%)
振幅 0.35(1.81%)
换手率 2.59%
流通股 8880万
19.03
VOL-TDX(5,10) VVOL: - VOLUME: 21221.70 MA5: 22555.98 MA10: 30433.84
A
2017年
日线

图 1-20

三、高、低换手率的技术解析

如果仅从实战的角度解读某个股换手率的高低，那么高换手率下显示的是交易的火热，低换手率下显示的是交易的冷清，这都有可能成为个股极端情况下的变盘因素，而呈常规或略增、略减的换手率一般被理解为趋向继续的信号。

实战中应该重点关注高换手率和低换手率这两种极端情况。当然，笔者所说换手率的高低，并非仅指具体数值，还应包括个股因股本不同设定不同认定尺度，以及因技术环境不同产生的差异性。

（一）高换手率

结合前文的内容，对大盘股来说，超过 2% 的日换手率可能都是天量级别的，绝对算得上高换手率。但对中小盘股来说，可能超过 20% 的日换手率才勉强达到高换手率的标准，更有新股上市后日换手率超过 50%，也被视为常规现象。

当然，不同的技术环境也会使换手率出现异变，受到资金疯狂攻击的大盘股，换手率有时也会达到 10% ~ 20%。

短线交易者应关注换手率较高的个股，即交易活跃、变现容易的个股，只有这些个股才有可能出现较多短线机会，交易者才有机可乘。

高换手率既有适于做短差的有利一面，但也有遭遇股价拐点的风险。

过高的换手率，大部分都是资金击鼓传花的游戏，不是绝对不可以参与，而是需要参与者在量价分析上具备敏锐的嗅觉，能够及时发现风险因素是否正在大规模扩散。

如图 1–21 所示，该股 A 点当日换手率达到 71.22%。也就是说，该股所有不受限制的流通股本，在 4 个小时的交易时间里，被交易七成以上。

近年来新上市的股票打开涨停板后，换手率通常都会突破 50%，而高危换手率多在 60% 左右。

最为迷惑交易者的是，高得惊人的换手率出现后，股价并不一定都会连续大幅下跌，甚至有的还会连续上涨。

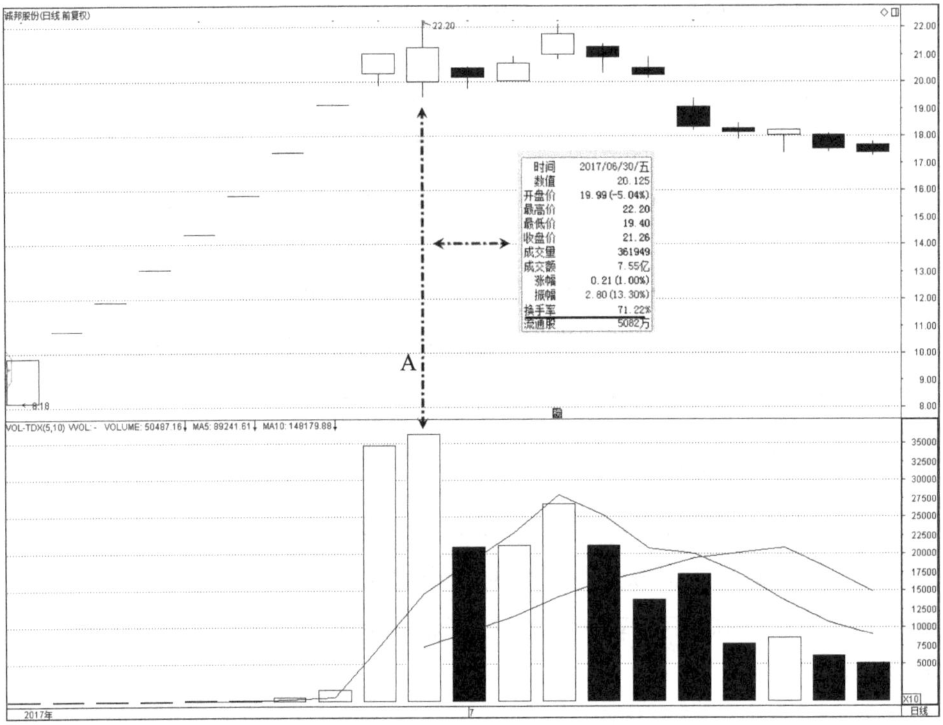

图 1-21

如图 1-22 所示，A 点该股打开涨停板，当日换手率为 68%，之后经过短短 3 个交易日的回调，股价继续上涨超过 80%。

前文多次提到，疯狂换手率的背后是资金击鼓传花的游戏。参与者都知道自己在赌，又都认为自己不会是接最后一棒的人。

超高的换手率目前还仅在新股中频繁出现，在其他股票的价格表现中，当日换手率接近或达到 30% 左右时，可以说就是股价可能接近拐点的高危信号。

实战中的变化总是难以用一个标准来概括，不过有一点是明确的，即高危换手率出现时，尽管价格趋势未必会立即出现转折，但交易者必须明白接下来要面对的是高危技术环境。

图 1-22 中 A 区域的换手率出现后，如果交易者参与其中，那么就必须接受股价随时可能发生的崩塌。

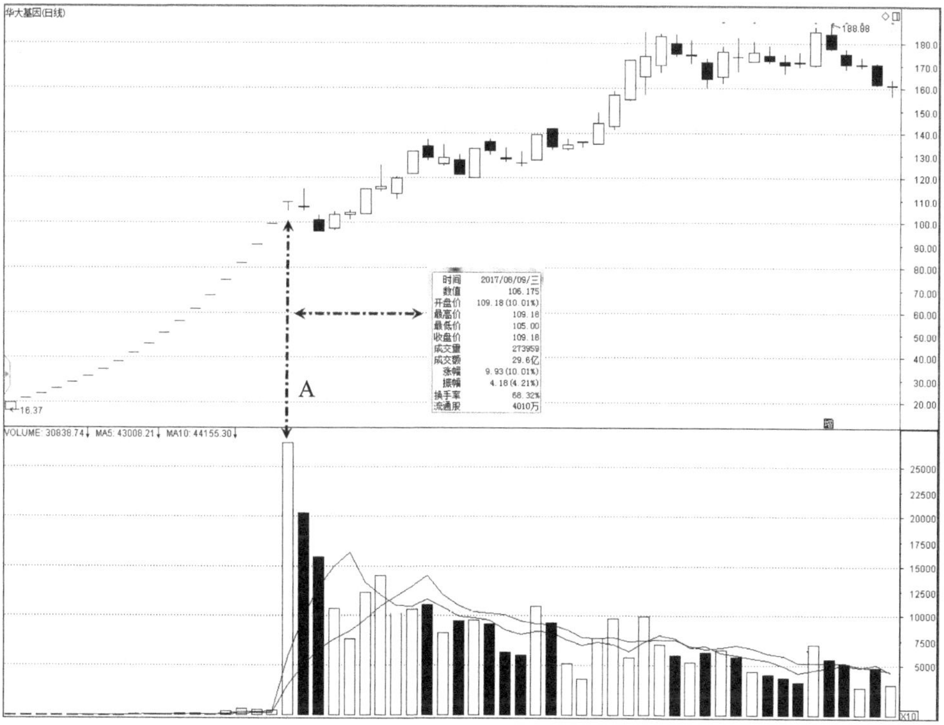

图 1-22

不要认为那些资金雄厚的市场参与者知道哪一天开始下跌，没有人知道！在博弈过程中，不用担心对手会知道你先出哪张牌，除非你已经被对方看透。

资金击鼓传花的游戏并非没有规则，而是博弈各方各有各的规则。

例如，某些资金以获利的百分比为离场的界限，超过这个百分比就会立即触发抛售规则。倘若这个离场的资金规模过大，必然引发股价的转折。如果规模一般，则可能股价震荡后又有新资金入场接盘，继续击鼓传花。

规则必须和你的综合实力相匹配，过高的期望值、漫天的贪欲，跟无规则没什么不同。

所谓“墙倒众人推”，股价的暴起暴落何尝不是这样的道理。

技术上，高危换手率出现后，如果之后的换手率能够维持在相对较高的水平，而股价不跌也不涨，则说明该股热度不减，资金仍未大规模撤出，余勇可贾。

随着各路热炒资金依照自身规则逐步退出，成交量必然随之减少，而炒高的股价失去了继续燃烧的动力，必然只有下跌一条路可走。此时的换手率或者说成交量，怕减不怕增！这是高危换手率出现后的一种特殊情况，也是交易者分析股价走势的窗口。

如图 1–23 所示，A 点开板当日换手率为 58.17%，该股并非上市新股，因此这个换手率很惊人。

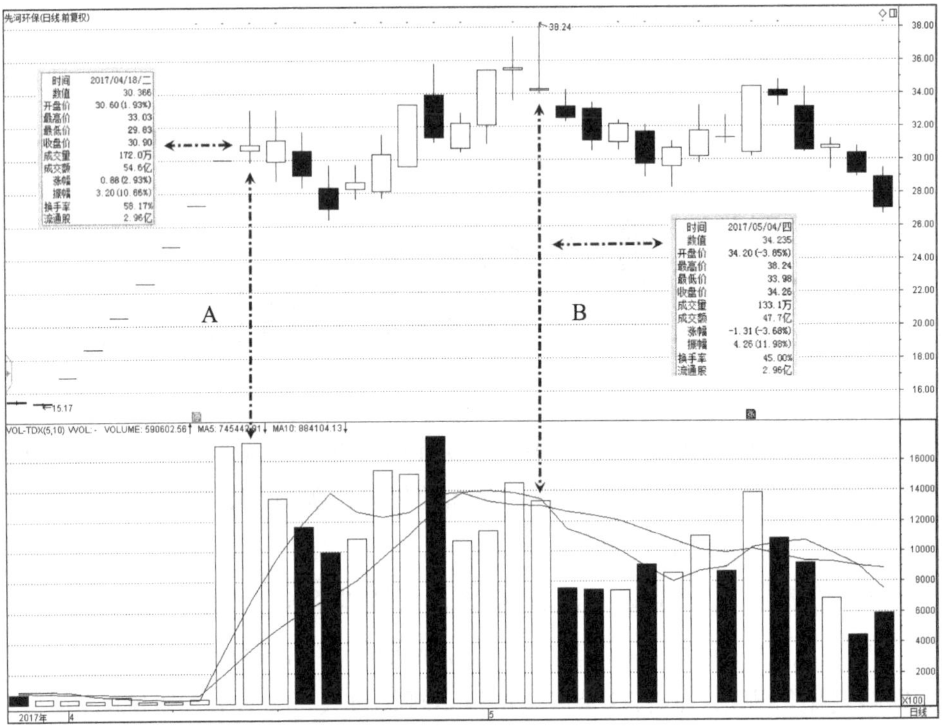

图 1–23

但该股适逢资金疯狂炒作某重大政策所引发的概念，高危换手率之后股价仍旧上行，B 点股价处于高位，但换手率已经难上新高，之后更是逐波下降。成交量的难以为继呈现在图形上，就是一个逐步消散的形态，而股价也随之开始了转折向下的过程。

当个股的换手率明显脱离高危区域，股价虽未暴跌，但也不能维持上涨趋向，运行重心走平或小幅下行时，应该就是击鼓传花游戏的最后时刻。

（二）低换手率

过高的换手率，尤其是高危换手率不可能长期持续存在，而过低的换手率既有可能长期存在，也有可能阶段性存在。

当然，这里提到的低换手率和高换手率一样，并不是仅指具体的百分比数值，而是综合考虑了每只股票的股本、技术环境等因素。

长期低换手率所反映的是价格低迷、交易冷清的状况，而阶段性低换手率反映的是价格阶段性休整的状况。

1. 长期低换手率

冷门股长期低迷的换手率和价格对应存在，但长期低迷的换手率并不意味着一成不变、波澜不惊。这个过程中，总会有若干级别不等的价格反弹出现，而成交量也会出现相应的变化。

如图 1–24 所示，在股价下跌过程中，成交量呈逐级减少的态势，换手率在这个过程中处于较低水平。但每次股价较有力度的反弹，换手率也会放大，见图中 A 区域。

当股价反弹结束后，成交量复归于平静，换手率仍会再度沉寂于低迷之中。

如果换手率在之后并未回归低迷，而是逐步聚拢增加，那么相应的价格走势也必然会由此发生变化。这种变化既有可能是趋势上的，也有可能只是短期趋向上的，见图中 B 区域。在 B 区域的技术环境里，当股价反弹、成交增量，但换手率不能持续放大而是激增后锐减时，交易者不能受控于幻想或不切实际的愿望，必须清醒地认识当前股价短期反弹的属性。只有这样，无论是短线交易还是其他风格的操作，才会做出相对正确的选择。

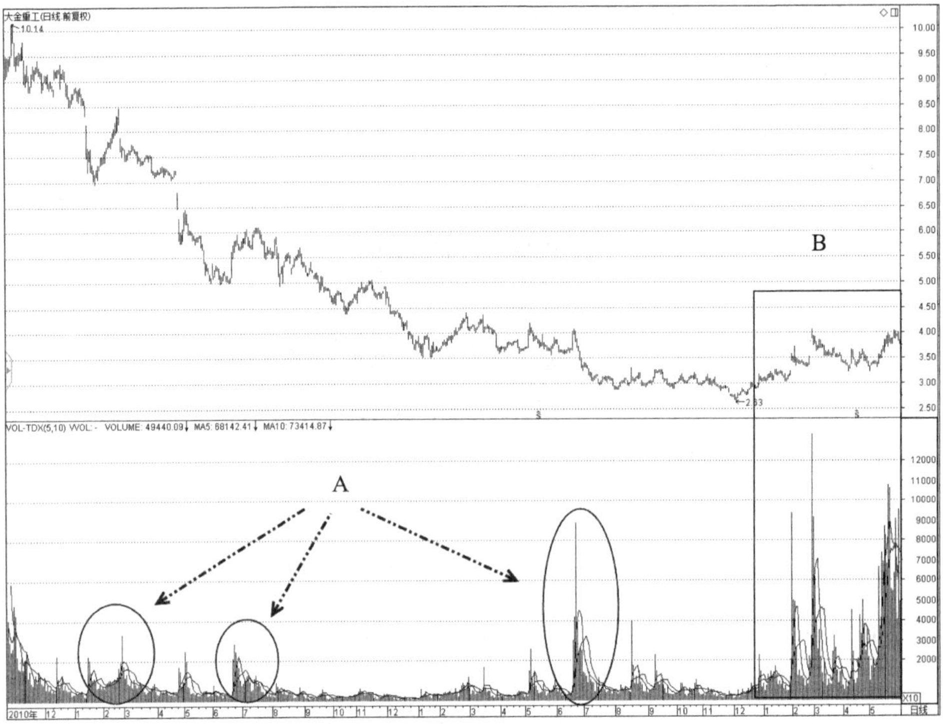

图 1-24

2. 阶段性低换手率

阶段性低换手率是升势中一种常见现象，通常是价格处于休整期的量能形态，但并不排除某些个股价格就此发生转折。

如图 1-25 所示，A 区域最高日换手率超过 25%，随后股价回落调整，量能不断萎缩，至 B 区域时最低日换手率不足 2%，之后股价回升、换手增加。B 区域即显现出阶段性低换手率。

B 区域最低日换手率不及 A 区域最高日换手率的 1/10，意味着大幅抛盘已经基本结束，通常都会发生反弹。这里的反弹很关键，如果反弹孱弱则股价可能就此发生转折或者再次横盘蓄势，如果弹升坚挺则可能再续一段升势。

C 区域的股价突破 A 区域的高点，日换手率最高时也不足 9%，远低于 A 区域的换手率。这是标准的减量过顶形态。

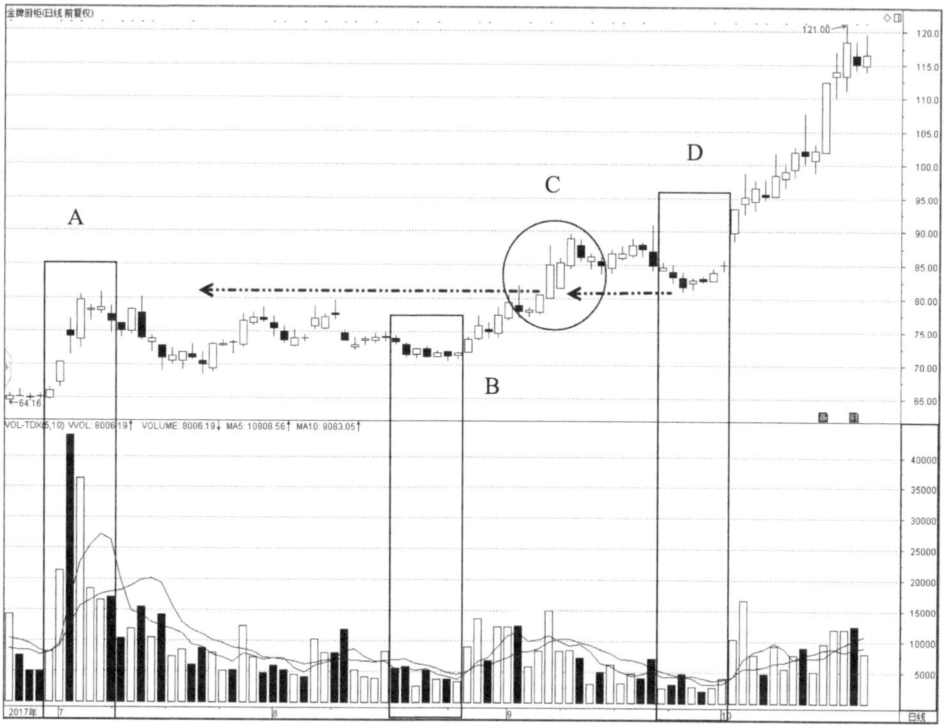

图 1-25

所谓减量过顶，是指价格突破前一高点，但量能却小于前一高点。

减量过顶是控盘庄股较为明显的标志，但在其他个股上出现时，则要提防主导资金的虚假突破、大杀回马枪。

鉴别 C 区域是减量过顶还是虚假突破，从成交量分析的角度来说，主要看之后回落过程中，阶段性低换手率出现时，价格低点能否在前高附近止跌回升。

D 区域的换手率比 B 区域的还要低，股价却在 C 区域的启动点，也即前高 A 区域之上止跌。D 区域的情况说明，股价打压时，盘中容易形成恐慌的筹码已经寥寥无几。

一般形成这种情况有两种原因，一是筹码较为集中，二是多数持仓者看好后市。

就该股以及大盘的技术环境分析，市场并非处于牛市，该股也并非“大众情人”，不会有太多持仓者愿意“倾情锁定”，那么结合减量过顶的特异表现来看，该股的筹码应较为集中。

通过分析B区域、D区域的阶段性低换手率，交易者可以初步判断股价后期趋向，还可以进一步挖掘目标个股中是否有主力以及主力控盘的程度。

第四章　量价关系基础

只要认识到趋势在什么地方出现，顺着潮流驾驭你的投机之舟，就能从中得到好处。不要跟市场争论，最重要的是，不要跟市场争高低。

——杰西·利弗莫尔

一、量价关系简析

成交量分析并不能完全离开价格，量价之间是互为助益、相辅相成的，同时也存在相互制约的关系，这种关系对于判断价格运行趋势或趋向具有关键性的作用。

价格的上涨可以依据日益增加的成交量确认，随着买方的逐步增加，上涨趋势或趋向得以维持并往纵深发展。如图 1–26 所示，A 区域随着股价的逐渐攀升，成交量也逐步放大，上涨趋势得以稳定延续。

下跌趋势或趋向中，可以依据日益缩减的成交量确认，因为买方的日趋减少，股价可能持续弱势。 如图 1–26 所示，B 区域股价逐波下跌，成交量也相应地递减。在成交量萎缩的状态未得到根本改变之前，股价弱势难以确认结束。

谈到量价关系，可能有人会说“上涨放量、下跌缩量”，并将这种量价匹配当成唯一正确的原则。

“上涨放量、下跌缩量”是一种最常见，也最为大众所认可的量价匹配方式或原则。但正因其在市场上广泛流传并被高度认可，所以往往成为主力最喜好的诱多或诱空手段。

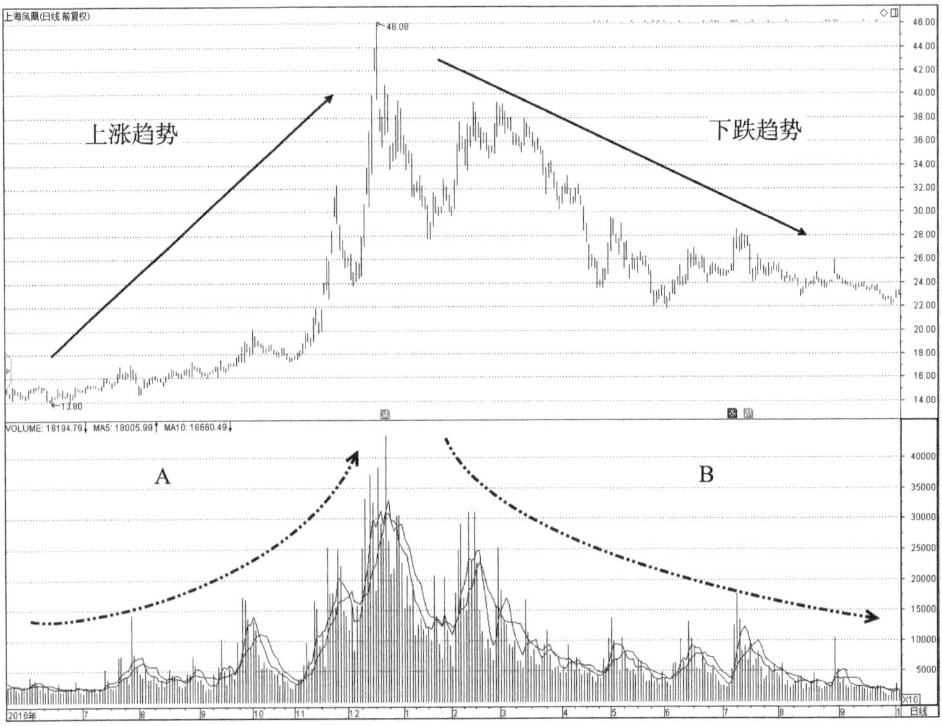

图 1-26

其实在实战操作中，一旦上涨放出大量，往往就到了折返的节点。有经验的短线交易者都知道，急涨大量抛出后，大部分情况下当日或次日可以低价买回。

量价关系不但在 K 线图中如此，在分时图中也是如此。灵活认识量价变化，不能人云亦云，也不能按图索骥。正确运用量价关系就要关注价格变化和探知这种变化中的逻辑关系。

二、怎样应对放量上涨

成交量大致稳定在某一水平时，大部分时候代表着趋势或趋向的延续，当成交量出现异于常态的明显增减时，则预示着价格趋势或趋向可能出现重要变化。

放量上涨具有两种形式，一是量价同步稳定上升，二是以量价突变形式出现。

（一）量价同步稳定上升

从量价关系的助涨原则来说，股价上涨，成交量逐步温和放大，是一种积极确认趋势或趋向的信号。这种成交量形态也称为聚量形态，后面的篇章将会讲解。

如图 1–27 所示，股价发生折返时，成交量相应呈现出跌时缩小、涨时增加，并在整体上保持逐波刷新量能高点的态势，这种情况说明股价正处于稳步上涨中，至少目前的涨势不会在短时间内结束。

图 1–27

（二）量价突变形式

当股价、成交量在某个时间段突然出现爆发式上涨和增加，这个量价突变形式不会长久存在，过程往往惊艳而短暂。之后，股价趋势将会随着技术环境的改变而改变。

例如，如果在下跌趋势中出现，则可能仅是一次强力反弹的形式，随后仍旧回归下跌；如果经过长期大幅下跌后出现，则可能是趋势的扭转信号。

如图 1–28 所示，A 区域量价突变出现，之后该股开始构筑底部并最终扭转趋势。

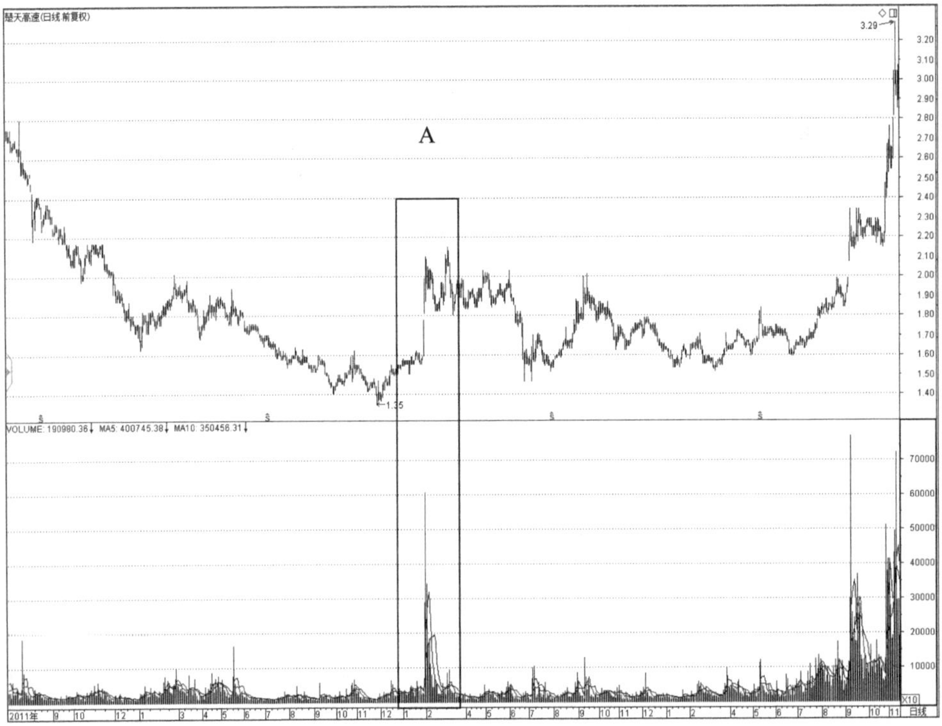

图 1–28

量价突变形式在上涨趋势运行中出现，则可能会由此形成中期调整的高点；在长期大幅上涨后出现，则会就此构筑股价顶部。量价突变形式在后面的篇章中将做更详尽的讲解。

上涨趋势的中期调整结束后，股价继续上涨时，成交量再度放大，放大的成交量高于或低于中期调整头部的量能都属于正常现象，但增加的量能需要具有一定的持续性。

经过长期大幅上涨后，成交量在最近一段时间内忽然开始大幅增加，价格同时剧烈波动。这时，增加的成交量不一定就是上涨趋势形成以来最大的量能，但仍是一个高危成交量信号。这种情况出现时应警惕可能就此构筑价格顶部。

三、怎样应对放量下跌

股价顶部一旦构筑成形，随着股价的快速下跌，成交量会出现由放量到逐步消散的过程，这是空方主导市场趋势或趋向的信号，也是市场对后势看法从巨大分歧到逐渐统一的过程。

这个阶段最初的放量下跌会很恐怖，但很多人心理上仍未放弃做多，所以往往会失去在第一时间减仓离场的机会。

在此后股价下跌过程中，如果成交量开始增加，而股价仍在下滑，此时不可跟风杀跌。大幅下跌后的增量说明这个价位区域有资金维护，有望形成阶段性底部或出现反弹行情。

对于在跌势中突然出现的放量反弹，则可依照量能突变形式和相关技术环境来予以判别应对。

放量下跌不仅在下跌趋势中会出现，在上涨趋势的底部构筑和中短期调整时，往往也会以这种具有一定恐吓意味的形式出现。

如图 1-29 所示，该股处于涨势的中期调整阶段，在这个回落调整的过程中，数次出现放量下跌的情况，尤其是 A 区域的阴线实体极大，伴随着放大的成交量，心态不稳的交易者会承受较大的持仓压力。

如果交易者能结合技术环境判断这波下跌的性质，那么就能在一定程度上避免受恐慌情绪的困扰。

其实放量下跌并不可怕，因为多数个股的放量下跌难以持久，通常反弹就在不远处。对短线玩家来说，放量下跌正是短线介入机会来临的信号。放量下跌多由主力引领、而后恐慌盘集中杀跌造成，完全由主力出货带来的放量下跌并不常见。实战中，可怕的是摸不清状况的缩量下跌。

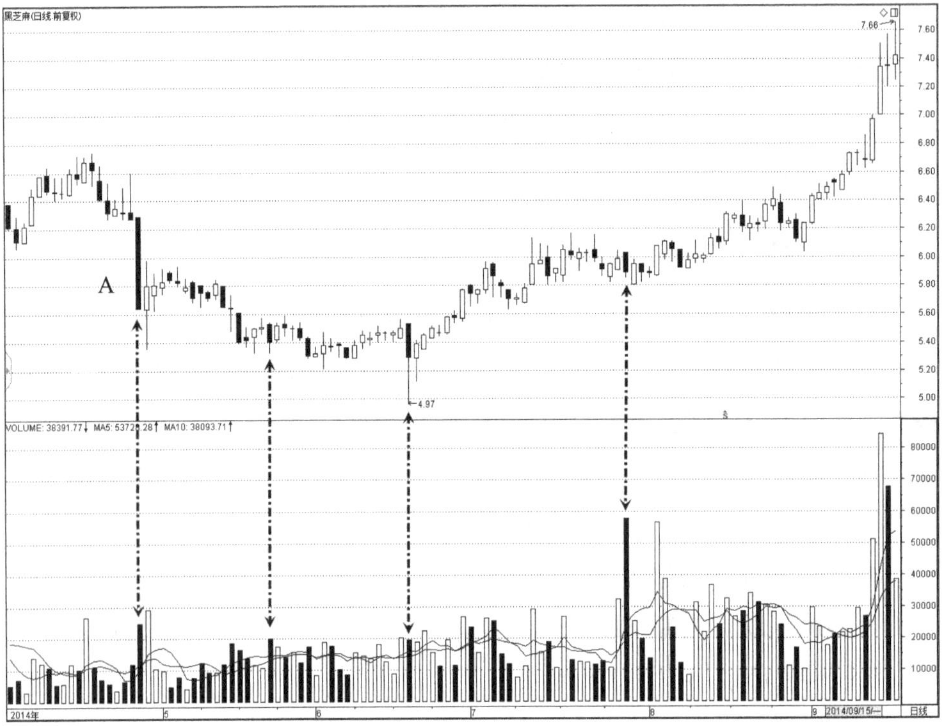

图 1-29

四、怎样应对缩量上涨

说起缩量上涨，多数的控盘庄股都属于这种形式，前文提到的“减量过顶”等，就是缩量上涨的一种类型。

在趋势上，缩量上涨有时是一种相对的说法。即对比某一阶段的成交量来说，目前的上涨是缩量的，但就某一日的成交量来说，缩量不见得就是地量或非常低的换手率。

如图 1-30 所示，该股在 A 区域区域放量上涨，之后股价继续大幅上涨，成交量整体并未超过 A 区域，这就是一个趋势上的相对缩量上涨。这种缩量上涨其实有助于交易者分析主力的建仓成本。

在这个案例中，A 区域之后成交缩量，但股价上涨趋势非常稳健，这就说明该股大部分流通筹码可能已被锁定。结合 A 区域的放量分析，可以

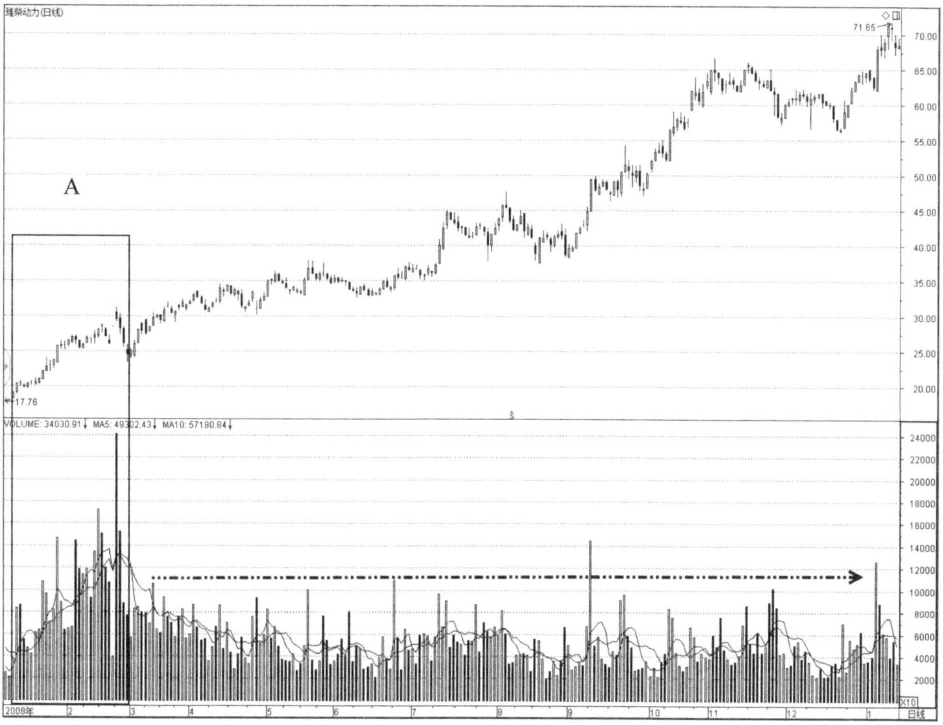

图 1-30

大致推断出主力完成建仓和锁定筹码的最后区域就在此，而主力的建仓成本必然小于 A 区域。这个案例属于相对缩量上涨，实战中，并非控盘庄股的个股有时也会出现这种情况。但这种缩量上涨所反映的是，无主力或主导资金不愿主动拉升抑或小幅拉升诱多，而市场资金勉力为之或盲目跟风的情况。

如图 1-31 所示，A 区域股价反弹，成交量并没有形成逐步放量的形态，相比之前下跌期间的量能，明显呈缩量上涨的态势。这种缩量上涨反映的是，股价上涨难以得到各方资金的全面响应，涨势必然会随着量能的衰减而终止。

尽管 A 区域股价反弹时单日成交量有突增的情况，但难以形成整体性的增加，不排除主导资金以单日放量上涨的形式进行诱多的可能性。

图 1-31

这种缩量上涨参与其中，如同“鸡肋”，食之无味，弃之可惜，若不多加注意就可能惨遭套牢。

五、怎样应对缩量下跌

如果以股价高点的较大成交量为参照，那么几乎大多数时候的下跌都是缩量下跌。这种相对意义上的缩量下跌不是本节要探讨的类型，这里要讲解的缩量下跌，是指在成交量较小的情况下股价出现的下跌。

实战中最容易令人迷惑的就是缩量下跌。

因为成交量较小，很容易为交易者所忽视，通常会认为“成交量这么小，主力也出不了多少货，是故意诱空打压股价的吧”！但是交易者不能忽视缩量下跌的基本含义，即各方资金对当前的下跌不具有较大的分歧。

这种情况下的缩量下跌，显示出的是股价触底遥遥无期。

如图 1–32 所示，圈出的是该股下跌过程中最后两个成交量较大的反弹点，之后成交量陷入长时间的缩量态势，而股价进入绵绵无期的下跌之中。

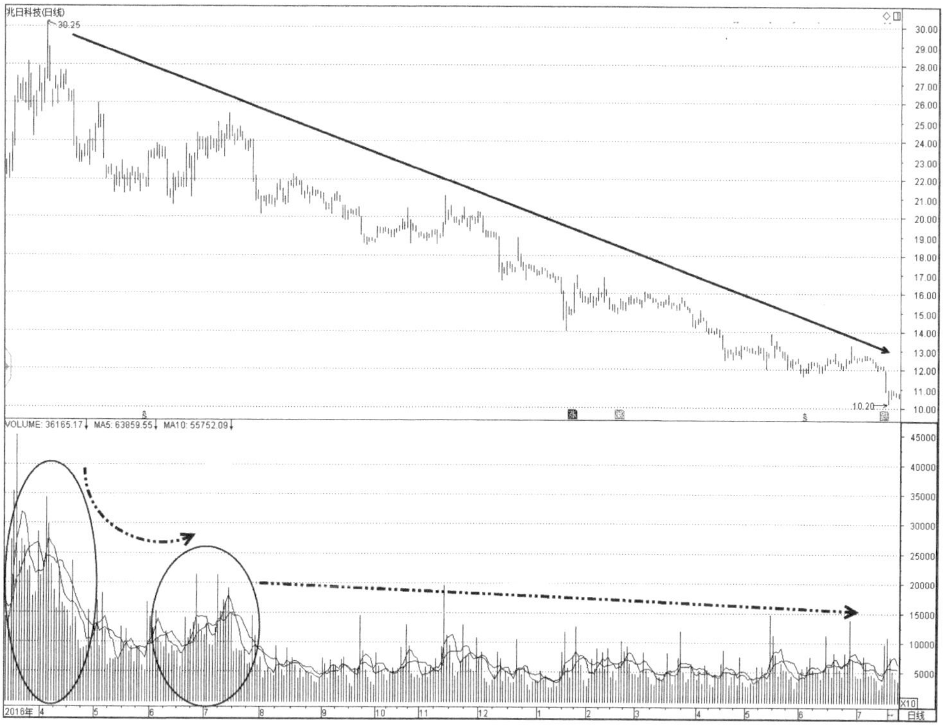

图 1–32

交易者不可用“以己度人”的方式猜测主力的操盘，主力的凶残程度超乎想象。在高位出货艰难的主力会不惜碾压利润空间、打压股价下跌，以期股价跌到对市场资金具有诱惑力的价位，然后借机逐步派发出货。

当然，并非所有的缩量下跌都不存在交易的机会，比如，一些吸筹充分、底部构筑完整的主力，在进入拉升阶段前，有的也会以缩量下跌的形式挖坑，为即将到来的股价涨升做好起跳的准备。

甄别不同类型个股的成交量意义，不能仅限于量能分析，更重要的是技术环境分析。不同技术环境，相同成交量状态，对股价的影响差异巨大。

六、九种量价关系综述

本节将就常见的几种量价关系予以简要讲述，但目的并不是让交易者在实战中简单套用。前文讲过，技术环境不同，相同的成交量状态，对股价的影响有着较大差异。所以在理解这些量价关系时，应从技术环境的角度，结合基本含义，识别和读懂这些形态在实战中的真实意义。

（一）量平价平

量平是指相邻几日的量能很接近、无明显缩放。价平是指相邻几日的开 / 收盘价很接近，反映到 K 线图上，则是实体相仿的 K 线形态。

量平价平的出现，说明多空双方处于相对平衡的态势。这种形态在不同的技术环境中都有可能出现，其技术意义也有所差异。

如果在股价大幅下跌之后出现量平价平，则说明之前的下跌消耗了空方不少能量，股价短期内继续大跌的可能性较小，极有可能就此展开横向盘整或反弹，如图 1–33 中 A 区域所示。

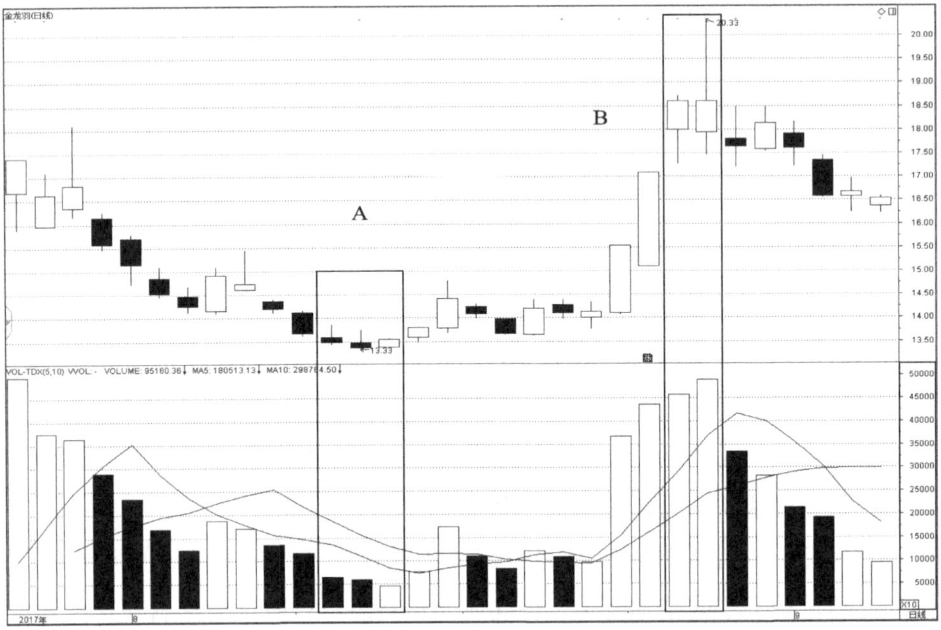

图 1–33

如果在股价大幅上涨之后出现量平价平，则说明之前的大涨消耗了多方不少能量，股价短期内继续大涨的可能性较小，极有可能就此展开横向盘整或转向回落，如图 1–33 中 B 区域所示。

（二）量平价跌

量平价跌是指相邻几日的量能很接近、无明显缩放，股价却发生了明显的下跌。

在股价大幅上升之后出现量平价跌，大多是由资金阶段性减仓造成的。

由于成交量并无明显缩放变化，而且刚刚经历令市场多头兴奋的涨升过程，所以即使下跌也不会引起恐慌，反而会使市场参与者认为主力正在震荡洗盘，部分市场资金仍会逢低加仓，如图 1–34 中 A 区域所示。

随着主力仓位的大幅减少，其出货力度和速度明显加快，从而使股价

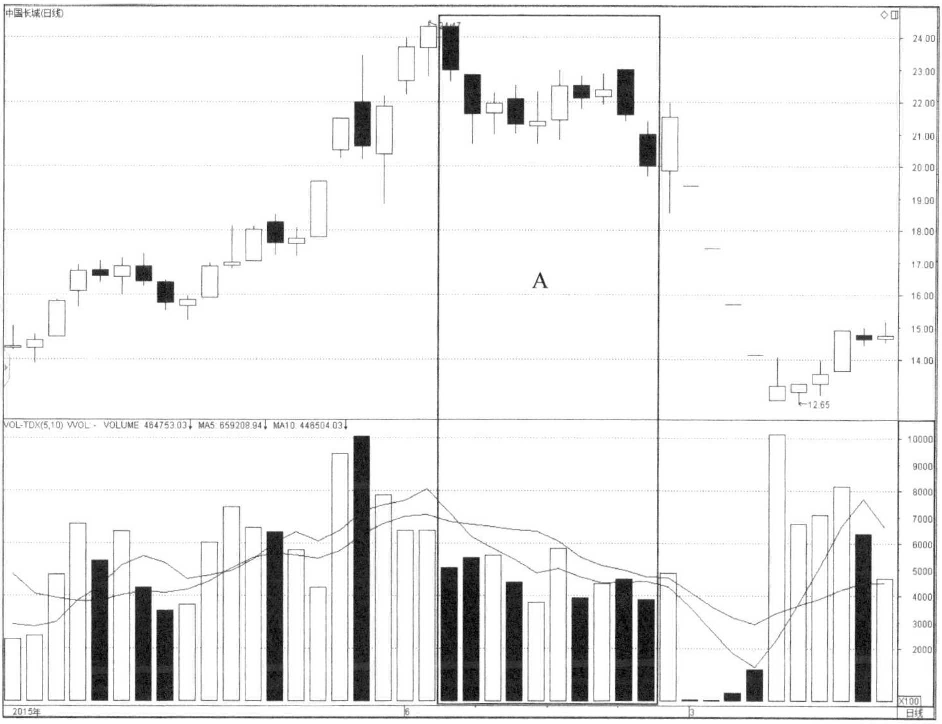

图 1–34

下跌的幅度和速度大幅增加。

在一段幅度不大的涨升后出现量平价跌，多为短线获利盘因不愿参与股价盘整而卖出或散单的恐慌性抛售。当之后量能逐步增加时，股价将恢复上涨趋势。

在一段下跌之后的盘整阶段出现量平价跌，说明其中缺少主导资金操作或主力长期蛰伏不动，股价可能持续阴跌的局势。

在大幅下跌后出现量平价跌，通常会形成“散兵坑”，随后诱发幅度不等的反弹。“散兵坑”的具体内容，后面篇章将有详解。

（三）量平价涨

量平价涨是指相邻几日的量能很接近、无明显缩放，股价却出现了明显的上涨。

经过长期或大幅下跌后出现量平价涨，则说明这个价位既远离套牢盘又没有太多的获利盘，所以并不需要过大的成交量即可维持反弹走势。

这也是筑底阶段较为常见的形态。但这个阶段场外资金跟进做多的力量并不集中，反弹幅度不会太大且折返较多，最忌追涨操作。

量平价涨如果出现在大幅上涨后，则说明股价上涨已经不被资金认同，或为主导资金的诱多行为，股价可能已经接近阶段性高点。

如图 1–35 中 A 区域所示，股价虽然仍旧维持整体上涨，但成交量经过前期缩减后只能保持在相对低位，难以提供足够的涨升动能。成交量的难以为继，预示着股价上涨即将结束。

从供求关系上分析，当股价达到一定高度后，愿意继续大笔买进的人会越来越少，而持仓者仍期望更高的价位才卖出，主导资金却开始分批、逐步减仓。当卖出总量打破平衡，而买入量进一步减少时，个股将结束量平价涨的局面，进入下跌周期。

如果某股在升势中大部分时间保持量平价涨，则表明主力控盘程度较高、场外的流通筹码稀少，该股的后市应当仍有可观的涨幅，这也是控盘庄股的特征之一。

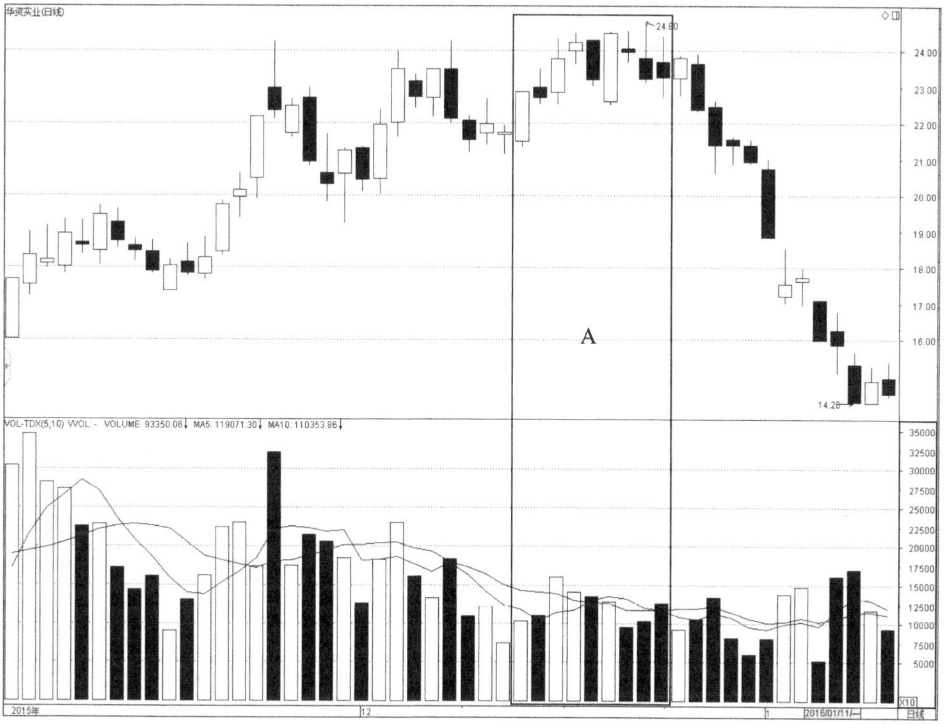

图 1-35

（四）量增价平

量增价平是指成交量明显增加，但股价处于波动中，不能保持明显的涨升幅度。

经过长期或大幅下跌后出现量增价平，说明有主导资金或主力资金在底部区域收集筹码、积聚上涨能量，股价在未来可能发生较积极的变化。但这个过程一般较长，短线交易者并不适合过早介入。

如图 1–36 所示，脱离下跌缩量阶段后，A 区域该股成交量明显放大，股价却处于箱体震荡盘整中，这就是主力资金利用盘整来收集低位筹码。中长线交易者可以低吸或波段操作的方法应对。

如果量增价平出现在一段升势后，则说明多方的持续上涨遭到了空方反扑，可能会形成相互对峙的盘整局面。在技术形态未遭破坏的情况下，

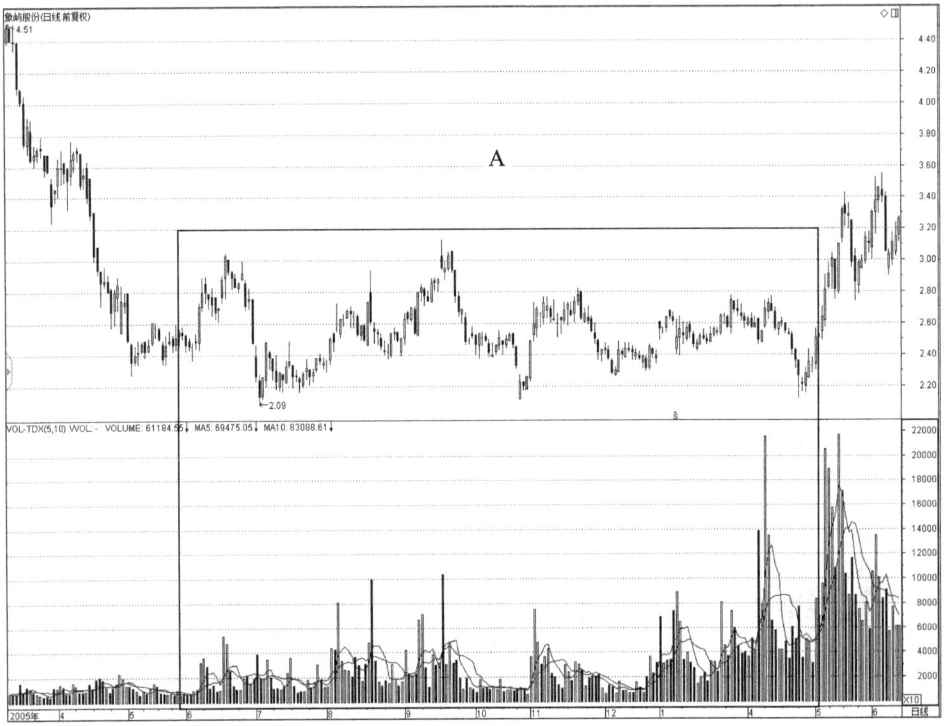

图 1-36

盘整过后还会继续升势。如果量增价平在大幅涨升的高位出现，则要警惕主力派发出货。

（五）量增价涨

量增价涨是指成交量明显增加，股价也相应保持着一定的涨升幅度。这是量价配合良好的一种关系和形态。

成交量随着股价的上涨而逐步放大，说明上涨已经得到各方资金的充分认同，在量价未发生突变的情况下，涨势仍将持续。

若成交量或股价激增或暴涨，二者却未能保持同步，则量增价涨就会转化为其他量价关系及形态。

当二者同步出现激增或暴涨，则说明行情进入最为火爆的阶段，但这种量价状态不可能持久存在，行情随时可能发生回调或反转下跌。

如图 1–37 所示，A 区域股价开始迅速上涨，成交量也同时激增。量增价涨虽然是一种相对良好的量价关系，但是当量价皆处于极端状态时，也就意味着难以长时间持续存在。

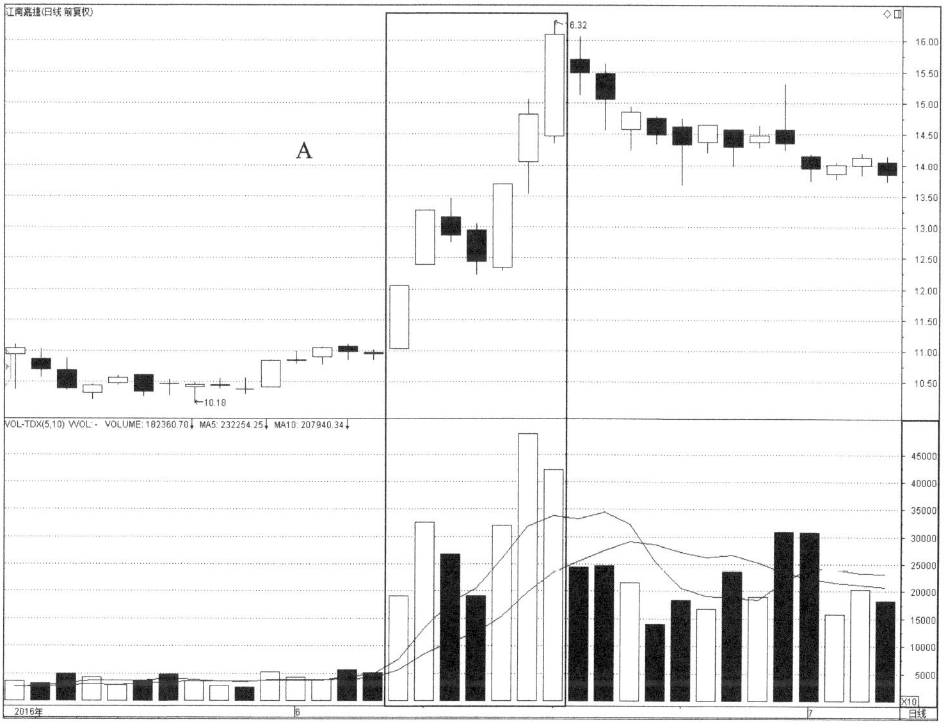

图 1–37

（六）量增价跌

量增价跌是指成交量明显增加，而股价处于下跌态势。

量增价跌出现在长期或大幅下跌后，说明有资金正借助市场恐慌氛围悄然吸筹，交易者不可从众杀跌，可守仓静待趋向发生变化。

如图 1–38 所示，该股大幅下跌后两次出现急速下跌，成交量都明显增加，似乎不可阻挡地要跌下深渊，但之后股价并未延续跌势，反而探底回升。这是较为典型的主导资金以暴跌引发恐慌盘集中出逃的情景。从两次量增价跌可以看到，主导资金短时间内在低位筹码的吸纳上可谓收获颇丰。

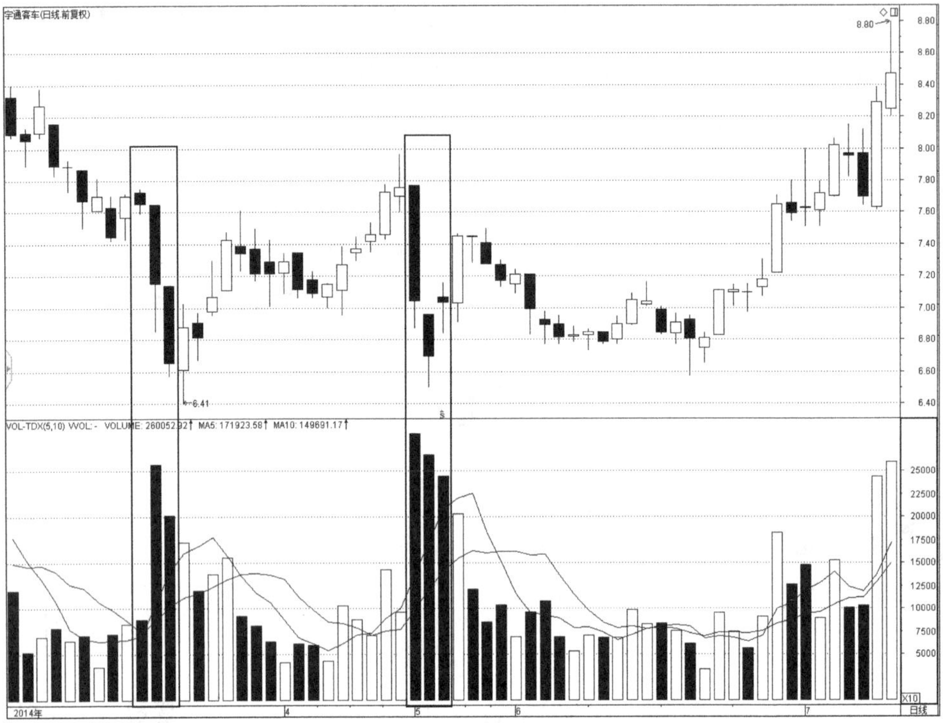

图 1-38

一段下跌后出现量增价跌，一方面可能因为这个价位对市场资金具有一定的吸引力，有望形成阶段性低点，另一方面可能因为主导资金营造诱多陷阱，弱弹后仍会延续跌势。具体可视个股的技术环境判断。

长期或大幅上涨后出现量增价跌，则是空方即将主导市场趋向的信号，交易者应高度警惕，减仓观望。一段上涨后出现量增价跌，则可能出现中短期回落调整。具体可视个股的技术环境判断。

（七）量缩价涨

量缩价涨是指成交量明显缩减，而股价处于上涨态势。

在下跌趋势运行过程出现量缩价涨，大多属于反弹性质的上涨，在幅度和持续时间上难有理想的表现。

长期或大幅下跌后出现量缩价涨，多为无资金关注的个股或正寻求筑底的个股，短期内难以改变现状。当然，受大势利空影响而被套的控盘庄股不在此列。

上涨趋势中出现量缩价涨，说明筹码锁定性较好、主力控盘的股票多出现这种现象，后市股价仍会有较多的表现机会。

在长期或大幅上涨后出现量缩价涨，说明各方资金对股价逐渐产生畏高之心，不愿意积极跟进或全力做多，交易者此时应提高警惕、力戒追高买入并随时准备撤离，如图 1–39 中 A 区域所示。

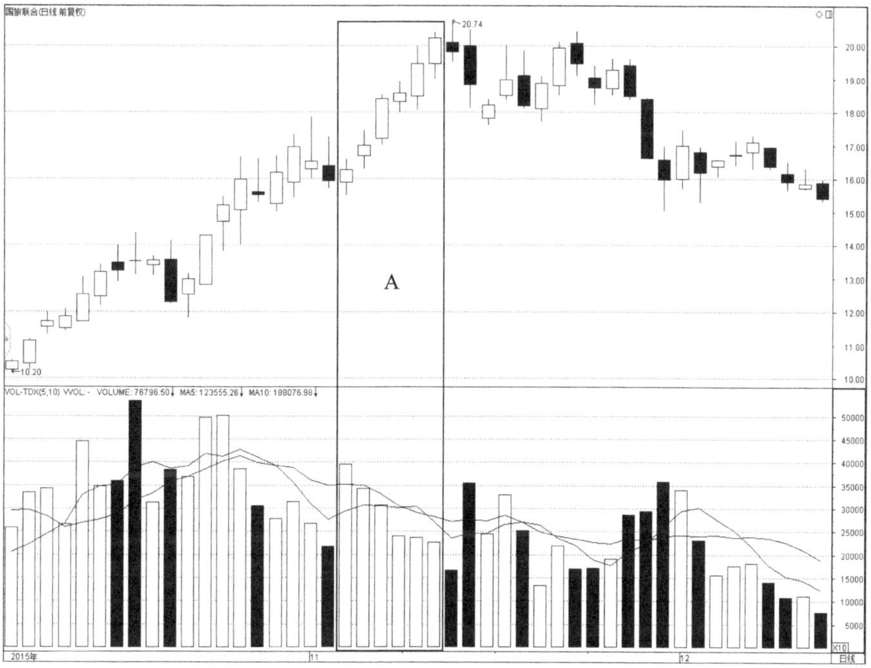

图 1–39

（八）量缩价跌

量缩价跌是指成交量明显缩减，股价处于下跌态势中。

如果量缩价跌出现在长期或大幅上涨后，说明市场多空双方对目前开始的下跌并无太大分歧。股价高位出现量缩价跌，或是因为主力资金前期已经成功出逃，抑或是主力资金出货不易，只得打压价格、制造出货机会。

市场各方资金的无作为，更显示股价底部的遥遥无期，交易者应逐步降低仓位并力避在这个阶段上追涨杀跌，如图 1-40 所示。

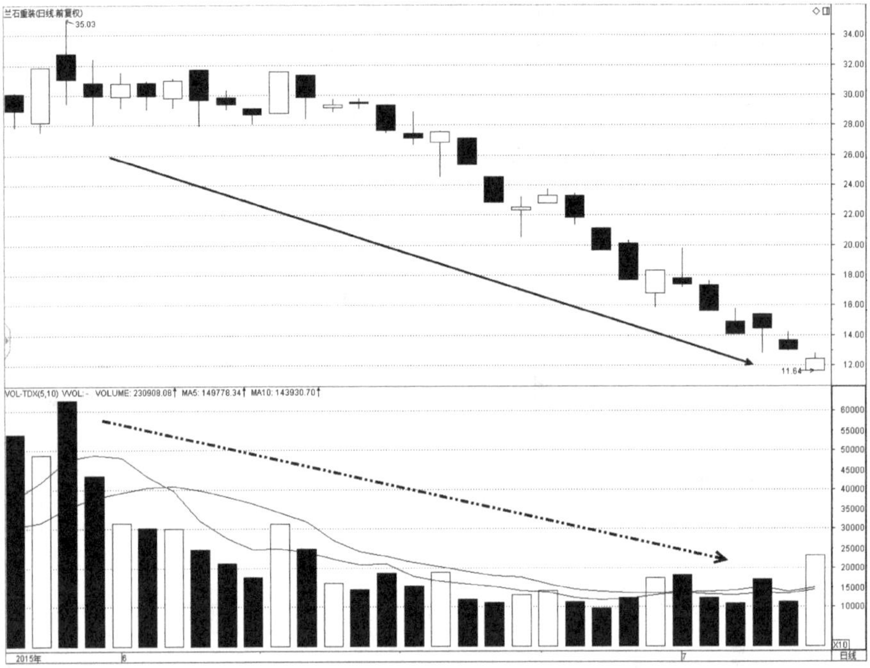

图 1-40

在长期或大幅下跌后出现量缩价跌，多为无资金关注个股或正寻求筑底的个股，短期内难以改变现状。对于这类个股可以追踪，但在技术环境发生改变之前，尽量避免短线交易。

筑底的个股并不意味着马上就会筑底成功并出现上涨行情。

很多人以为，底部区域的个股风险最小，但实战中很多人在所谓的底部区域发生亏损的概率更大。

在大幅下跌趋向运行中，风险触目惊心，大家不敢轻易交易，反而不易遭受亏损，而当股价进入波动相对缓慢的底部区域后，风险意识就会被个股遍地开花的反弹所淡化，于是短线交易逐渐增多。

尚未完全走出下跌趋势的底部个股，往往走势折返极为频繁。短线交易节奏把握不当，如再加上心态难以持稳，发生亏损也就在所难免。

（九）量缩价平

量缩价平是指成交量明显缩减，股价处于盘整态势中。

在个股长期或大幅上涨之后出现量缩价平，是重要的顶部警戒信号，通常多是主力出货艰难的个股。主力资金链一旦发生断裂，这类个股往往会出现断崖式下跌。

量缩价平出现在一段上涨后，往往是主力测试支撑和清洗获利筹码的表现，当这种量价关系形态出现改变时，后市股价仍有涨升空间。

量缩价平出现在长期或大幅下跌之后，多为盘底个股，而筑底时间通常都较为漫长。最忌讳此时追高买入。

图 1-41

一段下跌后出现量缩价平，交易者不可轻易介入。在空方能量未完全消耗殆尽之前，量缩价平只是股价暂时的平静期，也说明当前股价对多方资金并没有太大的吸引力，资金不愿意在这个价位上大举介入，后市仍将继续下跌。

如图 1-41 中 A 区域所示，该股于下跌过程中出现量缩价平，这个貌似横盘作底的形态具有很强的迷惑性。贸然猜底介入的交易者，必然对之后的跳水式下跌感到猝不及防。

第五章　成交量与技术环境分析

记住这一点：在你什么都不做的时候，那些觉得自己每天都必须买进卖出的投机者正在为你的下一次投机打基础，你会从他们的错误中找到盈利机会。

——杰西·利弗莫尔

一、趋势、趋向

技术环境分析是多种技术工具、长短周期综合分析的一种技术分析手段。如果说趋势、趋向和成交量以及均线系统是交易者分析判断交易标的的主要技术工具，那么技术指标、市场心理倾向等就是重要的辅助分析手段，二者相辅相成，不可或缺。

综合分析交易标的所处的技术环境，能够避免一叶障目不见泰山，无论是规避风险还是追求盈利，都是一个较佳的选择。

（一）趋势与趋向

趋势是指在一个相对较长的交易阶段内，价格整体运行于一个相对稳定的方向上，道氏理论称之为主要趋势。

通常将整体保持上升趋势的市场称为牛市，将整体保持下跌趋势的市场称为熊市。

趋向是指中短期内价格运行的方向。趋向可能和趋势相一致，也可能不一致，但趋势是由无数同向或逆向的趋向构成的。趋向的改变并不意味着趋势必然改变，但趋势改变必然从趋向改变开始。

趋势下包含着不同运行方向的价格趋向，依照时间周期的长短可以界定为中期趋向和短期趋向。在道氏理论中，中期趋向和短期趋向也称之为次级趋势和短期趋势。

区分趋势和趋向，有利于交易者从全局的角度考虑和谋划整个交易策略，避免因纠结于细微的价格波动而错失在大方向上布局的时机。

交易者首先要认清的是行情的长期趋势，其运行的方向明晰之后，则中期趋向和短期趋向就会跃然纸上。

1. 牛市行情

在长期上涨趋势（即牛市行情）中，交易者应以持仓和积极做多为主要交易策略。长期上涨趋势并不意味着一直上涨，其运行过程中会有很多次级别较大的回调（即中期趋向或称次级下跌趋势）和不间断的短期回调（即短期趋向）来制造恐慌，以清洗不坚定的持仓者，减轻上行的压力。

如图 1–42 所示，一轮长期上涨趋势（A 趋势）运行期间会出现多次中期下跌趋向和短期下跌趋向。

2. 熊市行情

在长期下跌趋势（即熊市行情）中，交易者应以空仓和分阶段交易为主要交易策略。同样，长期下跌趋势并不意味着一直下跌，其运行过程中会有很多次级别较大的反弹（即中期趋向或称次级上涨趋势）和不间断的短期反弹（即短期趋向）来诱使资金介入。

如图 1–42 所示，一轮长期下跌趋势（B 趋势）运行期间同样也会出现多次中期上涨趋向和短期上涨趋向。

（二）绘制趋势线

趋势线是指根据价格波动，连接其两个重要的低点或高点，画出的一条顺应价格运行方向的直线。

趋势线是分析价格趋势及其变化的有效工具之一，正确绘出上升趋

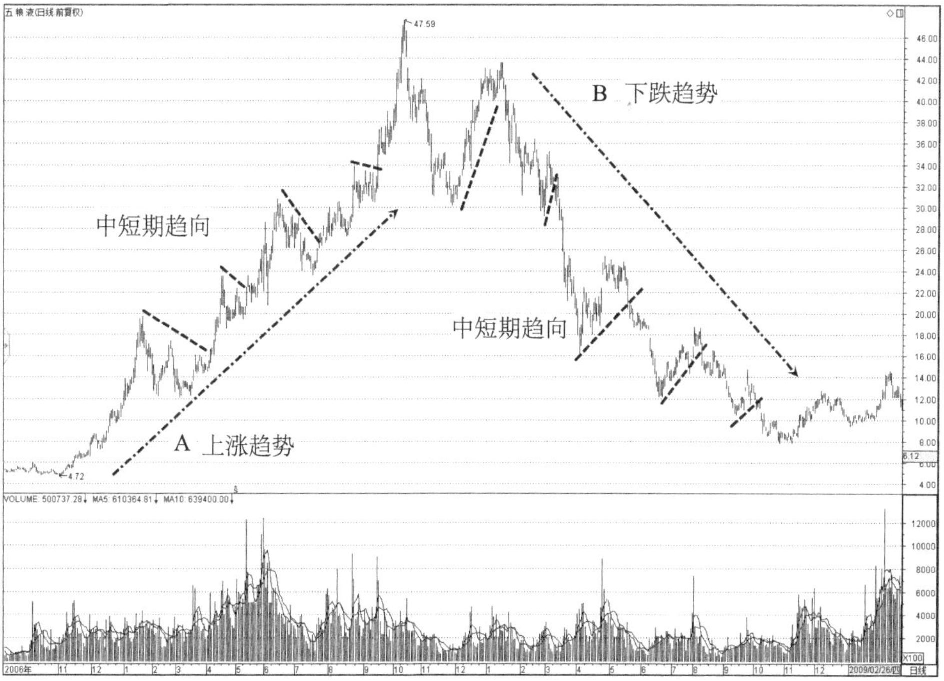

图 1-42

势线和下降趋势线，有助于对行情变化和趋势或趋向拐点的出现提前做出预判。

绘制趋势线有三个要求，一是确定两个重要的低点或高点，二是这两个点在时间周期上应具有相应的距离，三是能够正确反映趋势整体运行情况。

如图 1-43 所示，A 区域为该股顶部高点，B 区域为第一次中期反弹高点，都属于相对重要的点位。时间间隔上有 3 个月左右，较为合适，穿过两点画出的趋势线能够反映后期股价趋势整体运行的情况。

（三）周期与历史追溯分析

技术环境分析，首先要求交易者培养自身的追溯分析能力，也就是说要具有技术分析的历史观，善于分辨价格运行趋势和趋向。

单凭最近的几根 K 线，很难研判主力资金所处的状况，但若基于较长

图 1-43

时间周期进行回溯分析，则并不难发现主力资金所处的阶段、状况等。

如图 1-44 所示，该股出现一波翻倍行情，研判该股后势是继续上涨还是就此完结行情，是新一轮行情的开始还是原行情的延续，仅凭图中 K 线、成交量以及均线难以得出一个相对准确的判断结论，这时交易者就要借助更长时间周期来做进一步的研判。

该股一年多的图形走势如图 1-45 所示，交易者可以较为清晰地看到该股相对完整的走势：该股经历过一轮波澜壮阔的大牛行情，之后股价急速暴跌，A 区域（即涨升阶段）很明显是大幅超跌之后的反弹走势。

以暴跌来终结牛市行情并不常见，所以必然有不少高位持仓者未能获利减仓，这也是股价在 A 区域超跌反弹的重要基础。之所以这样说，是因为这些持仓者的习惯性操作方式，即低点不敢进，反弹一定幅度后才进仓用以摊低成本，孰不知此时反弹已接近尾声。

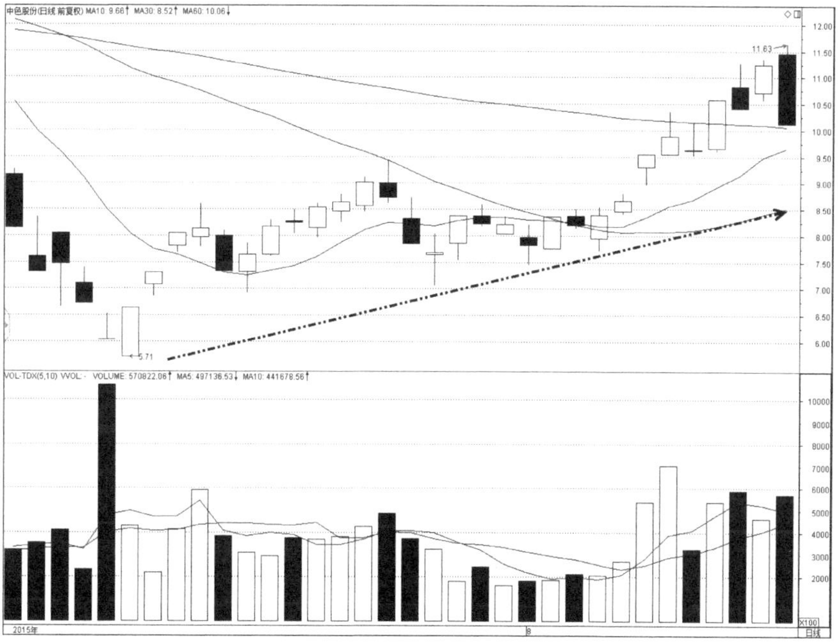
中色股份(日线 前复权) MA10: 9.66↑ MA30: 8.52↑ MA60: 10.06↓
11.63
5.71
VOL-TDX(5,10) VVOL: - VOLUME: 570822.06↑ MA5: 497136.53↓ MA10: 441678.56↑
2015年
8
X100
日线

图 1-44

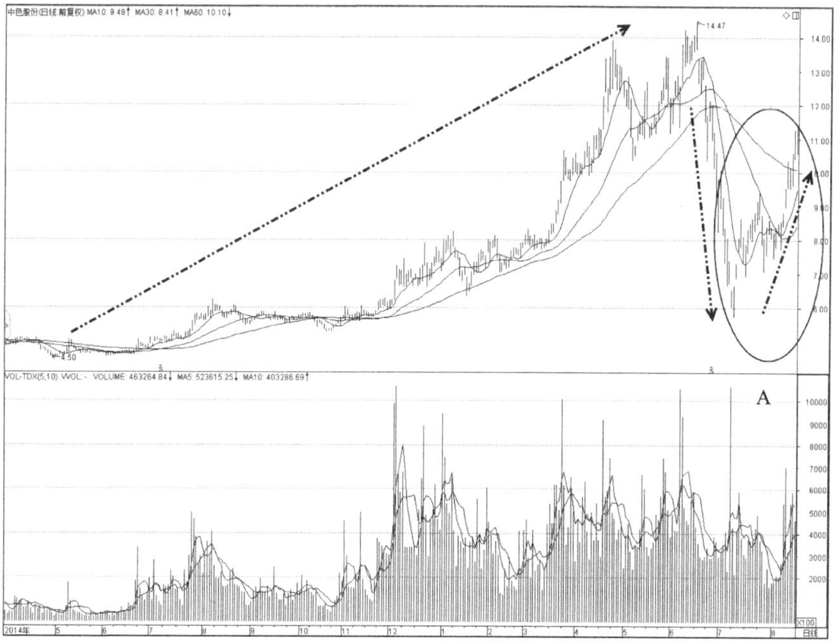
中色股份(日线 前复权) MA10: 9.49↑ MA30: 8.41↑ MA60: 10.10↓
14.47
4.50
VOL-TDX(5,10) VVOL: - VOLUME: 463264.84↓ MA5: 523615.25↓ MA10: 403286.69↑
A
2014年
X100
日线

图 1-45

图 1-45 中 A 区域之前的暴跌幅度，对略懂趋势分析的人来说，终结一轮牛市行情在技术上应是毫无疑问的，及至涨升行情出现时，股价超跌反弹的行情性质也不难界定，唯一让交易者迷惑的可能是超跌反弹的幅度居然能够让股价翻倍。

超跌反弹的幅度跟两点息息相关：一是前期下跌周期和速度，时间短、速度快的下跌所引发的超跌反弹必然强劲（排除基本面问题引发的连续一字线跌停现象，只包括技术面范围内的下跌）；二是下跌幅度，只有达到超跌程度之后，才有可能引发大幅反弹（超跌的具体内容见《短线追涨与低吸技术》① 一书）。

（四）价格运行重心

价格运行重心是价格波动和震荡的中轨线。以股价波动震荡的相对中心位置（或最近高点和低点之间均价位置）画一条线，即为股价（价格）运行的重心。

如图 1-46 所示，虚线 1 为上升趋向中形成的价格运行重心。

当股价运行至 A 区域时，并不能真正回归到原价格运行重心上方，说明遭遇到足以改变原运行轨迹的重压，也意味着原运行重心的运行方向可能向下发生改变。

出现这种情况，通常来说，即使是惯性下行也会让股价下跌持续一段时间。

虚线 2 为股价转跌后形成的价格运行重心。

价格运行重心并不会沿着一个方向或角度一直持续存在，而是随着股价的波动不断改变角度或方向。交易者把价格运行重心的这种改变称为变轨。

从自身特点来看，价格运行重心能够及时反映其在最近走势中持续运行的方向，以及将会发生的变化。

① 《短线追涨与低吸技术》一书已由中国宇航出版社于 2015 年 8 月出版。——编者注

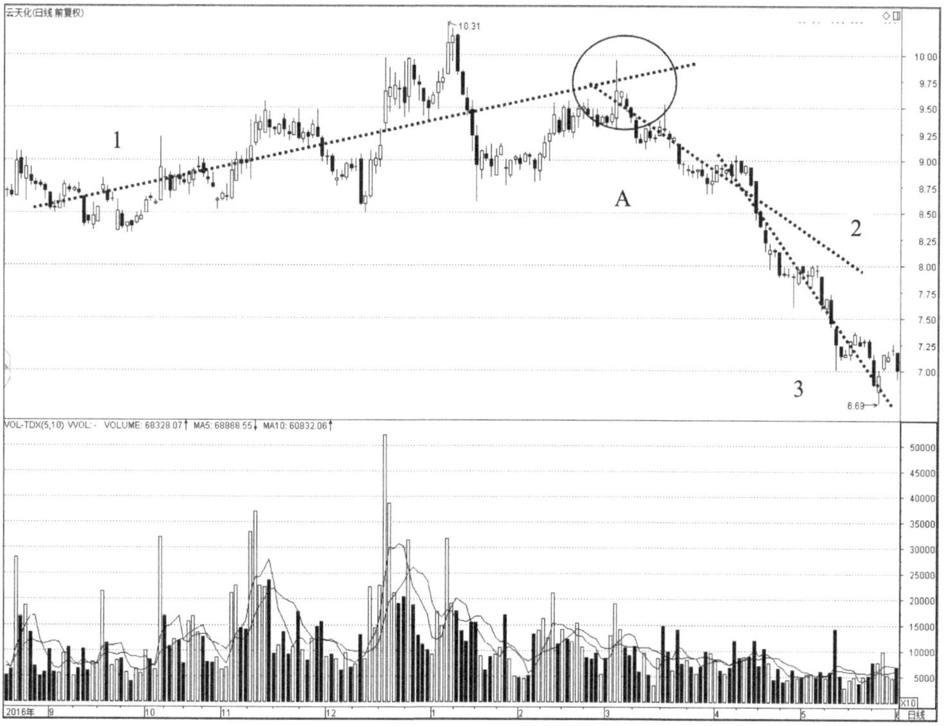

图 1-46

例如当股价向下偏离虚线 2 不能收复和回归时，则下跌速度将会加快。

当股价逐渐回归到虚线 3 的上方，并不再跌破或之后出现向上的变轨时，则股价就此企稳弹升的可能性极大。

价格运行重心的概念很重要，有时盘面上其他技术因素尚未发出提示信号，交易者根据价格和价格运行重心之间的偏离度也可预估可能形成的走势。

二、均线理论

均线，又称移动平均线，是对最近某个时间段内的收盘价进行平均，将这些数值以线段的形式相连接形成的曲线。

均线的基本原理是：随着市场成本的变化，价格也将体现这种变化，而成本的变化可能会延续或逆转价格运行趋势。均线的变化代表了一段时间内市场平均持仓成本的波动。

上面这段文字是均线最基本的释义，尤为重要的是最后一句，即均线的变化代表了一段时间内市场平均持仓成本的波动，只有真正理解这句话才能深刻体会均线在实战中的含义。

均线代表的是市场平均成本的运行趋势，其重要性在于反映现行价格得到支撑或受到压制的情况。支撑与压制是均线理论的核心与精华，均线分析的价值正在于此。

均线如同奔流的江水，K 线就像在水中行进的船只。水能载舟，亦能覆舟，更有逆水行舟和顺水行舟之别。

总之，在运用均线判断行情变化时，永远不要忘记一点：均线是灵动的，K 线也处于不断变化之中，机械地理解和应用二者存在的关系，难以得到理想的结果。

（一）顺水行舟形态

当均线行进的方向与 K 线保持一致时，称之为“顺水行舟”。“顺水行舟”有两种技术形态：一是 K 线和均线同步保持向上态势，即多头排列，如图 1–47 所示；二是 K 线和均线同步保持向下态势，即空头排列，如图 1–48 所示。

在“顺水行舟”的态势下，均线多头排列时 K 线上涨往往很火爆，空头排列时 K 线下跌则很凶悍，正如船在顺风顺水的条件下行驶时，可以达到“轻舟已过万重山”的境界。

（二）逆水行舟形态

当均线运行方向与 K 线相逆时，称之为“逆水行舟”。“逆水行舟”也有两种技术形态：一是均线向上行进而 K 线向下运行，这种形态一般出现在 K 线上涨中的正常回落整理，或者在行情终极拐点出现时，如图 1–49 所示；二是均线向下行进而 K 线向上运行，这种形态一般出现在下跌途中的反弹抵抗，或者见到行情拐点时，如图 1–50 所示。

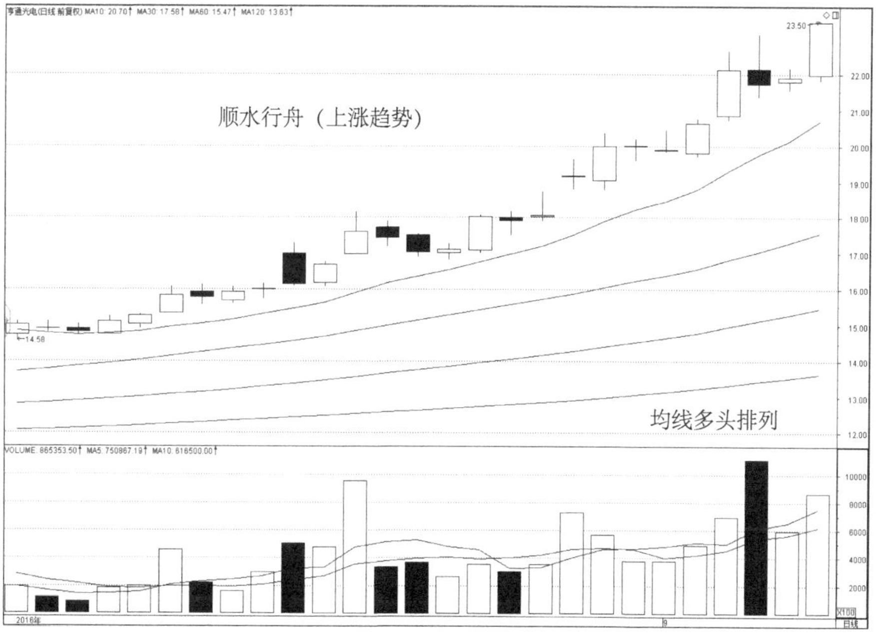
亨通光电(日线 前复权) MA10: 20.70↑ MA30: 17.58↑ MA60: 15.47↑ MA120: 13.63↑
顺水行舟（上涨趋势）
均线多头排列
23.50
14.58
VOLUME: 865353.50↑ MA5: 750867.19↑ MA10: 616500.00↑
2016年
日线

图 1-47

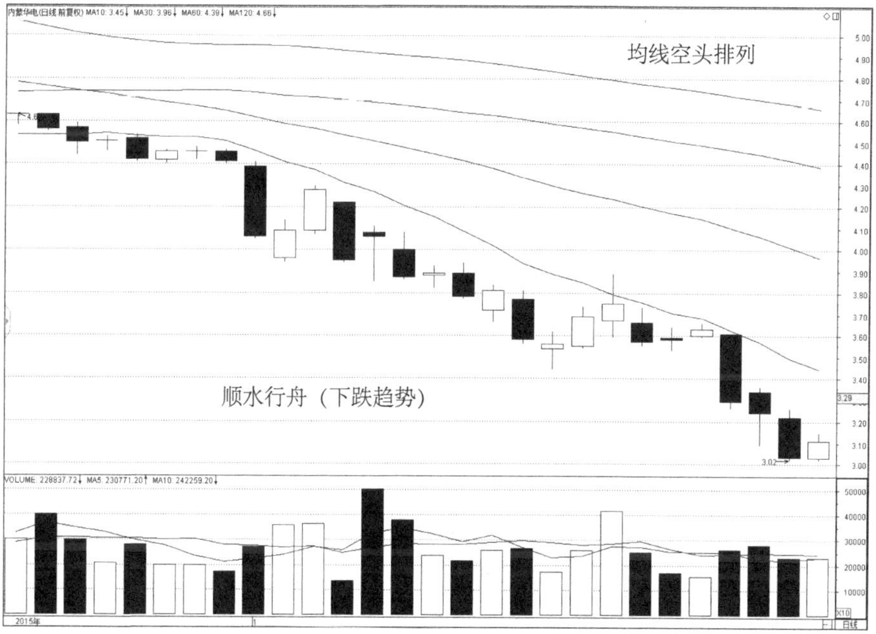
内蒙华电(日线 前复权) MA10: 3.45↓ MA30: 3.96↓ MA60: 4.39↓ MA120: 4.66↓
均线空头排列
顺水行舟（下跌趋势）
3.02
VOLUME: 228837.72↓ MA5: 230771.20↑ MA10: 242259.20↓
2015年
日线

图 1-48

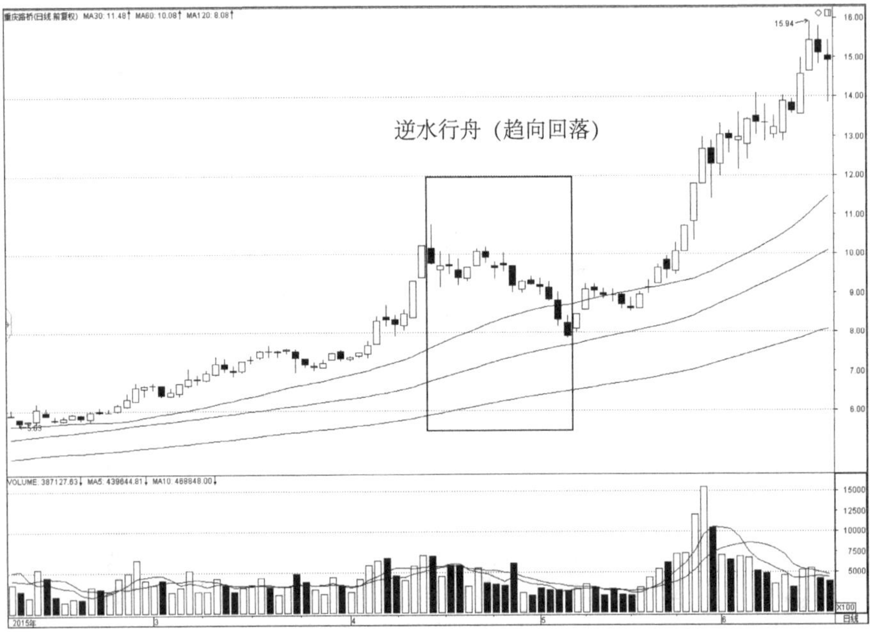

图 1-49

图 1-50

“逆水行舟”意味着需要耗费远远大于常态的能量，当这种超常能量不能持续补给时，也就到了行情停止前行甚至逆转的时刻。通常情况下，“逆水行舟”这种形态持续的时间较为短暂。

确认 K 线与长期均线系统的趋势，关乎交易者在一段较长时间内所采取的主要交易策略。K 线与长期均线系统的趋势，也是交易者鉴别自身交易行为是顺势而为还是逆势而为的一个标尺。

通常来说，符合趋势的顺势而为应当成为交易者的主要交易方向、重仓位配置，而参与逆水行舟形态下的趋向行情，则与趋势相逆，与趋向顺势，只能成为交易者的短期交易方向、轻仓配置。

在上升趋势市场中，应以做多为主要策略和行动方案，同时在参与回落（逆水行舟之趋向回落）行情时，应该控制好做空的尺度和界限。在下跌趋势市场中，应以做空或观望为主，主要参与趋向反弹行情，回避短期反弹。

（三）顺逆关系的转化

无论是“顺水行舟”还是“逆水行舟”，总是随着行情的发展而变化，不可能永远恒定。热火朝天的牛市终有终结之日，肃杀清冷的熊市也必有结束的一天。

“逆水行舟”形态可能在运行中结束，回归到原有趋势，也可能在运行中得到强化延长或转化。“逆水行舟”形态的转化是指由原来的趋向行情转化为趋势行情。

“逆水行舟”形态代表着趋向性行情，通常当其运行至一些重要的均线关口也就是趋向性行情结束的时候，随后就会回归到原来的大趋势运行中。

当“逆水行舟”形态连续攻克一些重要的均线关口时，意味着其处于形态的加强延长状态，或者其可能正担负着趋势转化的重要使命。

如图 1–51 所示，该股经过长期大幅下跌后，于 A 区域形成与中长期均线相逆的“逆水行舟”形态。通常来说，这个形态下的反弹行情，多数会在遭遇 60 日均线重要关口时结束反弹重回跌势。

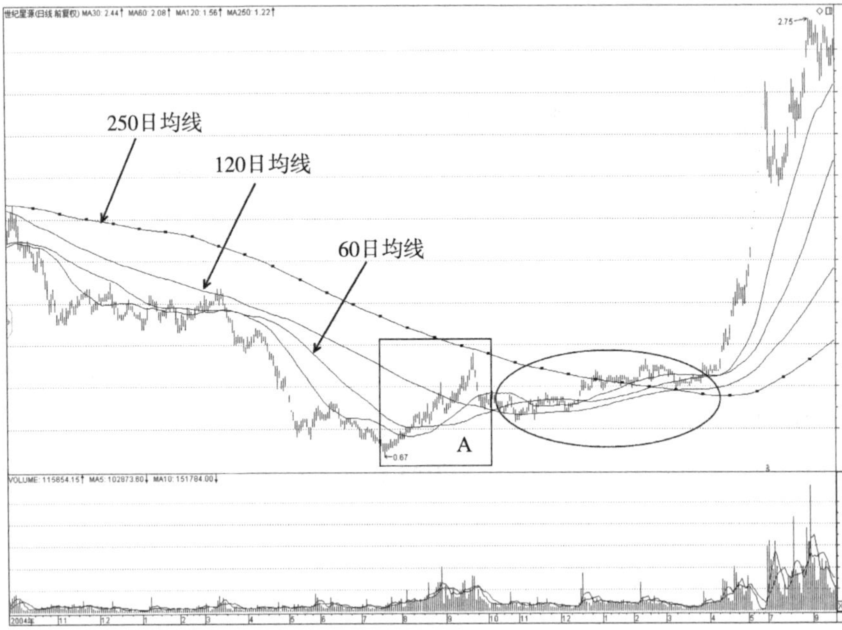

图 1-51

但随着行情的发展，可以发现这个“逆水行舟”形态开始出现强化，轻松突破重要的均线关口 60 日均线后，略加盘整便继续向上攻击 120 日均线。

此时，交易者就应该重新审视这个“逆水行舟”形态的性质是不是正在发生转变，而不仅仅是单纯的趋向强化。

之后股价迅速突破 120 日均线，回抽破掉均线但很快收复并继续升势，有挑战 250 日均线的势头。实战中，很多交易者遇到这种情况可能担心错过一轮升势，有的还会选择追高买入。但学过脱线形态的都知道，该股股价连续急升已经和最小时间单位的均线形成脱线，同时上方的 250 日均线是极为重要的均线关口且呈下行态势，这两个因素叠加分析，可以得出一个结论：即使股价向上穿越 250 日均线，也很难形成真正的突破，冲高回落是大概率的结果。（脱线形态等理论可参阅《均线核心技术》[①]一书。）

---

① 《均线核心技术》一书已由中国宇航出版社于 2017 年 10 月出版。——编者注

该股股价果然冲高回落。这一回落过程中的股价表现对交易者分析“逆水行舟”形态是否存在转化的可能极具价值，也是确定是否存在介入做多时机的关键。

A区域后，120日长期均线在此处已经由前期的下行转为走平并逐渐转为上行，该股股价在回落过程中明显得到120日均线的支撑，这是一个倾向做多的积极信号。

之后股价在多条均线间出现盘整形态，运行重心也缓步上行，这是一个低吸的交易时机。“逆水行舟”形态的转化至此初步确认。

股价再度向上攻击并突破250日均线，此时正是低价位介入的最后时机，也最终确认“逆水行舟”形态由反弹趋向成功转化为上涨趋势。

逆势而为并不等于盲目与趋势对抗的交易行为。大多数时候，逆势而为是指与市场普遍心理趋向相逆。还有一些时候，逆势而为是指处于趋势转化过程中，这时所谓的逆势正在或已经转化为顺势而为。

在实战中，“顺水行舟”和“逆水行舟”形态最重要的作用就是，能够提示交易者根据股价运行趋势选择做容易做的交易、赚容易赚的钱，过分追求交易难度，市场并不会带来好运。

（四）均线实战攻守技术

1. 厚度不封强势在

关于均线实战攻守等诸多技术与理论讲解，仅仅通过本节的篇幅是难以尽言的，请参阅《均线核心技术》一书。

“挽弓当挽强，用箭当用长。”短线交易中以强势股为主要选择对象，而强势股并不意味着不会跌，学会辨别其中哪些下跌是机会、哪些是风险，是短线交易的基础知识。

不少短线交易者喜欢追涨强势股，却往往追在短线高点上，一旦强势股回调便仓皇止损，止损后却又发现该股已峰回路转、扶摇直上。

其实强势股也存在低吸的机会，但这个机会出现时，多数人不敢买。

强势股的回调多采用日间震荡或空间换时间的方式，这种方式必然如惊涛骇浪，让人唯恐避之不及。难得的低吸机会却偏偏隐藏其中。

操作强势股可关注 5 日均线跟 10 日均线之间的厚度变化。通常来说，能称得上强势股的，必然以大角度保持上涨，脱线是常见形态。

如图 1–52 所示，A 区域之前的状态，一旦连续性涨停板打开，当天不能再封住，也就是强势个股展开回调的时候到了。

A 区域，第一根阴线当天跌停板，这就是强势股以空间换时间的回调方式。当然，这只是其中一种方式，并不是所有强势股都会采用。

被资金狂追的个别强势股也会采用回调略探5日均线再度起涨的方式，但连续采用这种方式调整的个股，一旦资金失去追涨的欲望，就会直接进入大级别的下跌。常说的“断崖式下跌”往往就发生在这种个股上。

A 区域，第二根是低开高走的阳线，其低点接近 10 日均线，而高点已收复 5 日均线。厚度空间是由均线构成，而不是股价。A 区域，5 日均线和

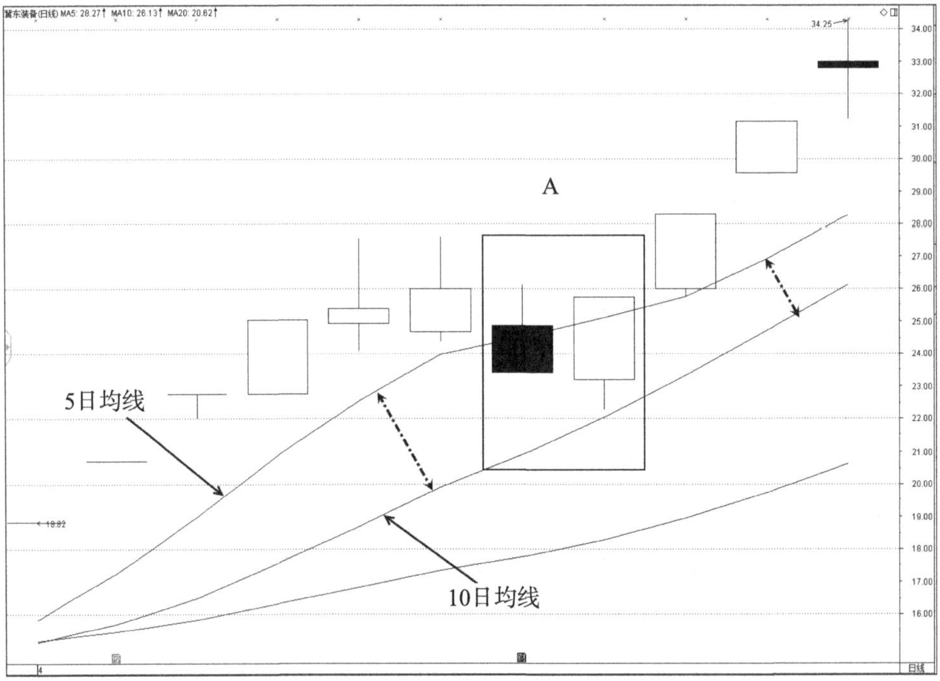

图 1–52

10日均线仍具有相对较大的厚度空间，更重要的是，代表价格强度的5日均线仍旧维持上行态势。

这就说明，A区域第一根阴线的跌停板并未消耗掉股价上升的强度，探底回升的阳线是较为适宜的低吸点。

类似于案例中强势股的操作，即使股价跌破10日均线，只要5日均线未转向、厚度空间未封闭，就说明短线涨升强度并未完全消失，仍可寻机介入。

实战中，如果5日均线交叉10日均线，并封闭厚度空间，则说明该股调整的空间和时间都会相应地延长，甚至是扭转（可根据技术细节具体分析）。

2. 最忌逆势孤军深入

上涨趋势中，有时会突然遭遇大幅度的暴跌行情，价格短期内连续跌破中长期均线系统，如60日均线、120日均线、250日均线。下跌趋势中也有类似的情况，突如其来的暴涨会使股价连续突破中长期均线。

逆势出现的暴涨、暴跌行情多数不可持久，即使其最终改变了运行趋势，也存在一个较长的修复过程。但在其急速运行阶段，普通的交易者如果没在最初阶段介入，后面很难捕捉到适宜的介入点。

如图1–53所示，A区域股价以60度角急速上涨，一度穿越下行态势中的60日均线、120日均线、250日均线，但这种孤军深入式的逆势急升很难持久，股价很快便回归下跌趋势。在A区域涨势中追高的人，很难从中赚取稳定收益。

当中长期均线呈空头排列向下运行时，股价短期暴涨，如同过度冒进、孤军深入的部队，短期的强势难掩之后大概率的颓然败退。

对于股价短时间内突起的逆向行情，如果技术环境上并不具备趋势改变的基本条件，那么多数都会在急速运行阶段结束后略经盘整或直接回归原趋势。

图 1–53

如图 1–54 所示，A 区域股价突然大幅下跌，连续跌破中长期均线，但不久股价便迅速回升并创出新高。追随股价短期波动，会使心态越来越脆弱，难以承受股价来回的折返，更难看清本来并不复杂的趋势。

3. 起飞跑道

上涨趋势的初期阶段，或者是涨势中级别较大的调整之后，部分个股股价恢复上涨的过程是以较小倾角来运行的。通常较少有大阳线、大阴线，而是以中小 K 线居多。总体来说，这种走势的个股一段时间内的升幅有限，所以不少持仓者耐不住股价磨磨蹭蹭的上涨，而选择卖出换股。

其实仔细分析这类个股的走势，就会发现 3 个技术特点。

（1）中短期均线多头排列、稳定向上运行。

（2）量能逐步增加，接近滑行、起飞阶段时形成聚量攻击。

（3）股价极少会回落至中期均线之下，即使偶有发生，也会以下影线

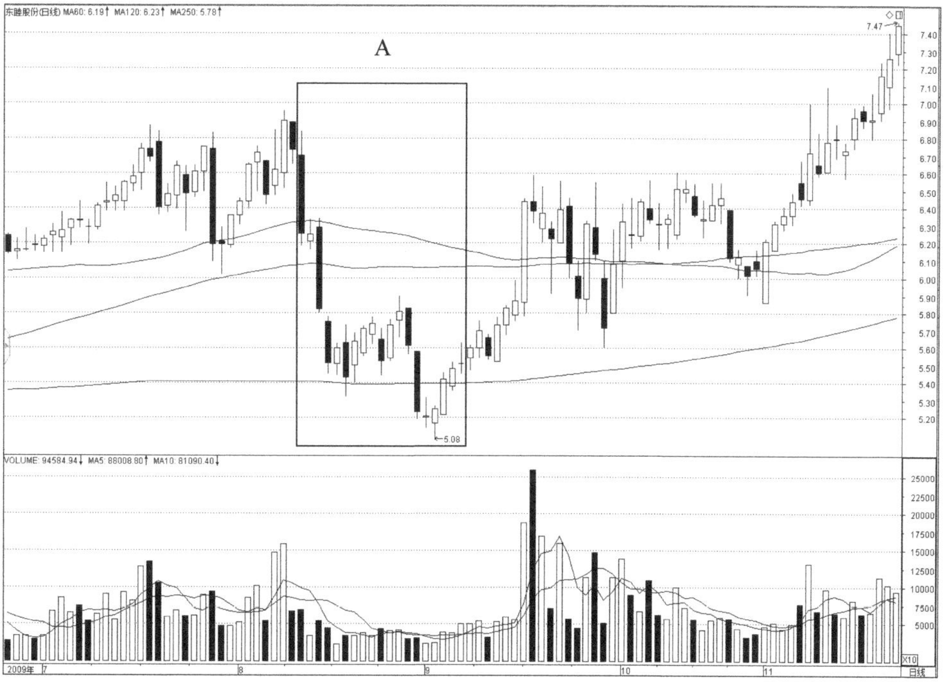

图 1-54

等方式快速回收。

一般将具备这几个特点的个股比喻成正在修建起飞跑道的潜力股。

如图 1-55 所示，该股于升势中出现调整后，A 区域中短期均线逐渐完成修复，进入多头排列。之后股价多数时间在短期均线上运行，虽然 K 线实体以小阴小阳为主，偶有回落，但都很快回升，显示出下方均线强大的支撑作用。

随着均线间的厚度慢慢拉开，“跑道”支撑强度也逐渐变大，股价“起飞”也就指日可待了。

“修建起飞跑道”的个股进入滑行、起飞阶段的标志，通常都是对最近密集成交区的突破，如 B 区域突破 C 区域以及 D 区域的密集成交区。其实 C 区域曾尝试突破 D 区域的密集成交区，但这里的量能情况显示主导资金并未倾力而为。C 区域的量能对比 D 区域明显不在一个等级上，所以 C 区域极有可能只是主导资金试盘和洗盘的阶段。

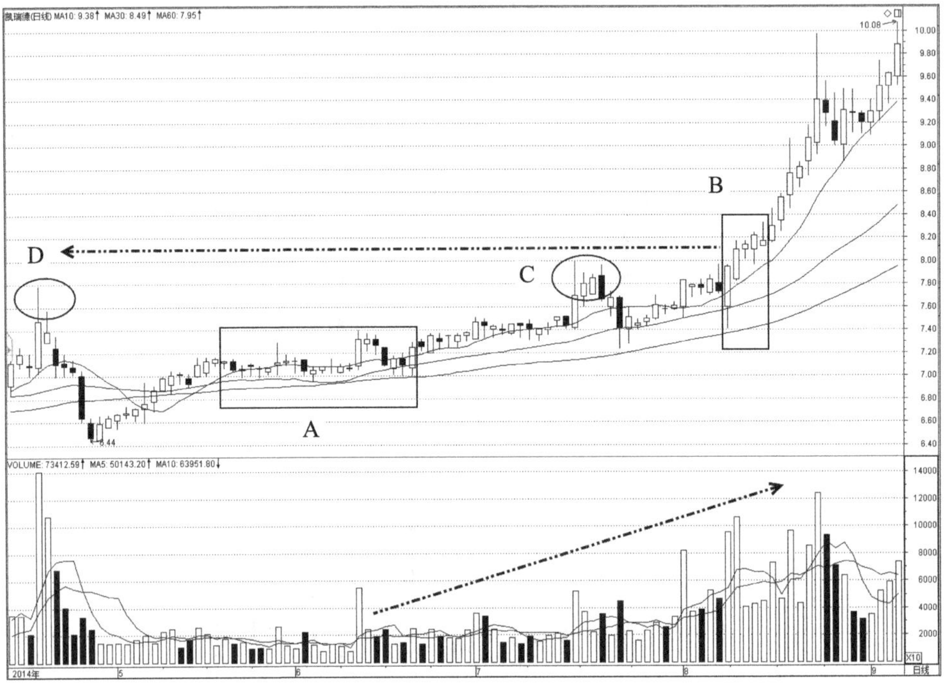

图 1-55

进入滑行和起飞阶段之前，吓走不稳定的持仓者，引出 D 区域的部分套牢盘割肉。这样做既可以减轻之后上涨的压力，也可以尽可能减少获利盘，为股价快速上涨铺平道路。B 区域及之后，股价脱离均线进入滑行和起飞阶段，即可说明这一点。

4. 升势休整

上涨趋势中，30 日均线回落触及或向下交叉 60 日均线，随后又向上交叉 60 日均线。之前回落过程中无量运行的股价开始加大换手率，K 线的低点逐步抬高，此后均线系统形成多头排列，即为升势休整形态，后市大多会有一轮强劲的上攻行情。

如图 1-56 所示，A 区域 30 日均线向下交叉 60 日均线，在这个过程中虽然股价不断震荡，但低点不断抬升。B 区域 30 日均线上穿 60 日均线，同时股价明显得到下方均线支撑，逐步回到均线系统上方。

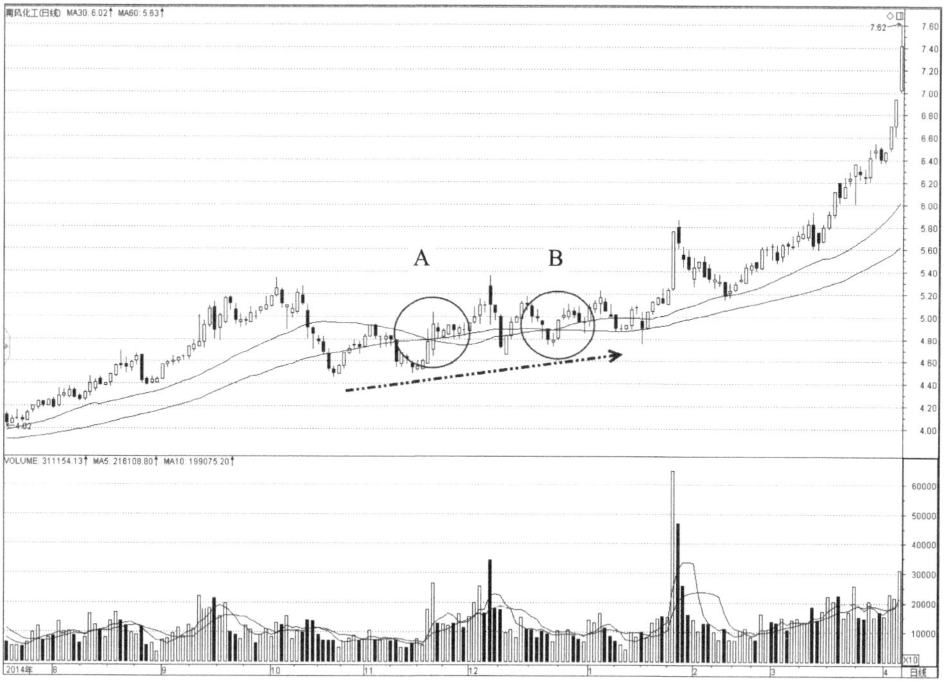

图 1-56

升势休整其实也是均线修复的过程。当股价与均线上涨趋势运行一段时间后，会积聚一定数量的不稳定因素。比如，随着股价越升越高，获利盘迅速增加，其兑现的欲望也越来越强烈。

回落修复期既可以清理获利盘的数量，也可借机提升市场的平均持仓成本。这个清理过程的长短一般以 30 日均线向下交叉 60 日均线，随后又向上交叉 60 日均线为主要观测基准。之后股价再度回归升势，这意味着清理过程结束。

升势休整的出现，可以让日益躁动的市场平复下来，毕竟过早地让价格进入疯狂状态对主力来说并不一定是好事。

5. 长逆短顺

长逆短顺是下跌趋势中的逆水行舟形态，这种形态并不一定都能达到次级反弹的级别，也包括价格的短期反弹。

长期均线保持下行态势，对股价反弹具有强大的压制作用，多数反弹都会因为受到压制而终止。即使某些个股后市发生趋势扭转，第一次反弹到下行的长期均线附近时，也会出现回落。

如图 1–57 所示，股价在连续下跌后企稳反弹，A 区域上攻至下行态势的 120 日长期均线时遇阻回落。如果是短期反弹，这个回落基本就宣告了反弹结束。该股回落至 20 日均线附近时得到支撑，在量能的支持下再度上涨。

B 区域，再度上涨的股价未能得到 250 日长期均线的支撑，反而在其压制下迅速回落。可以看到股价回落时，20 日均线支撑非常微弱，股价徘徊 3 个交易日后继续下跌至 120 日均线。在这个过程中，量能已经呈现消散的态势。

下行态势中的均线能够提供的支撑微乎其微，更多地表现为市场心理方面的支撑。B 区域，股价在 120 日均线上的止跌反弹，对交易者来说，

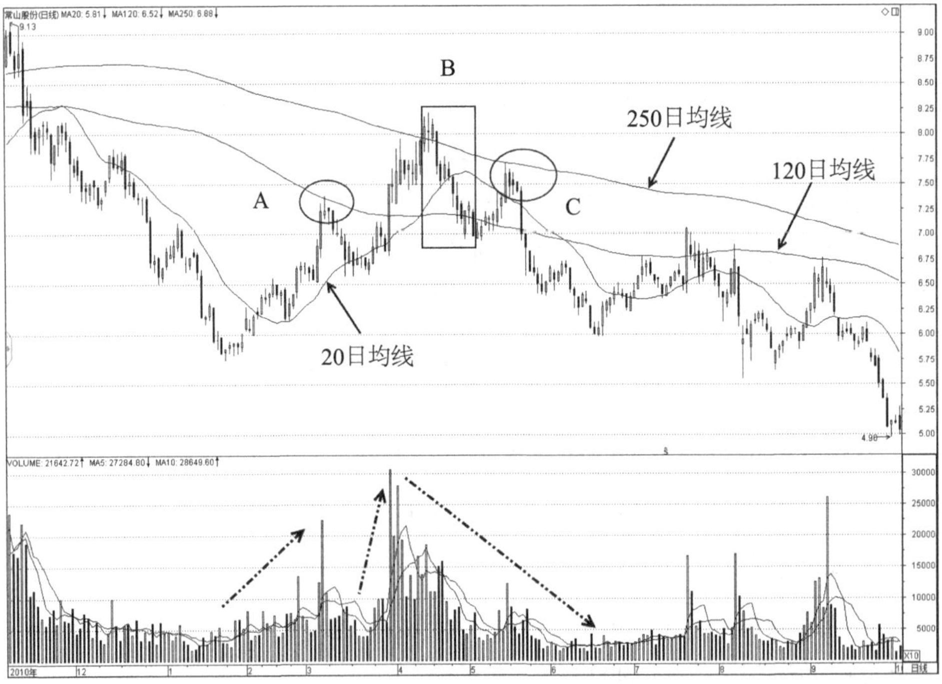

图 1–57

不用等到 C 区域出现，也能粗略测算出它的终点在哪里。

实战中，一些个股虽然突破长期均线却不能牵引其发生扭转。同时出现放量滞涨或量能呈消散态势时，则意味着涨升强度正在快速减弱，股价回归跌势的概率很大。

长逆短顺形态下，交易者对个股涨幅以及上涨持续时间不要抱太大希望。

6. 回线不回价

回线不回价是指在上涨趋势中出现一波回落调整后，价格得到 60 日均线的支撑启动上涨，价格的下一次重要调整低点可能就在 60 日均线附近。

回线不回价是一种良性调整，能够为交易者提供一次较理想的短线介入机会，但需要注意两点。

（1）再次回到 60 日均线时的价格，不能接近于启动时的状态，否则就说明价格整体处于盘整阶段，并不一定就是适合的介入点。这也是回线不回价的含义所在。

（2）价格再次回到 60 日均线后，不能长时间呈盘线状态，否则很有可能牵引 60 日均线走平，甚至向下扭转，从而使后市运行方向变得复杂难辨。

如图 1-58 所示，A 区域股价结束调整从 60 日均线上启动上涨。其后，只在级别较大的一波调整中回到 60 日均线上，然后结束回落再次转升（B 区域）。

三、盘口与分时图

交易软件上不停闪烁的盘口数据和蜿蜒的分时图曲线，并不像表面上看到的那么平淡无奇，这些数据和曲线在细节分析中能够为交易者提供极为重要的交易依据和参考。

狭义的盘口主要包括能够反映当天大盘或个股情况的数据和分时走势，例如委比、委差、买卖盘挂单、开盘价、涨跌幅、最低价、最高价、量比、

图 1-58

内外盘、总成交量、换手率、现价以及基本面信息摘要。

广义的盘口在上述内容的基础上还包括 K 线图等。通常所说的看盘，多指广义上的盘口。

（一）集合竞价

集合竞价是指在规定时间内接受的买卖申报一次性集中撮合的竞价方式。集合竞价期间未成交的买卖申报自动进入连续竞价。证券竞价交易按价格优先、时间优先的原则撮合成交。

（1）每个交易日的 9:15—9:25 是集合竞价时间。

（2）每个交易日的 9:15—9:20 可以挂单，也可以撤单。

（3）每个交易日的 9:20—9:25 只接收申报，不能撤销申报。想撤单必须在 9:20 之前完成，否则只能等开盘之后。

（4）集合竞价是以价格优先，然后再遵循时间优先原则撮合交易。如果力求集合竞价阶段成交，那么最好在接近9:25时申报一个比即时报价有价格优先权的价位，以确保成交。

（二）开盘

集合竞价过后的9:25，大多数个股的开盘价已经出现。开盘分为高开、低开和平开。

开盘价比昨日收盘价高，即为高开；比昨日收盘价低，即为低开；与昨日收盘价一样，即为平开。

1. 高开

（1）事件驱动型高开。

由于受到利好消息或政策的影响，市场资金在竞价阶段就踊跃竞买，使得股价高于前一交易日收盘价开盘。这种类型的高开，主要看开盘后的交易过程中，资金能否持续流入并推动股价稳定上涨。一旦做多资金后续不济或遭遇主力趁机出货及故意打压，则往往会形成高开低走的局面。

（2）主力驱动型高开。

主力主动参与竞价买入，促使个股高开。这种高开大都有较好的延续性，尤其是控盘程度较高的个股主力。高开高走且价升量增，个股有冲击涨停板的潜力。在这种走势中，交易者要谨防主力诱多出货，结合股价所处价位高低以及主力拉高有无出货迹象等综合判断。

（3）市场随机型高开。

开盘时没有大单的成交数据或开盘几个价位挂单上较为稀疏，大多为市场上的零散资金行为。通常来说，这种开盘形式如果主力不在盘中参与，门庭冷落的局面不会改变，股价很难有较好的表现。

2. 低开

（1）事件驱动型低开。

突发的利空消息或事件，促使一些人在开盘竞价阶段不计成本地低价抛售，导致股价低开。这种情况，要看消息和事件对个股实质性的影响程度，如果仅是受大盘下跌的波及，则低开高走的可能性较大。

（2）主力驱动型低开。

个股的主力主动参与竞价卖出，导致开盘低开。这种情况的低开除非主力当日诱空，否则低开低走几乎已成定局。

（3）市场随机型低开。

一般在无主力参与或主力参与程度较低的个股中比较常见，无方向感的低开走势飘渺且弱势明显，不是短线关注的对象。

3. 平开

平开是指开盘价格和昨日收盘价格一样。平开说明市场资金对目前的大势或者个股行情持观望态度。没有方向感的平开大多数是市场随机的结果，主力未主动参与。但开盘平开不等于说主力盘不准备参与，可细心观察盘中有无主力的运作迹象，再适时而动。

有时一笔大成交单的突然出现会搅动一池春水，使股价蠢蠢欲动。如果这个大成交单是主动性买单，并且在接下来的几分钟内连续出现较密集的买单，则股价当天可能会有较为理想的表现。

（三）收盘与尾盘

1. 收盘规则

深市收盘规则采取集合竞价交易，这一点和开盘竞价一样。每个交易日的 14:57—15:00，这最后三分钟是深市集合竞价时间。

集合竞价不能产生收盘价，以当日该证券最后一笔交易前一分钟所有交易的成交量加权平均价（含最后一笔交易）为收盘价。当日无成交的，以前一日收盘价为当日收盘价。

沪市的收盘并没有竞价过程，是最后一分钟成交的加权平均价。

沪市收盘价为当日该证券最后一笔交易前一分钟所有交易的成交量加权平均价（含最后一笔交易）。当日无成交的，以前一日收盘价为当日收盘价。

2. 尾盘异动表现形式

尾盘通常是指每个交易日进入 14:00 或 14:30 以后的时间段。在尾盘这个时间段里，大盘以及大部分个股已基本确定当天的大体走势，交易似乎已进入“垃圾时间”，而某些有所图谋的个股却往往会在这个时间段启动“秒杀眼球”的行动。

（1）尾盘急拉。

尾盘急拉可以肯定是主力驱动或消息驱动的结果，但其技术含义却不尽相同。尾盘急拉并不必然意味着下一个交易日就会上涨。

其一，上涨造势。如果尾盘急拉和成交量增大出现在非热门的股票上，那么在没有消息刺激的情况下，极有可能是主力大幅拉升的前奏。这种股票的尾盘拉升幅度相当惊人，甚至会出现从跌停到涨停的极端情况。

其二，护盘。熊市或个股大级别下跌过程中，跌势最凶悍的阶段，主力的日子也不好过，其往往会用尾市瞬间急拉的方式护盘。这样的做法，一是能够节省护盘成本，二是可以利用股价大幅急升的强势吸引抄底资金、锁定部分仓位，或寻找短线减仓机会。

其三，减仓。某些个股的尾盘急拉，只是主力为市场资金营造的一场“春梦”，这种以诱多减仓为目的的急拉，通常是以对倒的手法来做大成交量，吸引跟风资金抢筹。

（2）尾盘急跌。

其一，洗盘。个股全天运行平稳，但临近尾盘突然出现急速下跌。如果加入技术环境分析，则会因个股处于不同的技术环境得出不同的急跌含义。比如，长期或大幅下跌低位或上涨趋势正常运行期间，这种尾盘下跌大多是以制造恐慌情绪、引发抛售为目的。

其二，减仓。在长期或大幅上涨的后期，行情震荡频繁，但整体趋势尚未明显出现转折，个股主力往往借助尾盘暴跌减仓。

（3）尾盘折返。

尾盘折返是指个股在尾盘突然出人意料地急升或急跌，势头迅猛，但随后又迅速回落或回升，甚至可能仍旧回到启动的位置。

尾盘折返在一些个股上可能是主力的试盘动作，还有可能为减仓或利益输送行为。出现尾盘折返，至少能够说明该股有主力正在运作。

（四）挂单

买卖盘的挂单是主导资金运作股价的重要方式之一。

通过交易软件可以看到盘口买卖盘，大多是买单 5 档、卖单 5 档，一些软件还提供 10 档买卖盘挂单信息。

无论是 5 档还是 10 档买卖盘挂单，其分析效果并无太大区别。太多档的挂单信息有时反而会造成干扰。实战中，大多时候前三档买卖挂单信息往往是观测的焦点。

1. 上空与下空

上空，即买卖盘挂单对比，上方的卖盘挂单明显小于下方的买盘，且买卖盘挂单整齐划一。

上空形态多数情况下都是一种等待形态。可以反问一下：买盘那么多大买单，而卖盘挂单无几，主力为什么宁愿挂在下面，也不主动去成交？原因也许有很多，但答案可能只有一个，那就是主力并不急于拉升股价，至少现在不想投入资金增加仓位。

下空是指买卖盘挂单对比，上方的卖盘挂单明显大于下方的买盘，且买卖盘挂单整齐划一。

实战中，分时图一波上涨走势后，出现下空挂单形态，股价多半开始横向盘整。主导资金加挂卖盘的目的，一般来说有 3 种可能：一是测试或引诱大抛盘的出现；二是逼迫或恐吓其他筹码低价减仓；三是诱使资金进场接盘。

2. 跳价挂单

有时交易者在观察买卖盘挂单时，会发现卖盘或买盘的挂单在价位上并不是连续的，中间会出现一些断档，这种挂单通常被称为跳价挂单。

跳价挂单常见于交易相对冷清的个股或高度控盘的个股。

（五）隐性买卖盘

在实战中，如果交易者发现分时成交明细中出现一些成交大单，而买一或卖一上的挂单并没有明显变化，那就说明可能有隐性买卖盘存在。

这些不想被市场注意到、依照价格优先原则成交的主导资金成交数据，通常被称为隐性买卖盘。

交易者对隐性买卖盘最简单的甄别方法是，当分时成交明细里出现连续性的成交大单时，观察股价变化的方向并看其是否具有持续性。例如，如果连续出现大买单，股价却原地踏步或开始下跌，就应该明白这是主导资金利用隐性买卖盘借机减仓。

（六）综合排名

综合排名是指点击 81 或 83 可在软件上看到沪市或深市的综合排名情况。点击 80 可看到沪深两市合计的综合排名。

综合排名的内容非常丰富，对习惯短线交易的人来说，是不可错过的分析市场和强势个股的窗口。

下面说明综合排名各栏的分析重点。

1. 今日涨幅、跌幅排名

综合排名中的今日涨幅、跌幅排名是当日即时交易中涨幅最大的个股和跌幅最大的个股排名情况。

分析今日涨幅、跌幅排名，能够直观地了解某一交易时段当日市场个股的强弱分布情况。

例如，今日涨幅排名中涨停板个股的数量是否超过跌停板个股的数量，也就是说，当日表现最好的股票是否比表现最差的股票多。

涨停板多说明市场处于强势。如果涨停板个股数量随着交易时间的推移仍不断增加，那么市场趋势无疑会呈现单边上扬的局面。

如果随着交易时间的推移，涨停板个股数量逐渐减少，或者跌停板个股数量增加，则说明市场走势正在逆转。如果当日跌停板个股多，而涨停板个股少，则市场必然处于弱势。

今日涨幅、跌幅排名有助于交易者在极短的时间内了解到强弱个股的分布，可及时调整交易策略。

2. 5 分钟涨速、跌速排名

5分钟涨速、跌速排名是指市场上5分钟内涨势或跌势最快的个股排名。5分钟涨速、跌速排名可以在软件中设置，也可将其改为1分钟或3分钟等。

对短线交易者来说，5分钟涨速、跌速排名可以说是件利器，运用这个排名可以在极短的时间内，发现市场上活跃的股票或出现异动的股票。

利用5分钟涨速、跌速排名还可以第一时间发现热点板块的异动。比如，数只同一板块个股同时或先后出现在排名中，则说明该板块正受到资金青睐，或遭到资金打压。

一些长时间走势低迷的个股，偶尔出现在5分钟涨速排名中不足为奇，但若连续几个交易日都在排名中出现，则可能正被资金关照，交易者可积极追踪观察。

一些热门大涨后的个股，连续多日闪现在5分钟跌速排名中，虽然当日其整体跌幅并不大，但应警惕主力资金可能正在寻求减仓。

（七）涨幅排名

涨幅排名（龙虎榜）是指当日沪深市场中所有股票的涨跌幅排名。在大多数软件中，交易者按下61或63可以看到沪深两市的涨跌幅排名，或者按下60可以看到沪深合计的涨跌幅排名。这个排名能够较为直观地反映当日整体行情的强弱程度，以及某些板块的异动表现。

涨幅排名和综合排名的今日涨幅、跌幅排名有重复之处，但更全面、更完整，能够看到市场上所有个股的情况。

实战中可从以下4个方面来分析涨幅排名。

（1）查看涨幅排名靠前的个股是否具有热点板块特征。如存在明显热点板块特征，应及时评估其对行情的影响，并关注其中的领涨个股。在行情运行到一些特殊时期时，热点板块的涨跌对整体行情的趋势有极大的影响，如图 1–59 所示。

	代码	名称	现价	涨幅%	涨跌	换手%	量比	现量	总量	买价	卖价	最低	最高	今开	昨收	市盈(动)	流通股(亿)	总股本(亿)	细分行业
1	300672	N国科微	12.21	43.99	3.73	0.04	0.00	5	98	12.21	--	10.18	12.21	10.18	8.48	--	0.28	1.12	半导体
2	603595	N东尼	18.73	43.97	5.72	0.04	0.00	10	95	18.73	--	18.73	18.73	18.73	13.01	20.14	0.25	1.00	元器件
3	300093	金刚玻璃	14.80	10.04	1.35	4.83	3.23	15	93660	14.80	--	13.90	14.80	13.90	13.45	1729.87	1.94	2.16	玻璃
4	002582	好想你	13.71	10.03	1.25	16.78	4.09	760	342901	13.71	--	12.17	13.71	12.42	12.46	29.70	2.04	5.16	食品
5	002350	北京科锐	15.14	10.03	1.38	10.52	2.21	2124	389003	15.14	--	13.52	15.14	13.66	13.76	--	3.70	3.87	电气设备
6	002575	群兴玩具	8.89	10.02	0.81	2.82	4.61	26	165897	8.89	--	7.78	8.89	8.08	8.08	--	5.89	5.89	文教休闲
7	300673	佩蒂股份	35.39	10.01	3.22	0.02	0.00	5	38	35.39	--	35.39	35.39	35.39	32.17	52.00	0.20	0.80	饲料
8	002809	红墙股份	41.99	10.01	3.82	18.34	1.35	128	55029	41.99	--	37.34	41.99	37.81	38.17	71.46	0.30	1.20	化工原料
9	603757	大元泵业	35.51	10.01	3.23	0.03	0.00	10	63	35.51	--	35.51	35.51	35.51	32.28	23.99	0.21	0.84	专用机械
10	603617	君禾股份	25.07	10.00	2.28	0.40	4.12	3	989	25.07	--	25.07	25.07	25.07	22.79	26.21	0.25	1.00	专用机械
11	600326	西藏天路	10.56	10.00	0.96	19.01	2.89	16	164.5万	10.56	--	9.69	10.56	9.80	9.60	54.97	8.65	8.65	建筑施工
12	300374	恒通科技	28.71	10.00	2.61	13.55	1.15	423	159089	28.71	--	25.68	28.71	25.93	26.10	251.65	1.17	1.95	其他建材
13	002827	高争民爆	27.17	10.00	2.47	14.51	4.03	195	66732	27.17	--	24.72	27.17	24.72	24.70	107.46	0.46	1.84	化工原料
14	000916	华北高速	10.45	10.00	0.95	10.18	1.06	507	111.0万	10.45	--	9.51	10.45	9.62	9.50	46.18	10.90	10.90	路桥
15	002879	长缆科技	34.55	10.00	3.14	0.07	0.00	5	248	34.55	--	34.55	34.55	34.55	31.41	51.10	0.35	1.38	电气设备
16	002884	凌霄泵业	46.11	10.00	4.19	0.04	0.00	3	72	46.11	--	46.11	46.11	46.11	41.92	23.59	0.19	0.77	专用机械
17	603933	睿能科技	42.59	9.99	3.87	0.61	0.00	2	1566	42.59	--	42.59	42.59	42.59	38.72	26.74	0.26	1.03	纺织机械
18	300671	富满电子	18.82	9.99	1.71	0.05	0.00	4	128	18.82	--	18.82	18.82	18.82	17.11	57.25	0.25	1.01	半导体
19	002709	天赐材料	47.56	9.99	4.32	8.41	1.71	693	150618	47.56	--	43.45	47.56	43.45	43.24	60.43	1.79	3.25	化工原料
20	603331	百达精工	22.35	9.99	2.03	0.32	0.00	10	1027	22.35	--	22.35	22.35	22.35	20.32	36.51	0.32	1.27	专用机械
21	300667	必创科技	43.16	9.99	3.92	46.65	1.07	3	79311	43.16	--	39.44	43.16	39.44	39.24	260.92	0.17	0.68	电器仪表
22	002407	多氟多	25.00	9.99	2.27	12.62	1.69	4424	671520	25.00	--	22.80	25.00	22.80	22.73	56.83	5.32	6.28	化工原料
23	603305	旭升股份	19.61	9.98	1.78	0.01	0.00	10	48	19.61	--	19.61	19.61	19.61	17.83	35.57	0.42	4.01	汽车配件
24	600773	西藏城投	12.69	9.97	1.15	6.86	2.92	30	500019	12.69	--	11.48	12.69	11.58	11.54	166.99	7.29	7.29	区域地产
25	300670	大烨智能	30.55	9.66	2.69	56.93	640.46	1119	153711	30.54	30.55	28.28	30.60	29.90	27.86	246.98	0.27	1.08	电气设备
26	300619	金银河	52.29	9.16	4.39	25.30	1.19	1218	47261	52.18	52.29	46.53	52.69	48.35	47.90	268.22	0.19	0.75	专用机械
27	600749	西藏旅游	18.78	8.93	1.54	2.82	4.12	23	53374	18.77	18.78	17.13	18.96	17.18	17.24	--	1.89	1.89	旅游景点
28	000752	西藏发展	14.51	8.77	1.17	7.20	3.05	9899	189866	14.51	14.52	13.19	14.54	13.27	13.34	262.43	2.64	2.64	啤酒
29	300477	合纵科技	22.00	8.64	1.75	8.67	1.35	4913	105303	21.99	22.00	19.86	22.28	19.86	20.25	--	1.21	2.80	电气设备
30	000498	山东路桥	7.84	8.44	0.61	13.74	6.04	2274	486787	7.84	7.85	7.51	7.95	7.51	7.23	81.85	3.54	11.20	建筑施工
31	000762	西藏矿业	16.37	8.41	1.27	7.96	1.54	11195	378810	16.37	16.38	15.10	16.48	15.15	15.10	--	4.76	5.21	小金属
32	300488	恒锋工具	35.29	8.19	2.67	8.40	6.25	352	21002	35.28	35.29	32.51	35.87	32.65	32.62	68.02	0.25	1.04	机械基件
33	002859	洁美科技	82.01	7.88	5.99	11.04	1.05	625	25702	82.01	82.02	75.44	82.78	76.00	76.02	82.27	0.23	1.02	元器件
34	600791	京能置业	10.04	7.84	0.73	11.91	3.20	33	538710	10.03	10.04	9.16	10.19	9.30	9.31	180.69	4.52	4.53	全国地产
35	300395	菲利华	16.03	7.58	1.13	4.14	2.54	2728	86524	16.03	16.04	14.76	16.14	14.95	14.90	77.80	2.09	2.95	玻璃
36	002466	天齐锂业	61.82	7.51	4.32	4.20	1.23	11029	414208	61.82	61.83	58.15	61.85	58.15	57.50	37.87	9.86	9.94	小金属

图 1–59

交易者需要注意一点，热点板块并不等于热门板块。热点板块在尚未被市场充分认可之前，其对市场行情的影响有限。热点板块一旦被市场认可就会成为热门板块，其对行情的影响力才会发挥出来。

（2）分析涨幅排名靠前的是大盘股还是小盘股，以确定当日行情的性质。市场存在“二八”跷跷板的运行特点：当大盘权重股启动时，小盘个股往往偃旗息鼓；当大盘权重股下跌时却又存在变数，有时小盘股转而开始活跃，有时市场整体一起下跌。区别大盘股和小盘股比较简单，看其总股本或流通股本就可以了。

（3）强势股数量分析，早盘看涨幅榜排在第一板的股票涨幅能达到多少，如果其涨幅不超过 4%，则说明市场走势相对疲软，资金活跃度不足，不太适宜短线追击。

（4）分析涨幅榜涨跌停板股票数量，预测大盘当天走势的强弱程度，确定当天是否适合进行追涨交易。在行情处于极端运行阶段，这种分析方法能够及时发现行情转折的迹象。

比如，某日涨停板个股数量为20，而跌停板个股数量为0，下跌幅度超过7%的寥寥无几，那么当时大盘行情即便处于跌势也很难出现暴跌，反而转跌为升的概率相当大。

限于篇幅，盘口的大部分内容难以详解，请参阅《盘口分时图核心技术》一书。

（八）分时图

分时图的坐标可以选择普通坐标、10%坐标、满占坐标等。交易者通常使用默认的普通坐标，也可根据自己的看盘习惯和喜好来选择。

分时图上的横线代表价格和相应的涨跌百分比，而竖线代表交易时间，通常每条竖线的间隔为30分钟。

总体说来，分时图可以分为三块。

（1）即时走势。

即时走势由昨日收盘线、均价线、分时价位线三条线构成，其中分时价位线也称分时线、股价线或现价线。

昨日收盘线是指以前一交易日的收盘价所画的横线。若现价线低于这条线则股价在下跌，若现价线高于这条线则股价在上涨。

均价线是指将每分钟的平均成交价格相连所构成的曲线。每分钟的成交均价＝每分钟的累计成交金额/每分钟的累计成交量。均价线在个股分时图上一般用黄色来显示。

现价线是指将每分钟最后一笔成交价格相连所构成的曲线。在个股分时图上一般用白色来显示。

（2）成交量柱线图。

即时走势的下方是成交量柱线图，其能够显示盘中即时成交的情况。

（3）技术指标图。

分时图左下侧边框可选择不同的技术指标来辅助分析，由量比、成交量、资金博弈、资金驱动力和竞价图等几部分构成。

对于技术指标图，交易者既可以选择使用也可以隐藏。毕竟过度关注指标变化反而容易忽视价格的真实波动。通常在验证判断结论或检测技术共振时使用技术指标图。

在针对个股进行全面分析和研判的过程中，分时图是一个不可或缺的组成部分。尤其对短线或波段交易者来说，能够表现出价格即时变化的分时图是一个了解个股强与弱、呆滞还是灵动的窗口，非常有利于甄选个股。

必须说明一点，分时图有其优势，但也存在不足之处。某日分时走势显现强势，并不代表这种强势必然具有持续性，尤其在行情整体处于震荡阶段，或与个股强势相逆反的方向上时。

应用分时图时，交易者要明确分时图仅是技术分析的一个点，并不能全面替代技术分析的所有方面。毕竟综合研判才是保证结论正确性的有效方式。实战中应用分时图，主要是从形态和量价匹配的角度展开。

1. 分时图细节分析

（1）双线顺势。

当现价线持续在昨日收盘线、均价线上方运行，成交量保持稳定或温和增大时，表明市场预期较好，多方信心不断增强，早前介入的大部分交易者都有盈利。

昨日收盘线虽然是一条静态的横线，但当现价线和均价线在其上方或下方运行时，这条线能否体现出一定的支撑或压制作用，对交易者分析盘间价格运行趋向具有重要的参考作用。

如图 1–60 所示，现价线大部分时间在均价线和昨日收盘线的上方运行，成交量稳定并有渐次放大的趋势，显示市场资金看多、信心较足，并逐渐加入买入的行列。昨日收盘线对现价线和均价线的支撑作用明显，在这种情况下均价线和现价线顺势向上，只要这种双线顺势的情况不改变，多方的强势就一直存在。

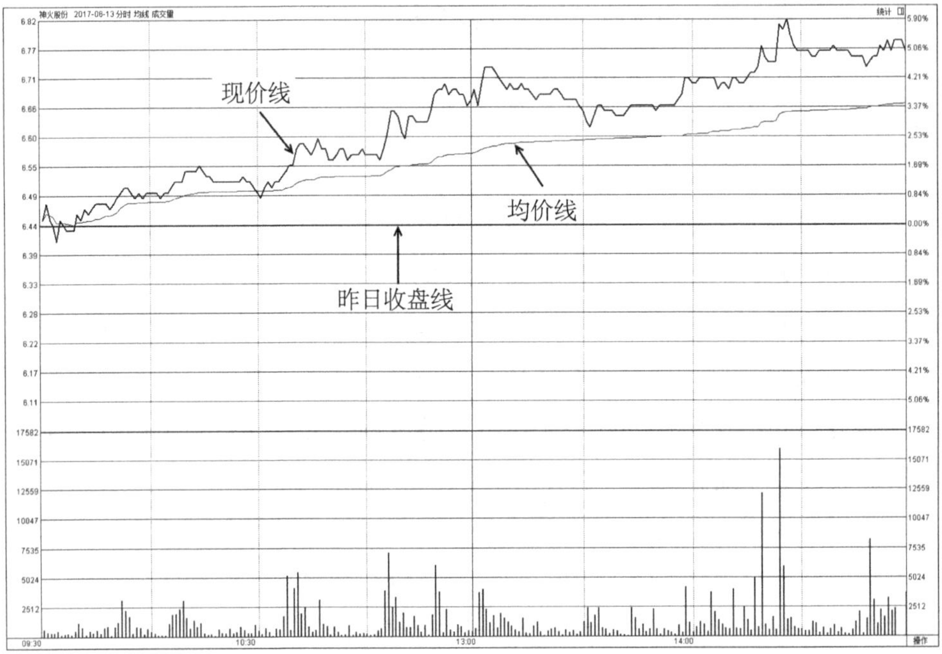

图 1-60

下跌过程中的情况也很类似，当现价线持续在昨日收盘线、均价线下方运行时，表明市场预期较差，资金正陆续流出，早前介入的大部分交易者都亏损。如图 1-61 中均价线和现价线在昨日收盘线下顺势向下，只要这种双线顺势的情况不改变，空方的强势就一直存在。

（2）乖离与折返。

情况一，涨势中。

当现价线大角度急速上行，与均价线瞬间拉开较大距离，而之后均价线并没有迅速向现价线靠拢，二者之间保持较大的乖离时，现价线极有可能出现折返走势。

如图 1-62 所示，A 区域现价线大角度急速上升，一度封住涨停板，而这时的均价线仅在 3% 多，二者相距 7% 左右，而且均价线呈横向移动态势。之后现价线向下折返并一度跌破均价线。午盘现价线和均价线已经失去双线顺势，显示走势可能进入盘整的态势。

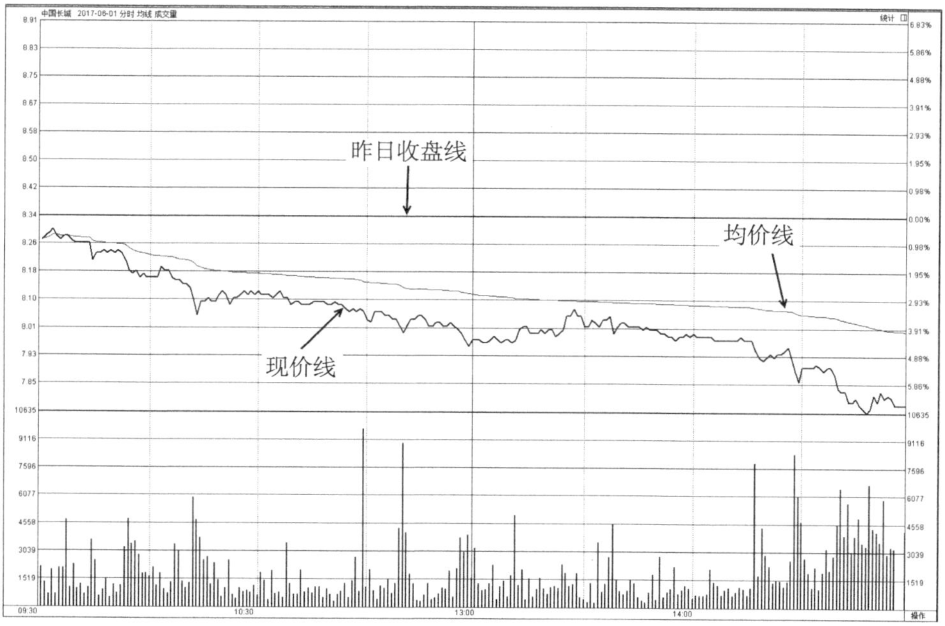

图 1-61

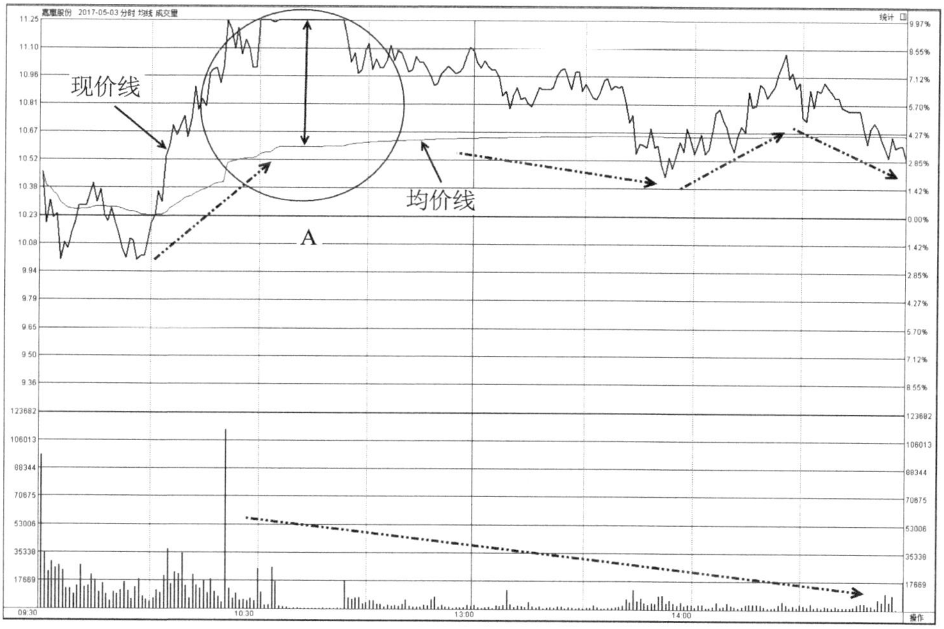

图 1-62

现价线和均价线之间过大的乖离，显示资金高位持续追涨的意愿不断降低，市场普遍存在畏高怕套的心理倾向。A 区域之后，现价线盘落，成交量一路萎靡，正是这种心理倾向不断放大的结果。

实战中，也有热门的强势个股现价线急速上冲，与均价线瞬间出现较大乖离后涨停封板的情况。如图 1-63 所示，早市收盘前现价线拉开跟均价线之间的距离，午盘这种较大乖离的态势一直存在，直至封住涨停板。

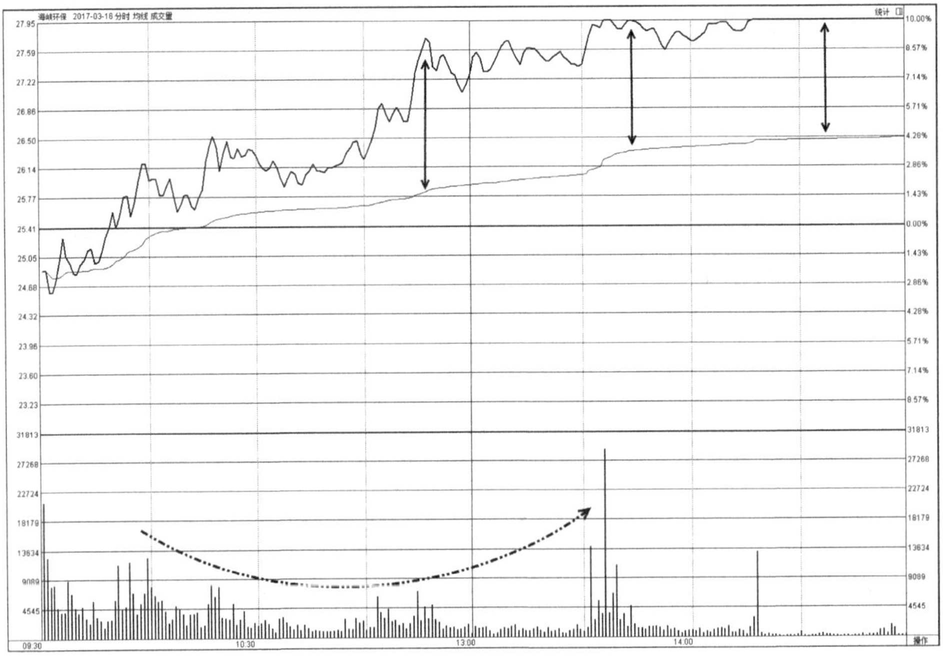

图 1-63

过大的乖离引发折返走势的概率很大，但并不意味着必然引发折返，技术的关键点在于资金买入是否具有持续性。

现价线上升，均价线紧密跟随，二者乖离保持在正常的范围内，则股价后市继续强势运行的可能性较大。

如图 1-64 所示，现价线和均价线在上行过程中一直处于顺势，并保持相应的距离。即使早市收盘前现价线急速上冲，午市开盘后均价线也能够迅速跟上，同现价线保持一定的距离，且能够对现价线的回落提供必要的支撑。图 1-64 中的成交量分布显示，早盘呈温和增长的态势，午盘开盘后现价线回落，成交量骤放后急速减少。这个现象说明午盘开盘有资金兑现离场，这也是现价线回落的原因。

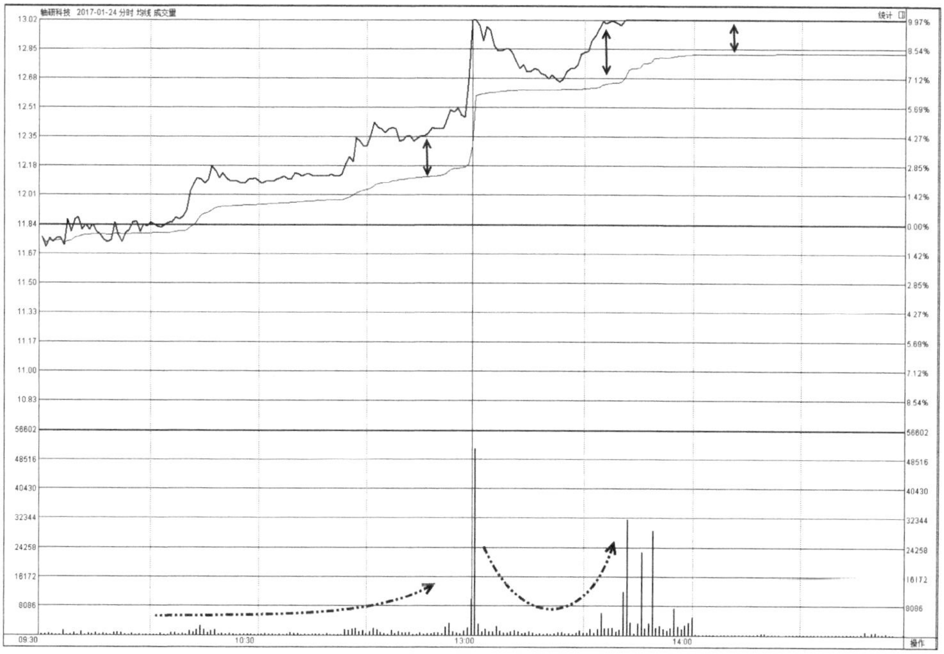

图 1-64

但可以发现午盘开盘后现价线的回落还是在不远处的均价线之上得到了支撑。这个情况说明：虽然部分资金的离场导致现价线回落，但是更多的资金仍旧坚定地看多该股走势。

现价线回落得到支撑后，成交再度放出密集的大量，显示资金抢筹的迹象，而现价线也随之封住涨停板。

现价线和均价线如影随形地同步上行，再加上成交量的配合，是强势个股启动初期在盘口的明显特征。

情况二，跌势中。

当现价线持续下行，均价线在其上方跟随下行时，说明有资金意欲兑现离场，价格仍将继续下跌。

如图 1-65 所示，在整个下跌过程中，现价线每次小弹升都受到下行的均价线压制，随后两条线依旧保持顺势而下的趋势继续下跌。

在这种情况下，成交量或大或小并不具有重要的分析价值。但尾盘时的成交量变化应给予足够的重视，A 区域尾盘现价线持续下跌，成交量明显放大。

尾盘量能放大的情况应视技术环境而定。

价格高位启动下跌时，当日尾盘多会放量，这种放量既有当日高点卖出、尾盘 T+0 买回的资金，也有盲目抢尾盘赌次日反弹的资金。因下跌刚开启，很多市场资金仍存有看涨的惯性心理，也促其抢买尾盘。这种类型的尾盘放量并不值得关注，即使次日出现反弹也多不具持续性。

还有就是持续一段时间的跌势后，某日尾盘下跌出现明显大于前几日的量能放大情况，之后的交易日多数会有幅度不等的弹升。这种类型的尾盘放量值得关注，其意味着有资金进场或原主导资金的回补。即使只是短

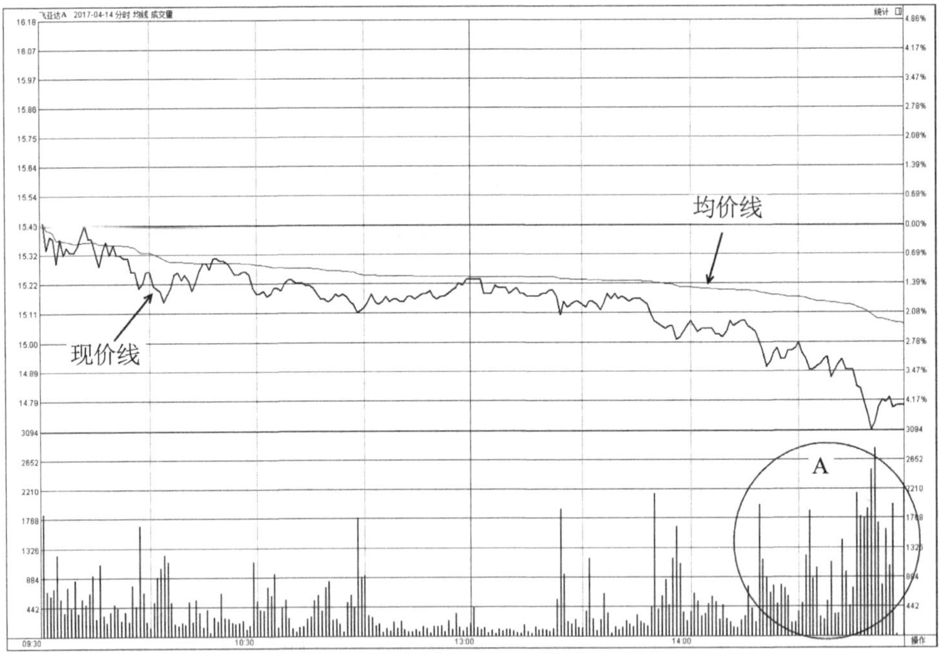

图 1-65

期行为，其弹升的幅度也比上述那种情况理想得多。

当现价线突然大角度急速下行，均价线并没迅速跟进而呈走平态势，二者乖离较大时，价格可能发生幅度不等的反弹。

如图 1–66 所示，A 区域现价线突然急速下跌，而均价线缓慢横移，二者之间的乖离瞬间增大，现价线低点略有盘整后展开反弹。

现价线和均价线之间的乖离，其实源于二者之间不同的计算方法。可以将均价线看作当日参与者的平均成本，当现价突然远离平均成本，带给市场的是恐慌。

大多数时候这种恐慌能够为主导资金所掌控，因此也成为其常用的一种做盘手法。但在某些情况下恐慌情绪大面积蔓延，并不是主导资金所能把握的，这样就会出现群体性大跌。

现价线和均价线之间的乖离过大后，反弹几乎都会出现，但重点在于反弹的幅度和持续性。

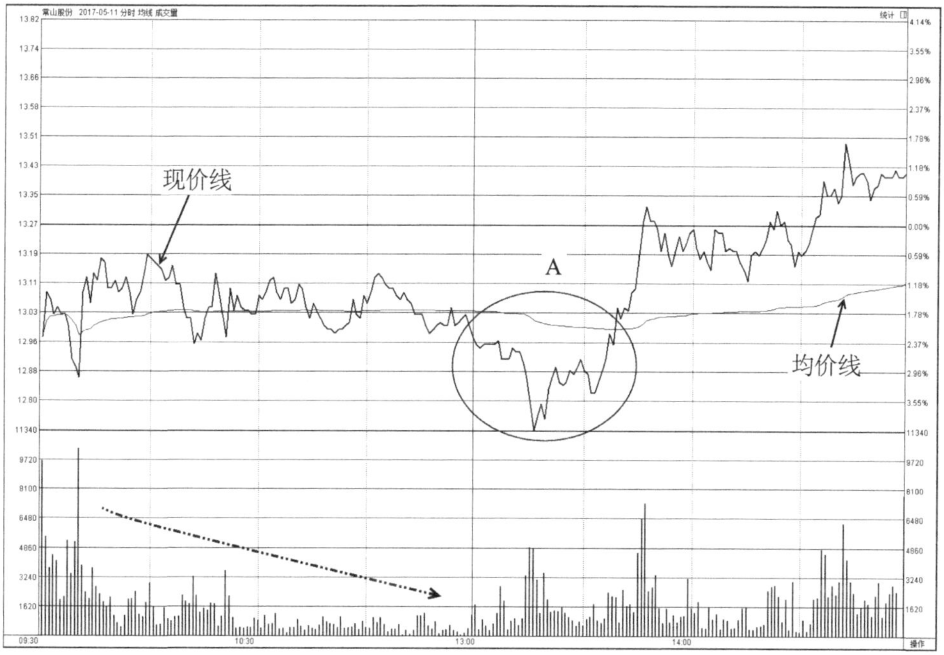

图 1–66

A 区域反弹出现后，成交对比早盘下跌阶段明显增加，并具有持续性。实战中，如果成交量冲高放大后又迅速萎缩，之后也难以持续放出，那么即使价格出现反弹，力度也会很弱，时间很短暂，弹后重回下跌的可能性更大。

（3）横向震荡。

现价线在均价线、昨日收盘线上下横向震荡，如遇大盘下跌但现价线与均价线仍旧维持这种波动，并未出现明显向下倾斜的迹象，则其在量能放大之际，发力上涨的可能性较大。

如图 1–67 所示，该股早盘第一个小时，现价线、均价线基本横向波动于昨日收盘线上下，这种波动幅度极小，量能也不大。一旦出现较大的买单，现价线就会轻松拉起，而拉升过程中即使有抛单也不会对走势造成太大影响。

目标个股这种方式的横向震荡，其波动幅度越小越好，但前提是目标

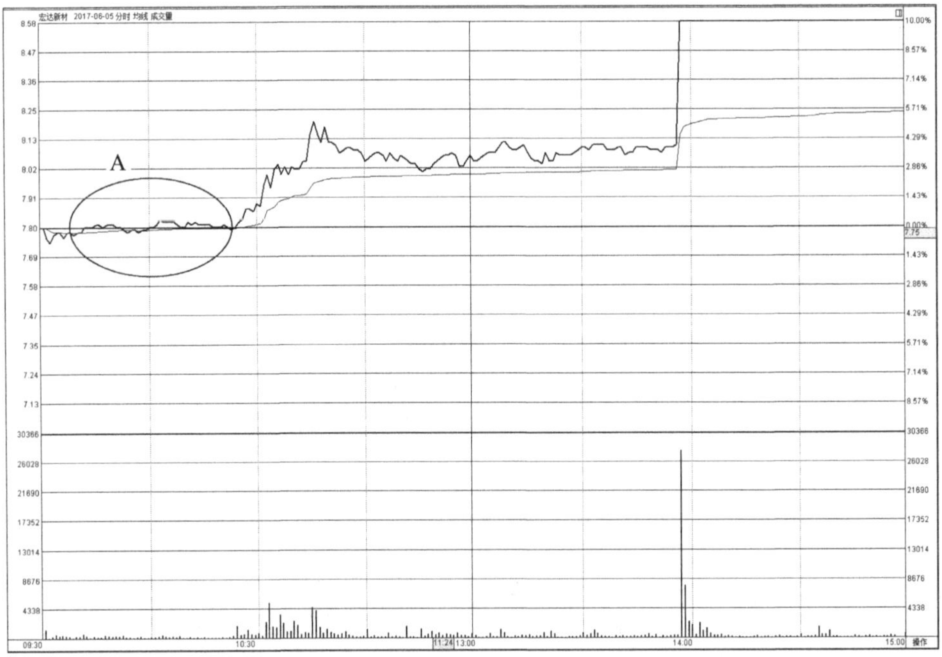

图 1–67

个股并不是长期冷门股或成交清淡的权重股，最好是有主导资金介入操作、目前处于回落调整期的个股。这种横向波动的出现极有可能成为转跌为涨的短线拐点。

实战中，如果大盘或个股普跌，而目标个股经多日下跌后，若当日保持这种横向震荡，则后市起涨的概率更高。

现价线、均价线的横向波动不可远离昨日收盘线，否则后市变化较多，难以判断。

如图 1-68 所示，A 区域现价线、均价线横向波动于昨日收盘线下方，但之后两条线逐渐远离昨日收盘线下行。类似图中的案例，也有的会在 A 区域后向上涨升，远离昨日收盘线之后的变化会更为复杂难辨。

同时，A 区域横向波动阶段，成交量柱状图也显现出较大的成交量。不论这种规模的成交量是主动性买单还是卖单推动的，大单的出现意味着

图 1-68

当前的价格不稳定，多方或空方存在进一步操作的欲望。

反观图 1–67 中 A 区域的横向波动阶段，成交量维持地量和现价线、均价线的微幅波动相匹配，说明经过一番调整后，当前价位多空相对平衡，任何一方有能量率先发起攻击，都有可能占得先机。

（4）缺口攻击。

当日价格大幅高开或低开后，都会在分时图上显现出一个无交易的空白空间，这个空白空间就是缺口。

《短线追涨与低吸技术》一书中讲过缺口的引力交易。价格与缺口之间存在着引力与摆脱的关系，这种关系的演化会为交易者研判价格之后的运行趋向提供重要参考。

幅度较小的缺口在分时图上多数会被价格的波动回补掉，而幅度较大缺口回补与否能够显示出盘中资金的趋向性选择。当然，这种选择可能仅仅是短期的，甚至并不具有决定交易的意义，但可以让交易者从中捕捉到主导资金行为的蛛丝马迹。

如图 1–69 所示，A 区域该股低开后，均价线从低位跟随现价线回升，股市看多，市场资金开始尝试买入，回升中均价线对现价线形成支撑。

B 区域，现价线涨至昨日收盘线将缺口完全回补，之后再次回落至均价线上并得到支撑，价格由此转入稳定上涨阶段。

实战中，缺口回补后价格突破昨日收盘线压制向上涨升，是价格进入短期强势的标志，但需要注意这种短期强势的持续性如何。

如图 1–70 所示，该股低开后很快就回补缺口，但价格的短期强势上涨仅维持到午盘就出现了向下的跳水走势。

强势是否可持续，最直观的外在表现就是成交量。如图 1–70 所示，早市开盘有较大量能存在，可在之后的上升中量能并没有持续增加，显示场外资金缺乏追涨热情，大概率只是存量资金制造的假强势状态。

价格从弱势转为强势并不难，主导资金通过对倒就完全可以制造出价格短期强势的假象。但想让价格真正强势或者说维持强势，则需要各方资

图 1-69

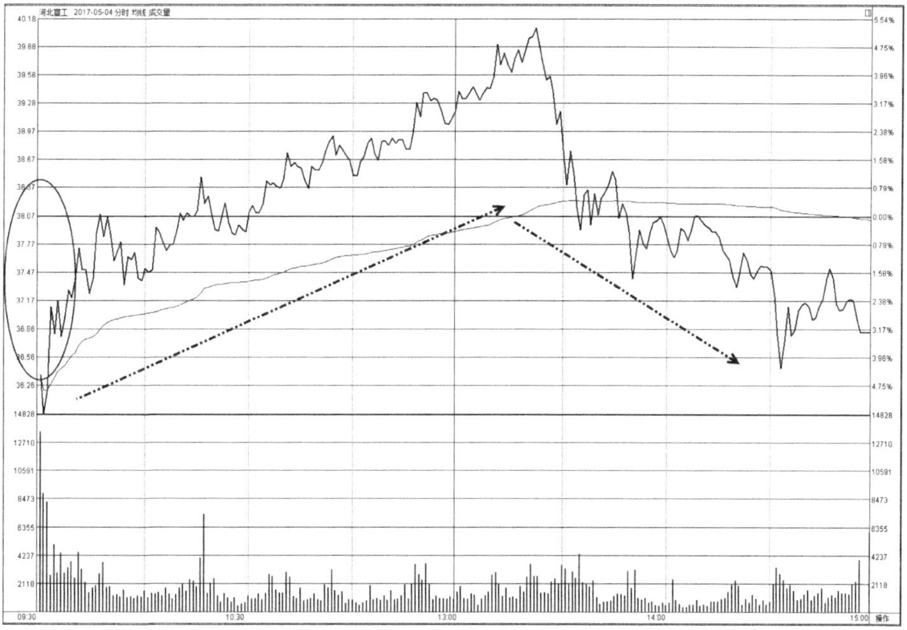

图 1-70

金形成一定程度的默契。

某股主导资金准备让股价结束回落调整，开始新一波拉升，但在拉升启动阶段忽然发现有大量抛单不时砸盘。为了搞明白这些抛盘的性质和数量，主导资金必然会放弃原先的拉升计划，改为震荡盘整。这也是某些个股看起来已经进入拉升却突然转入震荡盘整的原因之一。

当价格经过震荡，市场各方需求得到满足后，或者短期市场成本渐趋一致时，价格的拉升就会顺风顺水。

2. 分时图形态分析

（1）震荡盘升（跌）。

震荡盘升（跌）形态是最常见的分时走势，是指现价线和均价线双线顺势，一路震荡上涨或下跌。震荡盘升（跌）形态如图 1–68、图 1–69 所示。

（2）盘中横盘。

盘中出现的横盘较为复杂难判。例如，很多个股会在早盘急升后转入横盘震荡，直至横盘报收或盘中再度拉高，或转入回落。

个股早盘急升，如果其成交量异常放大，则要小心主力的减仓动作。横盘阶段成交量会逐渐萎缩，当现价线再次出现拉高，成交放量却不能超过早盘时，交易者需注意可能是主力虚晃一枪的假拉升。

如图 1–71 所示，A 区域开盘后价格急速上涨，但之后不久就呈横向波动走势，至 B 区域现价线再次放量上冲，午盘现价线最终还是转入下跌。

B 区域的成交量显示，虽然也有大单，但缺乏持续性，且总体远低于 A 区域的总成交量，这意味着对于价格目前的上涨，主导资金积极参与的热情远低于趁机减仓。

（3）低点回升。

个股下跌后回升的方式较多，比如震荡盘升，还有突然间的急速回升，另有低点横向震荡后的回升。

如图 1–72 所示，该股低开后一直横向波动，午盘后 A 区域现价线穿越均价线，之后价格突破昨日收盘线，并在 B 区域回抽确认，得到均价线和

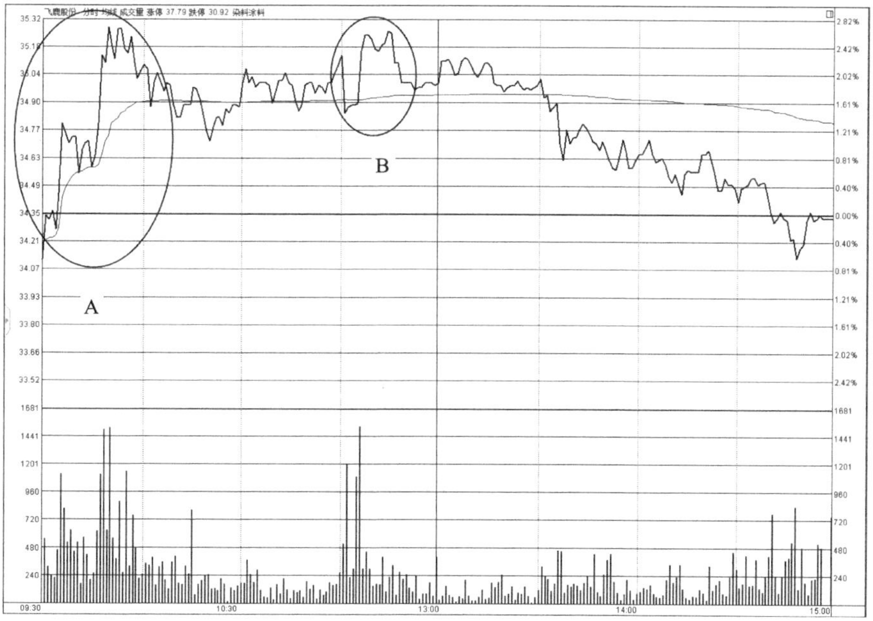
飞鹿股份 分时 均线 成交量 涨停 37.79 跌停 30.92 染料涂料
A
B
09:30
10:30
13:00
14:00
15:00

图 1-71

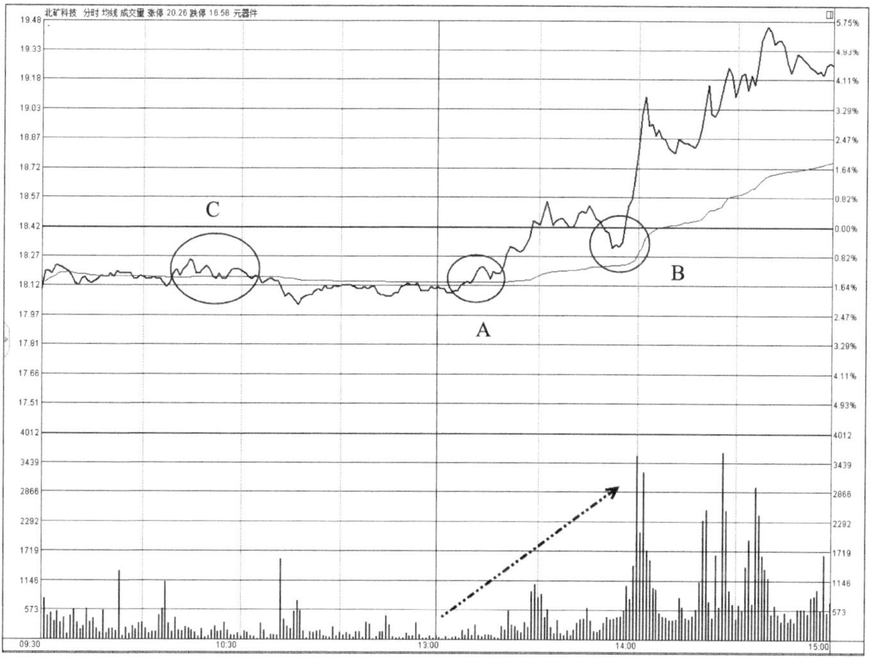
北矿科技 分时 均线 成交量 涨停 20.26 跌停 16.58 元器件
C
A
B
09:30
10:30
13:00
14:00
15:00

图 1-72

昨日收盘线支撑后快速拉升。这个案例也是横盘波动的一种形式，A区域为转折的关键点，现价线穿越均价线后反转跌势为升势。但同样是现价线穿越均价线，C区域并不成功，反而成为一个小幅下跌的开始。这是为什么？

现价线低点回升形态中，均价线、昨日收盘线都会对其形成压制。均价线是价格转折要面对的第一道关口，这道关口都突破不了，说明价格的弱势未改，转跌为升又从何谈起？

但现价线穿越均价线并不能证明价格必然转强，尤其是相对缓慢的震荡下跌中，因两条线相距不远，价格的微幅震荡就有可能出现穿越，C区域即为这种情况。

二者之间的区别在于成交量是否持续放大，均价线能否给现价线提供必要的支撑。A区域之后的量能持续放大，价格回落中也不再跌破均价线，这都是转升的表现。

四、技术指标

对于技术指标的认识通常存在两种极端：一种认为技术指标毫无作用，另一种则将技术指标神化。其实，这两种认识都存在偏颇之处。

客观地说，技术指标只是一件工具，同样的技术指标，在一部分人手里是获利的工具，在另一部分人手里却成为自戕的凶器。

技术指标只是一件工具，就像是钳子或者螺丝刀，在适合的条件、对象上才能够发挥作用。如果你用螺丝刀去绣花，那么不管你多么用心、多么刻苦，都难以取得最佳效果。

在交易市场上，某些技术指标能够显示出行情的细微变化，却不能告诉你应该买入或者应该卖出，因为那是需要你去做的工作。

布林线指标发明人约翰·布林格曾说：“没有一套技术分析系统能自始至终发挥作用。为什么呢？道理很简单，即任何分析体系都有它的时效性和地域性。现在有效的分析系统过一段时间就可能失效。这个市场中很有效的分析系统，一旦放在另一个市场中也许就不适用了。”

或许正是因为技术指标适用性的问题，导致一些人在交易中套用技术指标，继而发生亏损，自此就认为技术指标对交易没有任何作用。

曾经有一项调查：你相信技术分析吗？大部分人的回答模棱两可，其原因基本都出在技术分析的准确性上。

实战中一些交易者可能会遇到这种情况：技术分析（技术指标）得出后市行情将趋于下跌，但实际上行情仍旧如火如荼地上涨。部分踏空行情的交易者由此对技术分析产生怀疑，甚至不再相信技术分析。

技术分析之所以存在诸多应用上的问题，原因在于以下两个方面。

一是，应用者漠视了技术分析（技术指标）适用性和局限性问题，同时也缘于单一技术分析形式天生的缺陷。如果没有技术环境分析，尤其在极端市场条件下，缺失心理倾向—情绪宣泄分析因素，那么得出的结论可以想象会有多大的偏差。

二是，对于技术分析，至少笔者经历过从痴迷到弃之若敝履，再到推倒重来的过程。初入股市对技术分析充满好奇，如牛饮般不加选择地吸纳所能涉猎的相关知识。然而，知识的积累并未给实战带来翻天覆地的变化，甚至会因技术分析的误判遭受重大损失。

2001 年的大熊市教育了很多人，也包括笔者。时光荏苒，时过境迁，从传统哲学的角度重新认识技术分析，忽然发现“世上没有不管用的工具，只有不会使用的人”。技术分析就是一件工具，你至少要搞懂它该用在什么地方，你拿一把菜刀去拧螺丝，还说菜刀真是不好使！是菜刀的错，还是你的错？！

无论技术指标是谁发明的，你都必须把它“变成你自己的”，因为你是为自己的交易来使用它，不是发明人。

无论发明人为某项技术分析方法设定了什么样的规则，你都必须用自己的方法重新诠释。即便结果与发明人的规则相悖，请记住一点，实战中能够盈利的规则就是最好的，别无他法。

技术指标不是万能的，其对股票基本面的并购重组、突发状况等更是无法预测，甚至突发意外事件时，技术指标会因钝化而失去判断价值。

如果投资者神化技术指标的作用，死抱着技术分析理论、数据来按图索骥，追求所谓的神奇作用，往往会因此跌入主力的陷阱。

在理解和掌握技术指标应用时，既不神化也不全盘否定，仅把技术指标定位于一种交易参考、交易工具。只有认识到这一点，才能真正走出技术指标认识上的误区。

世界上没有任何一种技术分析手段，可以只依靠简单套用而不需要思考和理解，就能在交易市场上获取较大盈利。交易市场是人与人之间智慧博弈的角斗场，赢家永远是勤于思考、善于辩证看问题的人。

五、市场心理倾向

技术环境分析中，市场心理倾向是不可或缺的组成部分。无论是股票市场还是期货市场、现货市场都由人制定交易策略和完成操作，而人的心理总是随环境的改变而变化。

大多数市场参与者对目前行情所形成的大致相同的认识，即为市场心理倾向。市场心理倾向可以是上涨的洪流，也可以是下跌的洪流。倾向形成时对单一方向的助推力极其惊人，任何资金都无法在其情绪宣泄期与之抗衡。

市场心理倾向是逐步发展、逐步扩散的。随着越来越多的反倾向者放弃原有主张，加入市场主流倾向中来，最终汇聚的洪流达到了极端一致化，市场进入情绪宣泄阶段，即涨必然涨过头、跌必然跌过头。

正如投资大师约翰·邓普顿的名言：牛市在悲观中诞生，在怀疑中成长，在乐观中成熟，在兴奋中死亡。

市场心理倾向具有萌发、成熟、情绪宣泄三个阶段。

（一）萌发阶段

处于萌发阶段的市场心理倾向是混乱的，或者说并没有形成市场主流认知倾向。市场上存在各种对未来行情的预测或期待，反映到K线图上多呈现横盘震荡、小角度上升或下降形态，趋势并不明确。

人的心理总是随着环境的改变而变化。当外部技术环境发生明显变化时，市场认知倾向就会随之做出反应，但这种反应往往具有不可延续性。

外部价格暴涨暴跌、忽上忽下的技术环境，势必会让大多数市场参与者日益谨慎，继而减少操作，并选择观望以待局势进一步明朗。

虽然大盘趋势并不明确，但有心人会发现总有那么一部分股票跟大盘运行的方向相逆。正如乱战之中忽然冲出一哨人马，虽然数量不多但旗帜鲜明，与众不同。

这部分特立独行的股票在对抗大盘趋向上极其顽强，总能摆脱大盘的影响。大盘涨则其跌，大盘跌则其涨。几番抗衡之后，这部分股票已然卓立不群，自身趋向悄然成型。

随着越来越多的资金开始关注并介入这部分股票，大盘趋向会随之发生变化，二者之间由对抗走向渐趋一致。这时的市场心理虽未显露出明确一致的倾向，但已暗流涌动。就像第一个吃螃蟹的人，尝到美味后大快朵颐，旁观者虽未行动，但已垂涎欲滴、蠢蠢欲动。

逆向而为是交易者此时较佳的策略选择，交易者对其应有一个正确清晰的认识。逆向不是指盲目与大势或行情趋势方向相逆，而是指与某一阶段市场心理倾向相逆。比如，市场心理倾向处于萌芽阶段时，在没有市场主流认知倾向的混乱状态下，关注部分趋向或趋势明确的股票的表现，并力求在大盘趋向和这些股票之间辨析出行情未来发展的轨迹。

（二）成熟阶段

在成熟阶段，K 线图上的行情整体趋向或趋势一目了然，上涨或下跌趋向并无太大争议，市场心理倾向已经明确，并被越来越多的人所认可，但对行情未来走势的预期仍有较大分歧。

市场心理倾向在成熟阶段对反倾向者有一个逐渐吸纳、缓慢聚拢的过程，并非一下子就得到所有人认可。当行情遭遇大级别调整时，市场心理倾向仍会出现一定程度的波动和反复。交易者此时的策略应是顺势而为。

必须明确一点，市场心理倾向并非总是处于错误之中，只有当倾向走向极端或处在混乱之中时，才是交易者选择逆向而为的时机。

在不同的市场阶段，有着不同的交易策略选择。

大师约翰·邓普顿关于逆向投资的名言：最悲观的时刻正是买进的最佳时机，最乐观的时刻正是卖出的最佳时机。

关于这句名言必须厘清一点，即所谓最悲观的时刻或最乐观的时刻并非仅指交易者的个人情绪，其所指向的应是市场心理倾向。个人情绪与市场心理倾向并不一定每一时刻都完全同步。

实战中不乏有以己度人者，以为“自己恐惧，别人也会恐惧；自己兴奋，别人也会兴奋”。于是，生搬硬套逆向理论，无视技术分析中的其他分析因素和结论，仅凭个人情绪预测行情运行趋向。孰不知已经进入逆向交易误区，交易成绩可想而知。

逆向理论既不要求与大势相抗衡，也不以逆反个人情绪为中心。其精髓就在于藐视恐惧，只有在大众都处于恐惧之中时才有作用。藐视恐惧必须按部就班才有底气。

（三）情绪宣泄阶段

情绪宣泄阶段的市场心理倾向是疯狂的，也是高度统一的。这个阶段的市场群体对行情当前运行趋向和未来行情预期都处于高度统一的状态。市场各方争议较少，行情运行受到的阻力也较小，单一方向上呈快速运行态势。反映到K线图上，K线往往表现为连续的阴线或阳线，成交极其密集，价格不断创出历史新高（低）或阶段性新高（低）。

情绪宣泄阶段是市场心理倾向走向极端的表现，“物极必反”这个成语就是事物运行规律的历史总结。

极端情况下，危险和机遇并存，回避未必是最佳选择。在情绪宣泄阶段，股价容易出现超涨超买或超跌超卖的情况，这两种情况会提供给交易者短线做多或做空的机会。

此处有必要讲一下超涨超买和超跌超卖的概念，有助于理解如何在技术分析中认定和利用情绪宣泄。

超涨是股价短期内的过度上涨，这种上涨超出大多数人的预期，人们对此心存疑虑。超买是股价上涨被大多数人认可，并且人们认为股价仍会保持继续上涨的势头。这是二者之间最大的区别。

从这个角度来说，超涨的股票有可能继续维持上涨势头，即便遇到调整仍旧存在“挖坑”后继续升势的可能，但是超买的股票大多会遭遇“头部”，即便不是股价的最高点位，也大多离此不远。

对短线交易者而言，超涨的股票是中线追踪、短线回避的目标，而超买的股票应当坚决回避。

超跌是指短时间内股票价格超出人们预期的持续下跌，这种下跌往往是由恐慌情绪或其他意外事件所引发，短期内价格跌幅与跌速都极为惊人。超卖是指对某种股票长时间过度卖出，大多数人认为股价的下跌趋势仍会继续保持，并且短时间内不会有起色。

和超涨超买一样，超跌超卖也有等级区别：超跌更多的是代表股价短期极限点位的临近，超卖所蕴含的则是交易者心理承受极限的到来。

笔者认为，超跌是市场产生短中期反弹的主要动力，而超卖才是反转行情的催化剂。换句话说，只有市场失望情绪达到顶点，才有可能出现重要行情的低点或转折点。关于超涨超买和超跌超卖相关的技术应用可参阅《短线追涨与低吸技术》一书。

在情绪宣泄阶段，依据单一技术分析形式（不含市场心理倾向分析等）必然得出错误的结论，会被狂暴的行情碾压，这也是笔者强调技术环境分析重要性的原因。

缺失分析因素的技术分析结论必然四处碰壁，缺失市场心理倾向的技术分析是不健全的。

例如，某交易者判断价格将在年线上止跌企稳并启动反弹，理由是经过技术分析认为年线具有较强的支撑力，但在实际行情运行中价格轻松跌破年线并继续下跌，年线并未体现出技术分析中应有的支撑。这种情况的发生往往会使交易者惊慌失措，认为自己的技术分析是错误的，并放大对下跌的恐惧，甚至认为行情将由此万劫不复，于是瞬间推翻之前所有的理性分析结论，加入恐慌情绪宣泄的大军。

然而不久之后，价格便止跌回升并重新回到年线之上，年线体现出其之前的分析结论中较强的支撑力。

年线既然具有较强的支撑力，那么之前为什么还会被跌破?

技术分析有效还是无效的问题，让这位交易者疑虑重重，并在接下来的交易中不知所措。

其实这位交易者遇到的并不是技术分析有效还是无效的问题，而是技术分析因素缺失带来的问题。一句话就是，漠视了技术环境、市场心理倾向分析。尤其是在情绪宣泄阶段，价格的上涨或下跌往往会轻易洞穿技术压制位或技术支撑位。但随着情绪宣泄过程的逐渐平复、消亡，这些技术压制位或技术支撑位的作用仍会显现，价格必然随之回归正常态势。

第二篇　成交量中级分析

股票市场上的绝大多数理论收益并不是那些处于连续繁荣的公司所创造的，而是那些经历大起大落的公司创造的，是通过在股票低价时买进、高价时卖出创造出来的。

——本杰明·格雷厄姆

第六章　成交量形态与价格趋向

投机是天下最彻头彻尾充满魔力的游戏。但这个游戏懒得动脑子的人不能玩，心理不健全的人不能玩，企图一夜暴富的冒险家不能玩，这些人一旦贸然卷入，终究要一贫如洗。

——杰西·利弗莫尔

一、常量识别

前面讲过，地量是指某一交易标的历史成交中的最小值。本节所讲的常量是指某一时间段成交量的平均值。

常量并不完全等同于地量，对此交易者要有明确的认识。

常量是动态的，随着行情的不断发展，某一时期的聚量、变量等形态会逐渐转化为新的常量，所以常量的值并不恒定，而是处于不断变化之中。

当某一时期的成交量处于极度低迷期，超过或接近历史最小值，那么这个时期的成交量既是地量也是常量，如图 2–1 中 A 区域所示。

随着行情的发展，价格转升、成交增量，当量能达到较大数值后，不再增加也并未持续缩减时，这个时期的成交量也被称为常量。

当价格下跌、成交量缩减后稳定在一定的水平上，而此时成交量仍远大于地量，这个时期的成交量也被称为常量，如图 2–1 中 B 区域所示。

A 区域的成交量值达到历史地量的标准，这个时间段内的低成交量平均值也称为常量。

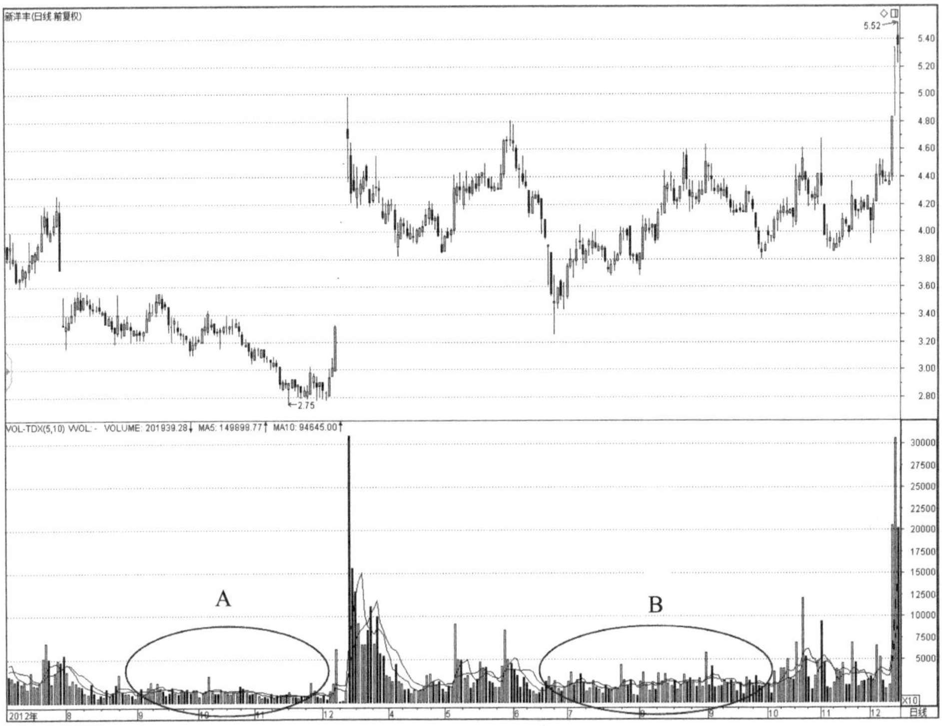

图 2-1

随后股价出现一波快速上涨，成交量也随之激增，至 B 区域时，成交量再次稳定下来，不再持续增加和减少，这个时间段的成交量则是新的常量。

由图 2-1 中的成交量柱状图可见，B 区域新常量的值大于 A 区域常量的值，这种现象被称作常量升级。

不仅仅常量这一种成交量形态存在升级现象，后面将要讲到的聚量、变量等也存在升级现象，其实这也是行情持续往更高阶段发展的一种必然现象。

常量是一种相对稳定的成交量形态，这种形态下的价格通常会在某一方向上平稳持续运行，但是常量形态并不意味着价格必然就会波澜不惊。

常量形态下出现的价格波动可称为常量攻击和常量过顶。

（一）常量攻击

常量攻击是指常量形态下价格出现的上涨（向上攻击）或下跌（向下攻击），这种攻击只是在原有趋向或趋势内的波动，很难对趋势形成方向上的改变。例外是控盘庄股，这类个股处于常量是主力的高控盘使然。

常量攻击极其常见，在个股构筑价格顶底形态过程中，具有背离分析的作用，但大多数独立的常量攻击并不具有太大分析价值。多数的常量攻击会在形成压制或支撑的均线、价格关口上结束。

如图 2-2 所示，该股股价下跌过程中的每次向上攻击，都在下行的 10 日均线附近结束。常量形态下的攻击多不具有持续性。下跌过程中可能是弱反弹形式，上涨过程中可能是小幅回落调整形式。实战中，注意不要被这种攻击形式迷惑。

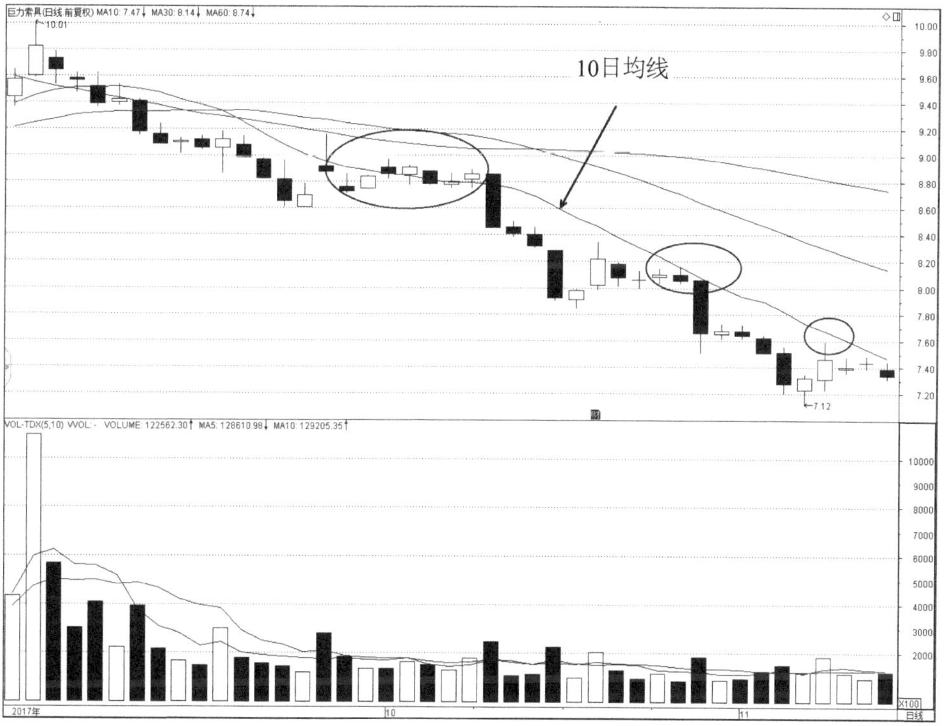

图 2-2

（二）常量过顶

前文讲过减量过顶，即价格突破前一高点，但量能小于前一高点。常量形态下会出现对价格关口的突破，这也是减量过顶的一种形式。

除了控盘庄股，常量过顶在其他个股中也会出现，但在实战中需要注意分析个股的技术环境。比如，适用常量过顶的个股最好是上涨趋势明确的而不是处于盘整状态的个股。

很多盘整状态中的个股，有时也会呈现常量过顶形态，但在确认过程中会出现失败走势。其原因在于，趋势或趋向不明确的个股表现出常量过顶形态可能只是价格波动的产物，或主导资金的诱多行为。

当然，鉴别常量过顶的真实性，成交量和主力行为分析相结合最为理想。如图 2–3 所示，A 点和 B 点出现巨量成交。A 点最大单日换手超过 20%，很难想象没有主力参与的情况下，当天高开低走出现巨量换手后，该股最终收盘还能保持上涨超过 5% 的幅度。B 点的情况类似。

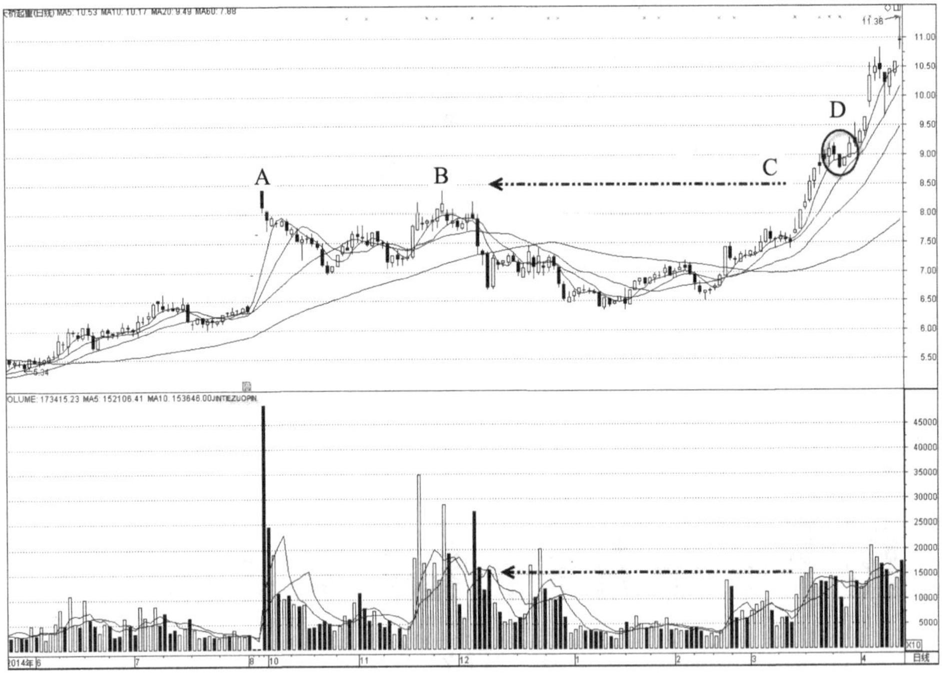

图 2–3

不需要猜测主力在A点和B点是买还是卖，但这两个点的表现能够确定告诉交易者的是，这种巨量成交必然是主力行为。

明确A点和B点的表现是主力行为，那么到了C点出现常量过顶时，真相就大白于天下。

假设A点和B点是主力大幅减仓出货，那么到了C点常量过顶时，巨大套牢盘的压力哪去了？ A点和B点躁动的卖盘又去哪里了？

总不能异想天开地认为，大部分的套牢盘都能坚定地抱着同样的目标——守仓，不卖！

如果A点和B点的放量形成了巨大的套牢盘，那么C点向上突破、放大量是必不可少的，至少不会低于B点。

原因在于，解套后必然会有匆忙出逃的部分资金，而主力真正寻求突破过顶，必然需要费一番工夫来应付套牢盘的压力，这种情况下成交激增不可避免。

C点成交量虽有增加，但只是一个新常量的态势，很难跟“激增”“大增”挂上钩。这种常量形态就告诉交易者，A点和B点根本不存在巨大的套牢盘，那里只是主力的对倒游戏而已。

D区域是常量过顶后的回抽确认，这个回抽的低点离C点的突破点越远，则股价本身存在的升势强度越高。

在技术分析过程中，有时把过程理顺了，结论自己就会跳出来。

二、变量与价格变化

变量是指成交量出现重大变化，或是可能引发价格出现重大变化的量能形态。

变量是成交量的一种突变形式，既指成交量激增，也包括成交量骤减，实战中比较常见的类型多为成交量的突然性增大。如图2–4所示，A区域成交量激增，与之前的常量形态有着天壤之别。变量的具体数值越大，其引发价格巨变的可能性越大。

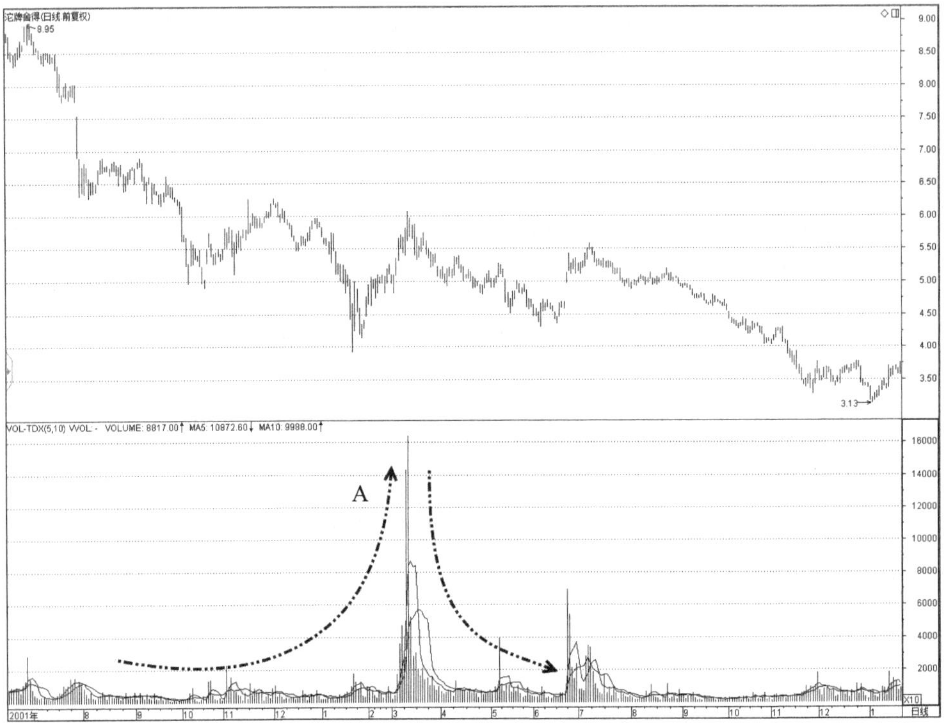

图 2-4

变量预示着多空双方的力量对比关系处于高度不稳定的状态，价格将可能因此出现较大的变化。变量必然不会长时间存在，否则变量也就不是变量，而是新常量或其他形态。究其根本，变量是一种量能对于价格的催化形态，这一点在之后的篇章将有讲述。

如图 2-4 所示，一个变量形态存在着成交量激增而后又迅速减少的过程，量柱显示极为突兀。变量成交骤减后的值和激增之前的成交量值相仿。

如果变量出现之后，在随后行情中成交量并未骤减，或虽有减少但仍明显大于变量出现之前的成交量值，那么这个变量将有可能演化成为新常量或进一步形成聚量。

（一）变量的性质与交易策略

变量的出现意味着必然存在资金攻击，且不论资金攻击的真实程度（可能存在对倒），仅就变量形态本身而言，是对之前量价运行节奏的改变。这种改变既可能是趋向性的，也可能是趋势性的。换言之，变量发生后，个股可能就此出现趋势拐点，但也可能仅仅是原有趋势的一个次级波动。

鉴别这种改变的性质非常关键，因为其中涉及交易者将如何制定交易策略。某股出现变量后，如果确认变量将会引发价格趋势由跌转升，那么交易者必然会因此制订买入或加仓计划；如果确认变量仅是跌势中的一次强烈反弹，那么交易者就可以借势抛空仓位或选择时机做空。

通过变量本身是否存在形态转化的特点，再结合技术环境分析，可以确认变量的性质。如图 2–4 所示，A 区域的变量出现在下跌趋势中，成交量激增后骤减，显示这是一个单独变量，并不存在转化。

实战中，大多数变量不会改变趋势，所能起的作用是延缓或迟滞趋势的运行节奏。换句话说，就是在跌势中形成一次强力反弹，在涨势中形成一波回调，随后仍会回归原有趋势。

如图 2–5 所示，该股处于上涨趋势，A 区域出现变量并形成调整的高点，之后经过回落调整，股价重回上涨趋势。

（二）变量的转化

变量出现后，成交量骤减的幅度也是一个重要的观测点。当量能稳定下来不再继续缩减时，如果这时的量能明显大于出现变量之前的量能，则说明资金并未大规模离场，该股后势仍有可操作空间。

如图 2–6 所示，该股技术环境方面，经过长期大幅下跌的过程，至 A 区域出现变量，打破了之前反复折返向下的运行节奏。

A 区域变量的性质究竟是下跌趋势中的一次强弹，还是趋势扭转的起始点？

首先，变量出现后虽然成交量大幅缩减，但在 C 区域形成的新常量还是略大于 B 区域，同时股价也相应表现出向上的强势。这说明变量进场的资金并未大幅离场，A 区域的上涨可能并非主力的短炒行为。

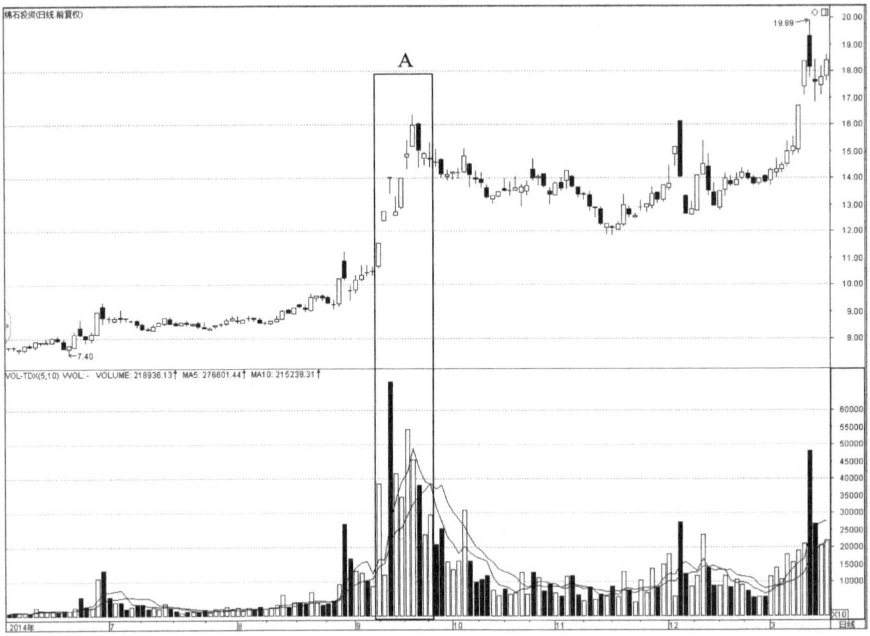
锦石投资(日线 前复权)
A
VOL-TDX(5,10) VVOL: - VOLUME: 218936.13↑ MA5: 276601.44↑ MA10: 215238.31↑

图 2-5

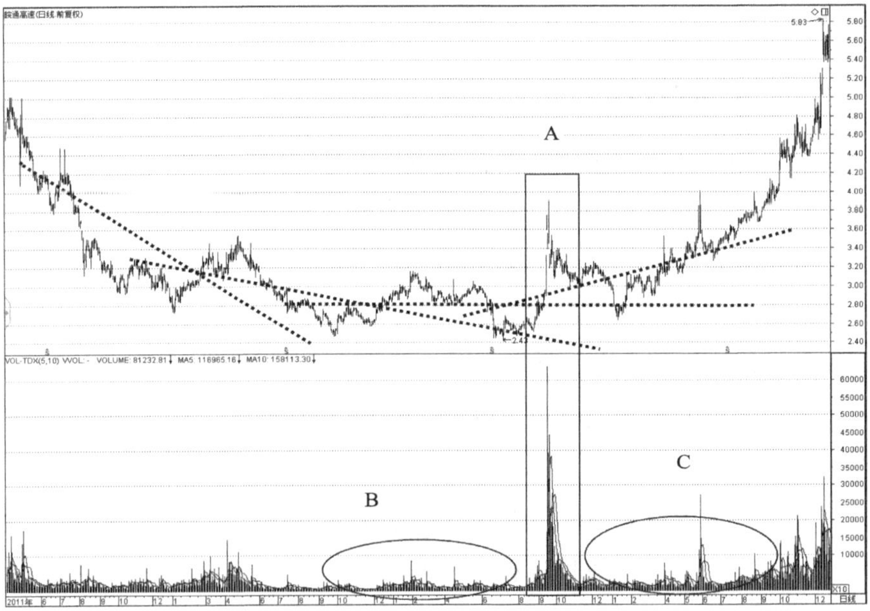
皖通高速(日线 前复权)
A
VOL-TDX(5,10) VVOL: - VOLUME: 81232.81↓ MA5: 116965.16↓ MA10: 158113.30↓
B
C

图 2-6

其次，从该股下跌阶段绘制股价运行重心可以发现，股价重心经过多次变轨，至A区域和C区域，已经由最初的大角度下行逐步转向小角度下行、走平以及向上。股价运行重心的悄然转折，预示着趋向或趋势的转变已在潜移默化中开始。

变量形态转化有一个过程，如图2–6中C区域和图2–5中A区域之后，变量结束后的成交量不再继续低迷，而是出现增加和放大，这也是资金开始活跃的信号。

实战中，筑底和吸筹比较充分的个股在变量出现后，很快就会呈明显的聚量形态并迅速脱离价格低位。多次变量后，也会在成交量整体形态上形成聚量，这种形态也相对更容易辨别，此处不再举例讲解。

当变量出现在长期大幅上涨后，可能预示着价格会就此构筑顶部。此时的变量形态远不如价格低位出现的变量显得突兀和明显。因为往往在价格高位时，成交量均值都比较高，所以变量更为模糊和隐蔽，也更不被重视。

如图2–7所示，A区域该股成交放出历史天量，为涨势以来最大值，但在股价不断涨升的前提下，这种具有变量特征的成交往往会被市场追涨的热潮掩盖、不受关注。

实战中，当某一个股连续大幅上涨后出现变量，交易者应保持清醒，不妨自问一句“谁有这么多的筹码，又是什么人有能力集中卖出”。

如果变量出现在价格高点，而相应的量价背离也随之显现，那么价格发生转折就具有极大的确定性。

无论是价格高点还是低点，变量的出现都会引发价格不同级别的波动，这一点对短线交易者来说非常关键，而对中长线或波段交易者来说，变量意味着一个交易时机可能正在临近。

三、聚量攻击

聚量是指成交量由小到大逐渐增加和集聚的形态。聚量是动态概念，随着行情的发展会转化为常量或变量，也会随着价格的连续飙升或急跌，出现更大级别的聚量。

图 2-7

图 2-8 中的虚线展示的是成交量由低到高不断增加和集聚的过程，这个过程被称为聚量形态。

聚量是价格最容易出现发起攻击的一种量能形态，所以也将价格和相应的量能统称为聚量攻击。

聚量形态并非在所有个股或阶段都会出现，比如控盘庄股运行中，某些涨升阶段仅有常量形态。同时，聚量形态也在常量、变量等不同量能形态间转化，并不是始终保持“增加和集聚”的形式不变。

如图 2-8 所示，聚量不断增加集聚的过程中多次出现变量，但在价格回调、量能缩减后，整体成交依然呈增加集聚之势。这就说明聚量形态并未结束，而是处于不断升级之中。当某一时点出现变量或其他形式后，成交不再增加和集聚，而是呈消减态势，这意味着聚量形态结束。

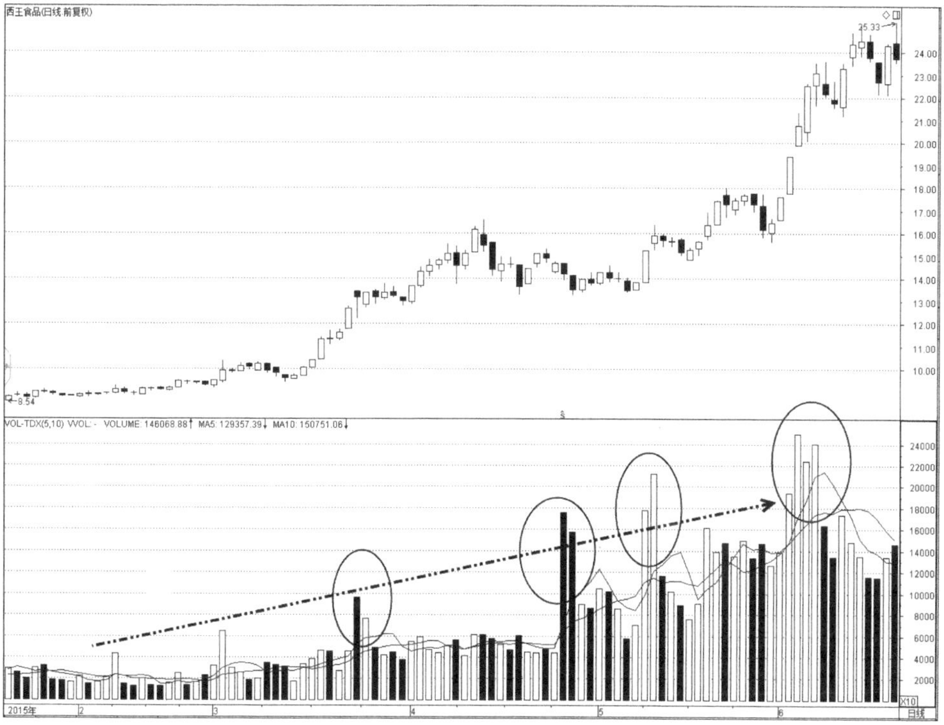

图 2-8

（一）聚量形态的波次与升级

聚量形态是价格发起攻击的基本形态，符合成交量对不断上涨的价格进行确认原则，意指价格的上涨得到资金源源不断的认可和参与。

一个从常量阶段初步形成的聚量形态，所能引发的聚量攻击必然是有限的。在接下来出现变量或新常量之后，能否继续形成更大级别的聚量形态，预示着该股是否具有充足的上涨空间。

如图 2-9 所示，A 区域成交量从前期的常量形态初步形成聚量形态，这也是部分个股逐步脱离底部构筑阶段的开始。之后成交量形成新常量，显示关注该股的资金逐渐活跃的过程。

B 区域再次形成聚量形态，这时的聚量形态远比 A 区域明确且有力，股价的升速也明显加快。当 B 区域出现聚量形态升级时，在其运行期间或

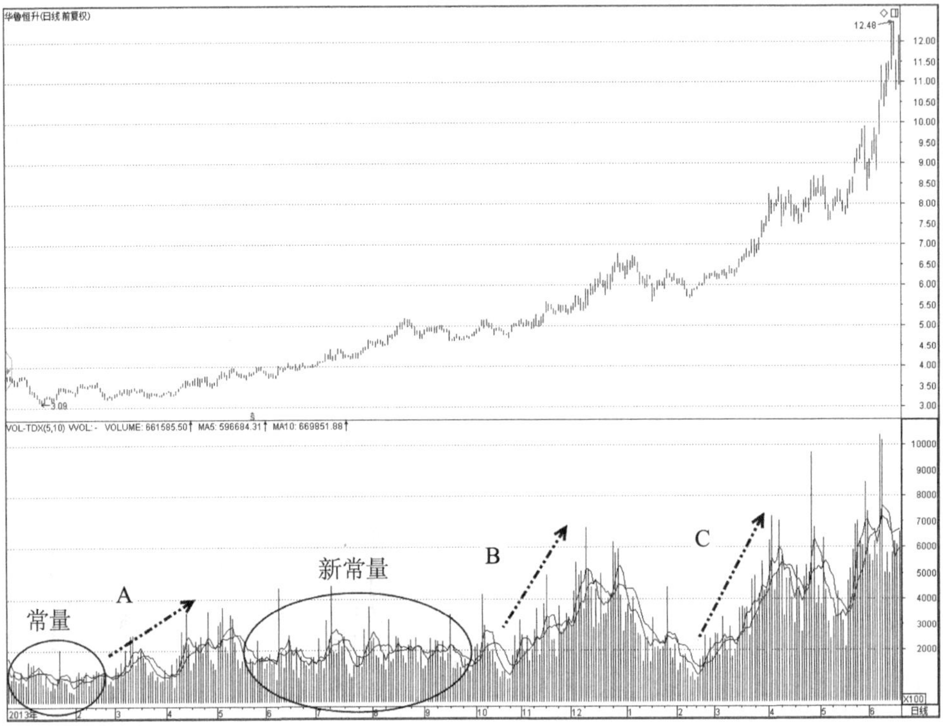

图 2-9

之后的调整中都会出现不错的介入点。

C 区域聚量形态又一次升级，股价升角加大，升速也在提高，其中会出现理想的追涨机会。但在多次升级后，交易者需要注意，随着变量以及背离的出现，股价可能出现阶段性高点，甚至是顶部高点。

（二）聚量攻击的级别

在进行细节分析时，还要注意不同时间周期系统上的聚量攻击。因攻击层次不同，攻击级别也有较大变化，相应价格能达到的高度也存在极大差异。

比如，1 分钟系统上显示的聚量攻击，有时在其他分钟系统尤其是日线系统上，可能只是常量的级别。这种情况说明，虽然存在资金攻击，但其攻击层次和级别较低，可以关注但并未达到交易的标准。这种分析方法可以让交易者避免受到主导资金盘中虚假拉升的影响。

1 分钟系统如图 2-10 所示，图中 A 区域出现变量、股价上冲，之后随着量能骤减，股价回落。B 区域成交量逐渐形成聚量形态，并连续出现聚量升级，股价也在盘整后上涨，这是当日最后 1 小时的交易情况。

这种技术形态的出现是否意味着该股股价发起向上攻击的开始？

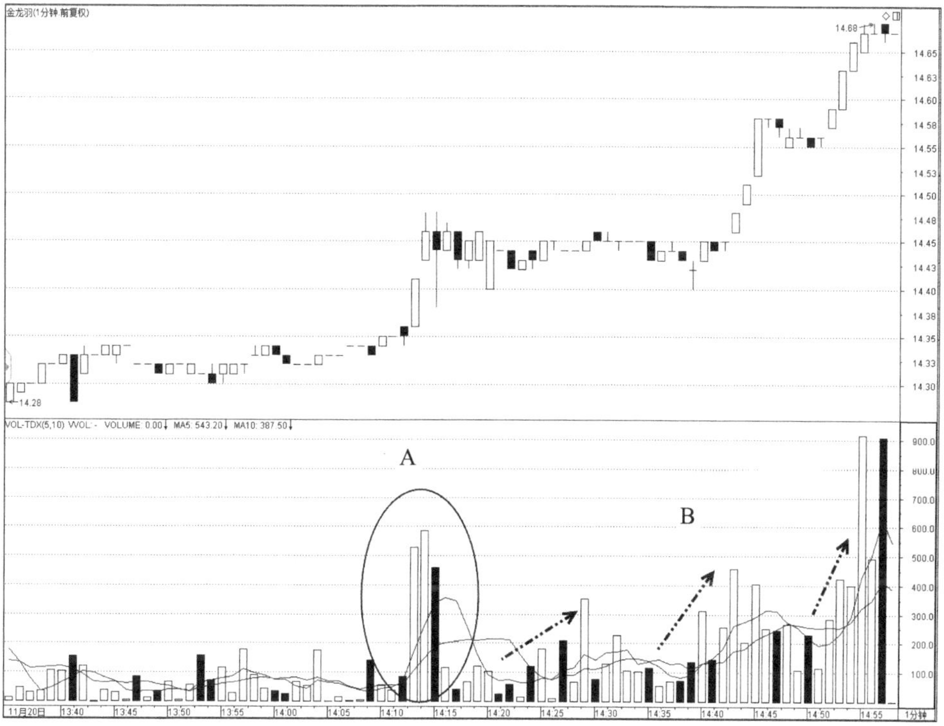

图 2-10

首先，要明确 1 分钟系统是技术分析中的细节分析系统，它释放的技术信号既有灵敏、快速的优点，也有易受干扰、频繁波动、缺乏稳定的缺点。

其次，1 分钟系统所能显示的攻击力度和强度受系统本身的限制，难以全面展示出攻击的级别。

实战中，当从分钟系统上发现某股存在资金攻击情况时，可以逐级分析这种攻击的力度和强度，至少要在日线系统的级别上得到确认。日线系统如图 2-11 所示，A 点即为当日收盘后的 K 线和量能情况。

A 点的阳 K 线实体并不算太小，但成交量在整个下跌过程中很小，甚至和前期 B 区域的最小量能相仿。

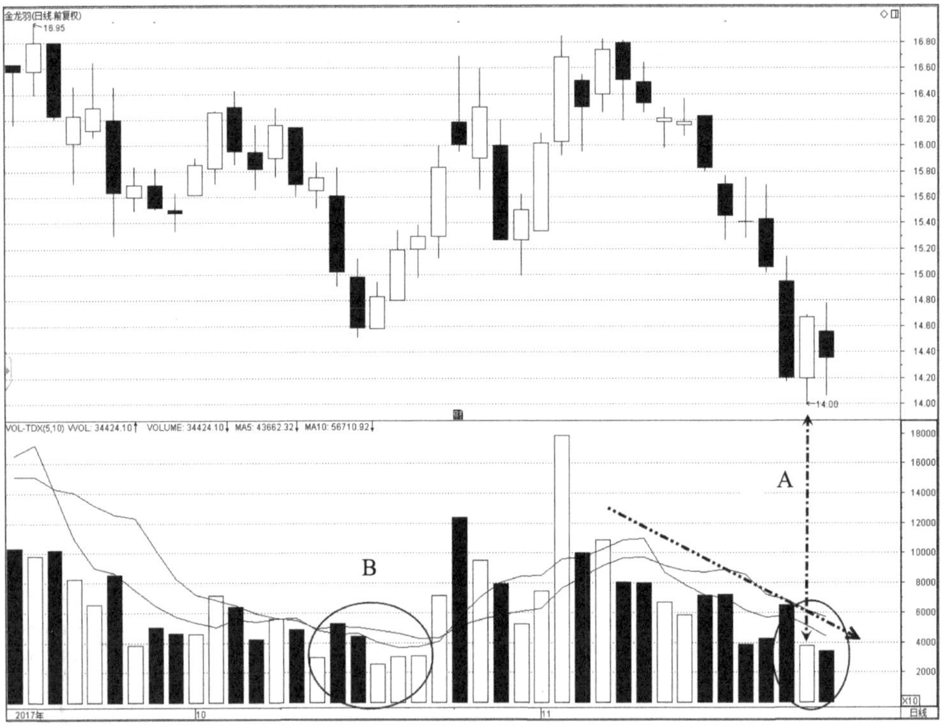

图 2-11

缩量止跌的基本技术含义是盘中交易的卖出者少，而不是主动买入者多。这种类型的止跌或上涨缺乏稳固的量能基础，往往难以持久。

从股价本波下跌来看，A 点的量能仍在缩减中，还不能定义为具有一定稳定性的常量，其仍旧处于量能消散的过程中。量能消散阶段的强反弹多出现变量形态，而缩量反弹在这个阶段几乎等同于趋向继续。

综合来看，图 2-10 中 1 分钟系统的聚量形态，资金攻击力度和强度都很弱，极有可能只是下跌途中的弱反弹。

当然，从动态角度来说，一切皆有可能改变。但在改变之前，如果技术环境并不具备重要的做多条件，那么任何贸然做多行为都是一次赌博。

（三）“阴聚量”

聚量形态还包括股价下跌过程中形成的“阴聚量”，即随着股价的连续下跌，成交量呈逐渐聚集增大的形态。这种由阴量柱组成的聚量被称为“阴聚量”。

“阴聚量”的出现说明在股价下跌过程中，恐慌情绪不断蔓延、抛单逐渐密集。若某日K线实体明显缩小，而“阴聚量”仍在聚集增加，则股价不同级别的反弹可能近在咫尺。“阴聚量”在某些技术环境中可以让交易者区分哪些是恐慌盘的抛单，哪些是主力的打压单。

如图2-12所示，A区域股价连续下跌，阴量柱不断聚集增大。最后一根放量K线收复当日大部分下跌幅度，形成实体较小的K线，但当日成交量整体仍超过前一交易日。这种“阴聚量”的出现预示着股价反弹的临近。

实战中需要注意一点，即“阴聚量”形态中，量柱最好保持逐渐增加聚集的态势，且最后一根放量K线实体不宜较大，否则之后的反弹幅度难以把握，甚至某些个股只是走出一个横向盘整，向上反弹的幅度微乎其微。

如图2-13所示，A区域在股价连续下跌中，成交量形成不太规则的“阴聚量”形态（未能保持逐渐增大聚集），同时最大量能当天的K线实体较大，显示盘中杀跌能量尚未完全释放。这也是该股后市反弹几乎未能成型，仅仅走出一个横向盘整形态的主要技术原因。

之所以要求“阴聚量”形态的量柱最好保持逐渐增大聚集态势，并且最后一根放量K线的实体不能较大，原因在于：要能体现出恐慌性杀跌盘完全释放的过程，同时反击力量也要展示出相应的强度。

“阴聚量”形态主要用于捕捉短线机会、把握阶段性低点，具体应用时还要结合分时走势情况。分时走势的技术判断，可参阅《盘口分时图核心技术》一书。

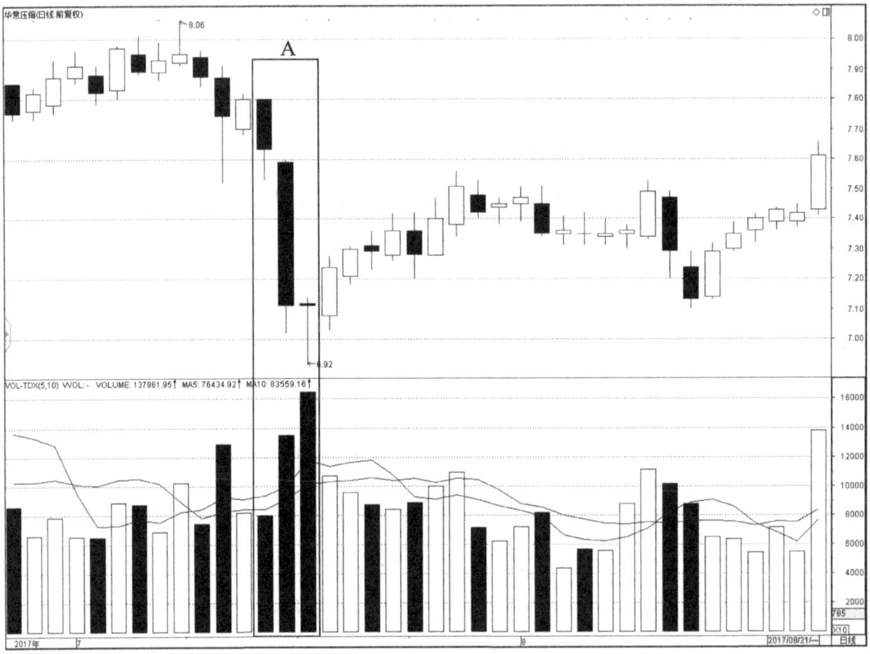
华意压缩(日线 前复权)
A
8.06
6.92
VOL-TDX(5,10) VVOL: - VOLUME: 137961.95↑ MA5: 76434.92↑ MA10: 83559.16↑
2017年
7
8
2017/08/21/一
日线

图 2-12

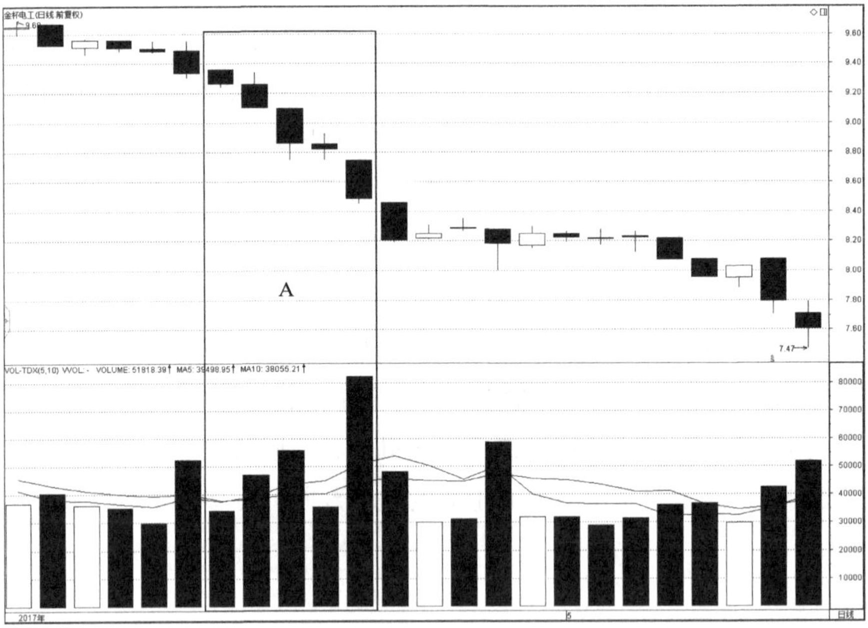
金杯电工(日线 前复权)
A
7.47
VOL-TDX(5,10) VVOL: - VOLUME: 51818.39↑ MA5: 39498.95↑ MA10: 38055.21↑
2017年
5
日线

图 2-13

四、量能消散

量能消散是指成交量由高到低逐渐缩减的一种量能形态。

量能消散经常在聚量攻击或变量之后出现，也就是价量高涨之后的回落调整过程。作为一种调整性质的量能形态，量能消散的出现说明涨势至少暂告一段落，行情正处于回落调整之中。

世上没有不散的宴席，股票市场上也没有永远高涨的成交量。成交量聚与散的过程显示的是，资金从热情高涨的买入到意兴阑珊退出的过程。

（一）量能消散形态持续的时间

在不同的技术环境中，量能消散形态存在的时间并不一致。

在上涨趋势较为明确的行情中，一波聚量攻击或变量出现之后，随之而来的量能消散不会持续很长时间，很快就会迎来第二波聚量攻击或变量急拉，如图 2–14 所示。

在价格拐点或跌势的各级别反弹行情中，一波聚量攻击或变量出现之后，接下来的量能消散会较为漫长。即使中途出现价格强弹，也多伴以变量形态，之后量能仍继续处于消散状态。

如图 2–15 所示，A 区域聚量攻击中出现变量，随后的 B 区域股价大跌，而成交量呈量能消散形态。

B 区域量能消散形态中出现的变量是由股价的急速反弹引起的，在随后的跌势中又多次出现这种具有短期属性的变量强弹。

当聚量攻击或变量结束后，成交呈量能消散形态。在之后的行情运行中，如果仅仅出现变量形态的上涨，而聚量攻击形态难以再次出现，那么价格的趋势性上涨已经结束，成交量也将由量能消散形态逐步过渡到较低水平的常量形态。

（二）量能消散与价格涨跌的对应关系

在量能消散形态和价格涨跌的对应关系上，多数的量能消散形态下，价格处于回落调整状态。当然，也存在量能消散形态下价格上涨或横向震荡。

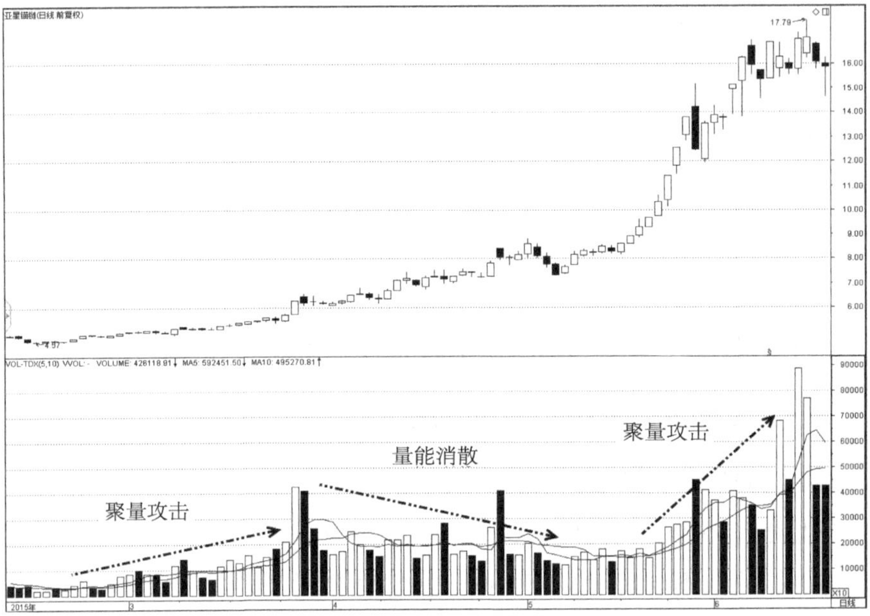

图 2-14

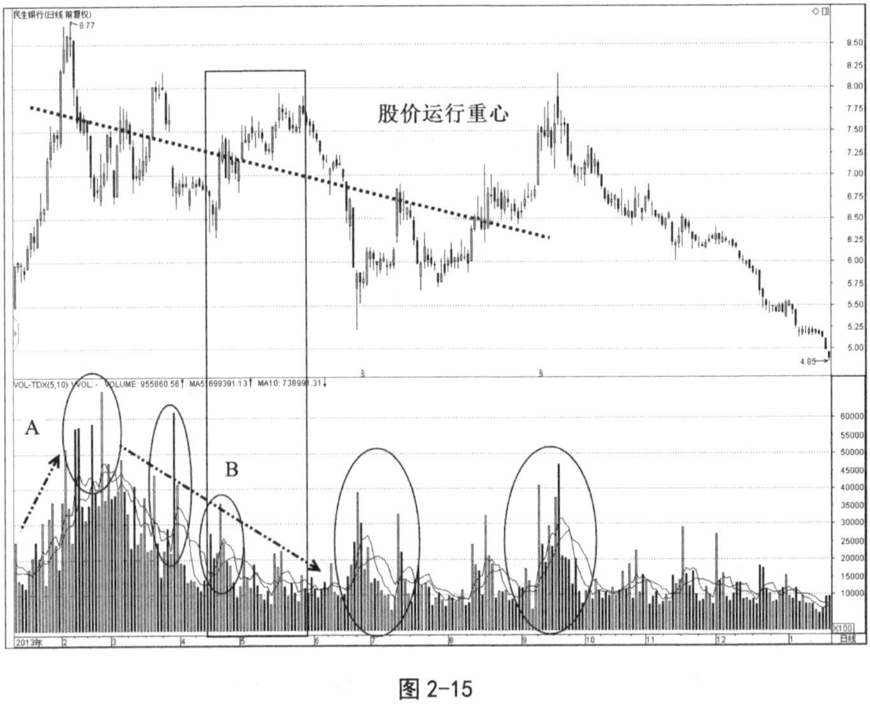

图 2-15

如图 2–14 所示的量能消散阶段，股价稳定上涨，这和个股所处的技术环境有关。再如，图 2–15 中 B 区域的量能消散阶段，股价也出现了涨升。两张图中的量能消散阶段都出现了股价上涨，却有着性质上的不同。

可以看出，图 2–15 中 B 区域的涨升是由变量下强弹所引发，整体升幅并不大且不久就重回跌势。同时，该股运行重心向下，强弹下的股价虽然穿越重心线，但缺乏必要的量能支撑，最终还是无功而返。

技术环境方面该股于 A 区域形成价格拐点，之后 B 区域的多次变量强弹，可以被视为对价格拐点的确认或反抽。

在图 2–14 中的量能消散阶段，即使不画出股价运行重心虚线，也能清楚地看出其运行轨迹。技术环境方面该股处于价格低位，这个阶段股价的缩量涨升，可以视为各方惜售的结果。

量能消散形态下，价格如图 2–14 所示的稳定上涨很少见，更多的是图 2–15 中变量强弹的形式。

当然，如果是技术环境处于下跌趋势中的个股，出现类似图 2–14 所示的上涨，那么技术意义则可能完全不同，极有可能出现的只是一个弱反弹。

五、量能转化、循环中的盈利点

无论是哪种成交量形态，都不可能永久持续存在，在价格不停息的波动中，成交量会在多种形态之间转化和循环。量能的这种转化和循环过程会为交易者提供不少交易机会和盈利点。

成交量的转化和循环与价格的涨跌息息相关，但成交量并不能决定价格的涨跌，而只能起到确认或助推作用。相反，价格的涨跌对成交量具有积极的引领作用。

价格盘整或下跌，成交量处于量能消散或常量形态。当价格转入上涨，成交量也会发生相应的变化，或以变量配合价格急拉，或以聚量配合价格稳定上涨。

如果价格转入上涨时成交量并无明显变化，也就说明价格并未起到引领作用，那么多数情况下价格的这次上涨难以持久或幅度有限（控盘庄股除外）。

在分析量能转化和循环时，价格是否存在引领作用也是交易者需要观测的一部分。它至少能让交易者发现，哪些价格的涨跌只是主导资金以诱多为目的的虚假拉升。

（一）底部转化模式

价格由跌势转入筑底，再转入升势的过程中，成交量形态的变化无外乎以下两种。

1. 量能消散—常量—聚量

这是最常见的一种成交量形态转化模式。如图 2–16 所示，A 区域股价下跌、成交量处于量能消散形态，B 区域股价见底回升、成交量处于相对

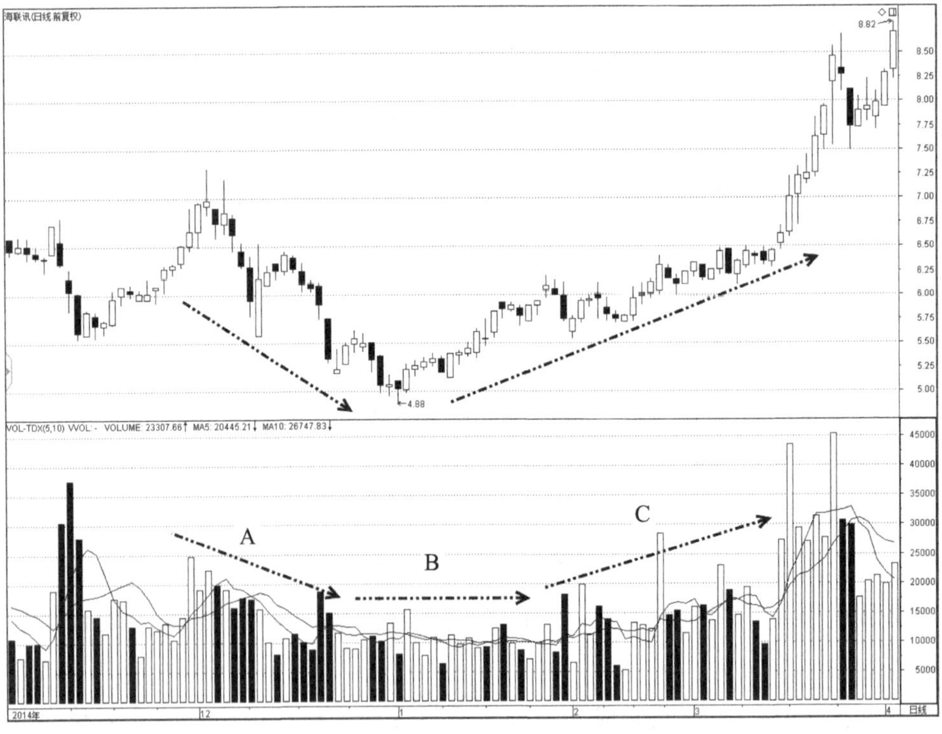

图 2–16

稳定的常量形态，C 区域股价明显上涨、成交量处于聚量形态。在 A 区域股价同步下跌的量能消散阶段，不会出现稳定的盈利机会，盲目捕捉日间波动是不明智的。过于频繁的短线交易还会破坏心态，可谓得不偿失。

在 B 区域的常量阶段，除非能从均线系统等技术环境分析上得到重要交易线索，否则依然不可莽撞介入。C 区域量能出现积极变化，辅以相应的技术环境分析，可以寻找到适宜的交易机会。

底部成交量转化模式中，聚量形态只是一种基本形态，并非必然形态。有些情况下，主导资金反而会利用这种形态进行诱多操作。鉴别真伪还在于技术环境分析。

案例所选用的是一个波段性底部上的成交量转化情况。如果是在价格的长期大型底部，可能在构筑上更复杂多变，但所有成交量转化模式的原理是不变的。

只不过在转化过程上其不同形态维持时间或有长短之别。同时在大型底部的构筑中，成交量形态转化存在往复循环，很少有以简单的某种转化模式完成长期大型底部构筑的。

2. 量能消散—常量—变量

底部筹码收集比较理想的主力，有些会直接以变量形态迅速拉高价格。这样，既可避免低位筹码旁落，也可垫高跟风资金的成本，避免低价筹码过多而影响日后的运作。

某些被套的主导资金也会利用变量形态，突然打破之前一直下跌的趋势或趋向，营造一波强势上涨行情，迷惑和吸引做多资金入场，从中借势降低成本或减低仓位。

如图 2-17 所示，该股经过长时间下跌，已经看不到量能消散的形态，在大部分下跌过程中，成交量以低水平常量形态存在，间杂少数变量形态的反弹。

A 区域股价以变量形态迅速急拉，无论是成交量还是股价表现都迥异于之前的行情。A 区域突发性变量在股价急升后并未骤减，而是在反弹的高点转化为高水平的新常量。这一点非常关键，对交易者鉴别该股最终走向具有决定性意义。

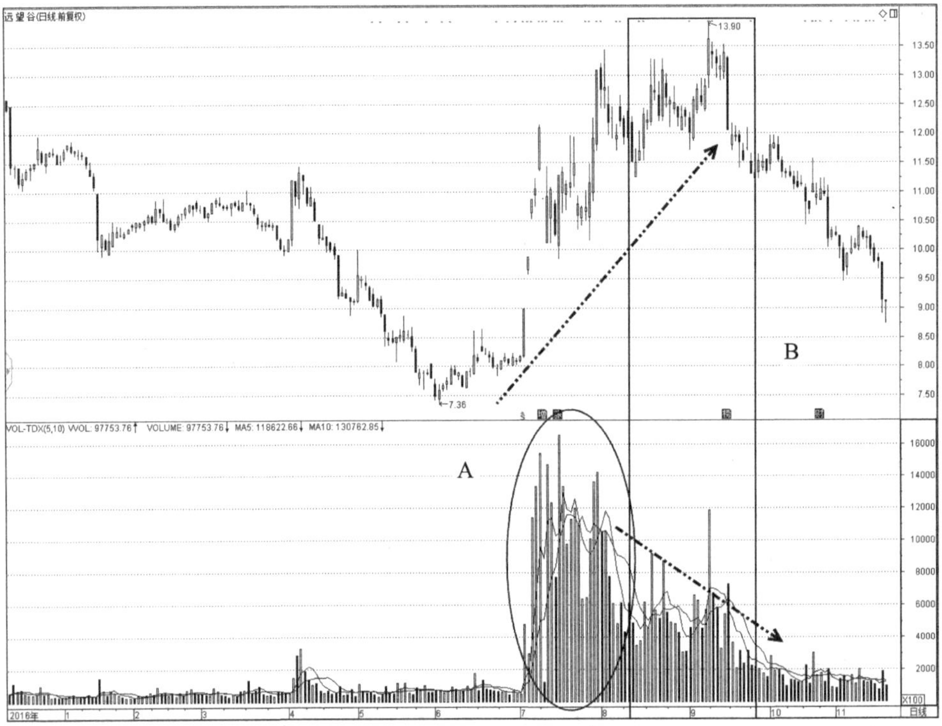

图 2-17

如果是意在扭转趋势的个股，那么在这种变量急拉后，虽然也会出现量能消散形态下的股价回落，但股价二次起涨时，聚量或变量形态会再度出现，并且成交量的密集程度不会低于 A 区域过多。这种情况下出现的盈利点，将是趋势性的。

如果仅是一个以降低成本或减低仓位为目的强弹，那么在变量急拉后，即使不出现成交量的骤减，而是 A 区域那样呈高水平的新常量，但在经过量能消散后，股价起涨却难以引领出高密集度的聚量或变量形态，那么主导资金的意图也就可见一斑。这种情况下出现的盈利点，比较难以把握且仅适于短线交易者。

在时间持续较长的底部成交量转化模式中，运行到中后期时，往往量能消散形态已经不可见，而多出现常量—聚量或常量—变量的转化模式。

在阶段性或短期底部构筑过程中，可能出现量能消散—变量或量能消散—聚量的转化模式。这些都是上述转化模式的简化，其基本原理是相同的。

（二）升势中的循环

从趋势转折向上到轰轰烈烈一轮大幅上涨行情，成交量转化很少会以单一模式贯彻始终，而是不断处于往复循环中。

如图 2-18 所示，A 区域该股以变量开启升势，B 区域聚量出现，确认升势继续。实战中，也有以聚量开启升势的。C 区域再现变量急拉，后出现量能消散间杂变量，显示这里是该股升势以来的一个重要调整高点。D 区域的常量说明成交量消散已趋结束，量能出现平衡。这种情况下，未

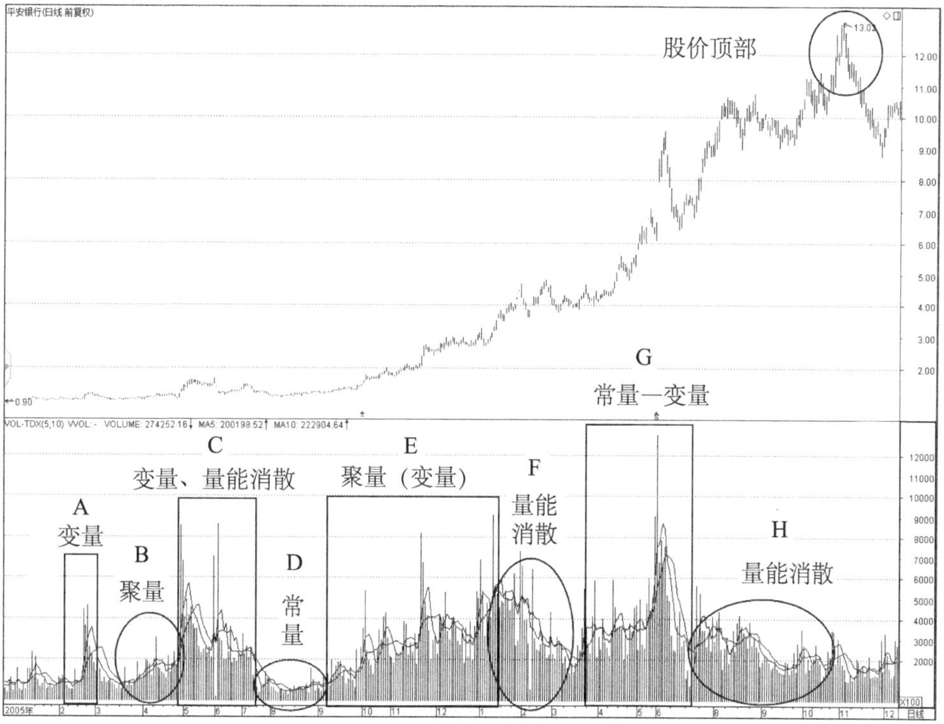

图 2-18

来量能的再度增加，就是需要交易者重点关注的盈利点。E 区域聚量攻击再度出现，间杂变量形态，显示这个阶段的上涨强度已经相比前期大幅增加。多次变量在成交量整体形态上形成的聚量，往往具有较强势的攻击力。F 区域量能消散再度出现，意味着一个有强度的上涨又到了循环的节点。G 区域承接 F 区域量能消散的是较高水平的新常量，显示此时对该股“情有独钟”的资金数量，已经和 D 区域时不可同日而语。这也是股价横盘难以大幅回调的主要原因。

越聚越多的资金必然会有一个爆发点出现。G 区域又一次出现变量急拉，股价急冲急下、成交量暴增骤减，股价的阶段性高点显现。很多个股走到类似 G 区域时，往往就会出现价格顶部，由此发生重大的趋势转折。而案例中个股的股价却并未走到尽头，随后又多次刷新股价高点。

H 区域成交量整体呈量能消散形态，由此和股价形成大幅背离走势。从成交量的角度分析，G 区域变量的出现虽不是股价顶，却是量能的顶。

实战中，出现类似于 G 区域和 H 区域的量价关系时，大部分个股都在构筑顶部，唯一需要区别对待的是目标个股是否已经成为高控盘庄股。

高控盘庄股在缩量情况下不会轻易跌破重要的技术关口，其股价运行重心也不会长时间扭转向下，除非遭遇意外利空打击，或其本身出现问题。

升势中成交量形态的转化和循环并无定式，几乎可以说每一个股都会有不同的循环方式，但明晰这些转化和循环的真正含义后，无论哪种方式都会告诉交易者价格的真实趋向。

（三）顶部转化模式

多数情况下，价格形成顶部或阶段性高点时，都会存在一个量能爆发的阶段，这也符合主导资金的操作轨迹与意图，毕竟人弃我取、人争我予才是股票博弈的精髓。正如司马迁所说“贵出如粪土，贱取如珠玉”。

1. 聚量、变量—量能消散

当资金蜂拥而至争夺某一个股的筹码，如果所有不计成本的争夺者轻易就能得偿所愿，那么目标个股即使不出现终极大顶，也必然面临阶段性高点。这是本条顶部转化模式的原理所在。

如图 2-19 所示，A 区域的成交量呈聚量形态并间杂变量，显示资金攻击处于极其火热的程度，但随之而来的就是 B 区域的股价回落、成交呈量能消散形态。这是一个满足筹码争夺者的过程，也是主导资金完成阶段性派发任务后的必然走势。

很多个股走到 A 区域时就已经见到阶段性高点，并会由此开启股价回落之路。但也有部分个股如案例中一样，出现 C 区域的变量急拉。

C 区域的出现会造成极大的迷惑性。因为股价不但刷新了高点，而且有较大成交量配合，表面看是量价配合的经典形态。

但从变量形态的理论特性上看，交易者可以提前预判出，C 区域大概率是一个引发股价重大变化的节点。之后 D 区域的量能消散形态对此进行了充分的印证。

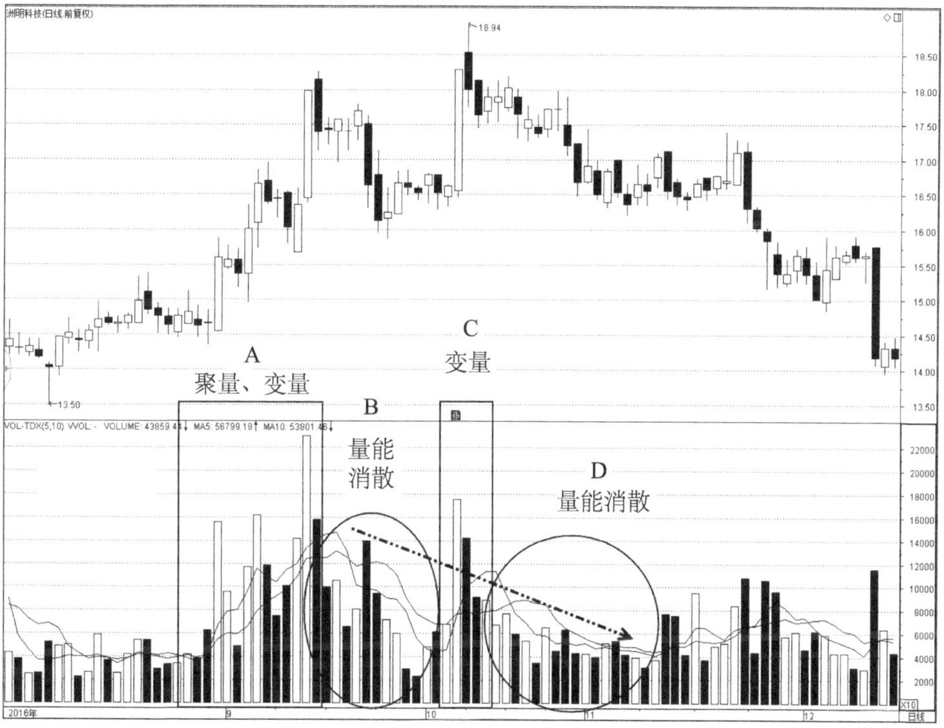

图 2-19

其实单从成交量形态上分析，也可以发现一些端倪：如果忽略 C 区域的变量，那么从 B 区域开始直到 D 区域，量能消散形态一直处于延续态势。

量能消散形态中，突兀出现的 C 区域变量，其突增骤减的形态本身也会给交易者提示不少危险信息。

聚量、变量—量能消散这个模式也存在模式简化，比如变量—量能消散—变量，或聚量—量能消散。

2. 常量、变量—量能消散

在上一个模式中，以聚量和变量等成交量明显集中的形态构筑价格的顶部。在实战中，还会出现常量间杂变量的顶部形态。

如图 2-20 所示，A 区域股价调整、成交呈常量，B 区域出现变量，之后 C 区域的成交量并未骤减，仅缩至常量形态，这时的股价冲高回落。D 区域股价再次冲高，成交现变量，E 区域成交呈量能消散，股价也开始见

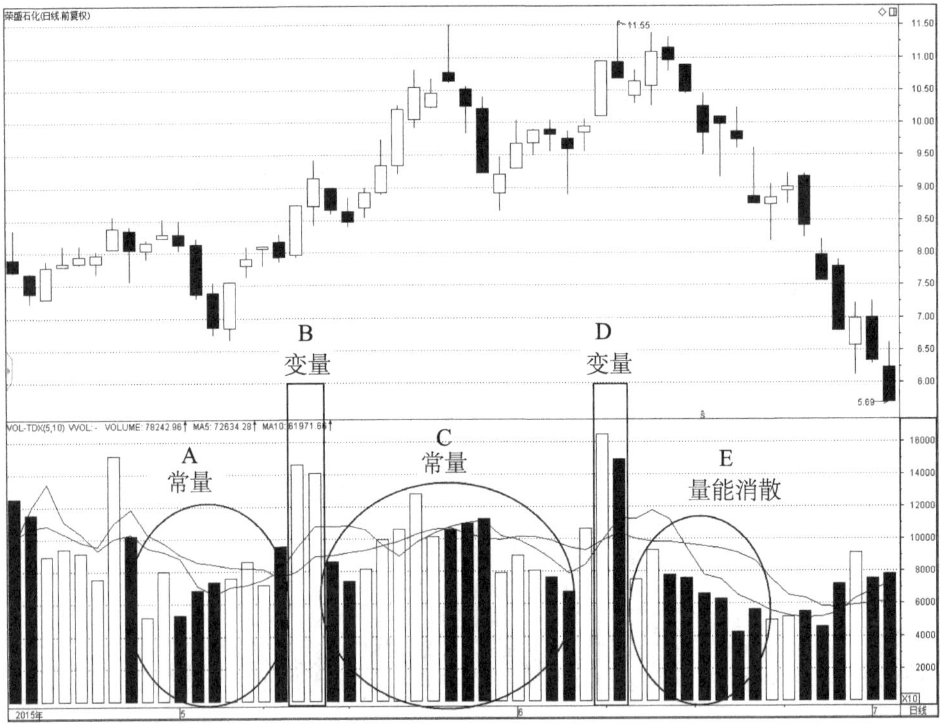

图 2-20

顶回落。成交量大部分时间内保持相对稳定的态势，并未如图 2-19 中那样出现成交明显集中的情况，但股价也依然由此见顶回落。

在实战中，常量见顶的案例并不多见，多出现于阶段性高点，或突然遭遇利空打击的个股上。通常这种形态下的回落，后市仍会有再次冲顶的机会。

顶部转化模式中，变量几乎是不可或缺的。而变量的值越是高涨，其形成顶部或阶段性高点的可能性越大。

当然，某些试图走上控盘庄股之路的个股，在其阶段性高点或顶部并不一定会有明显的变量出现。如图 2-21 所示，B 区域出现股价高点，而成交量仍处于量能消散形态，只有不明显的单日变量。这就是一个向控盘庄股转变的类型。A 区域的密集成交区满足了主力对筹码的最后需求，这也是该股经过前期大幅涨升后能够再次从 A 区域起步继续升势的原因所在。

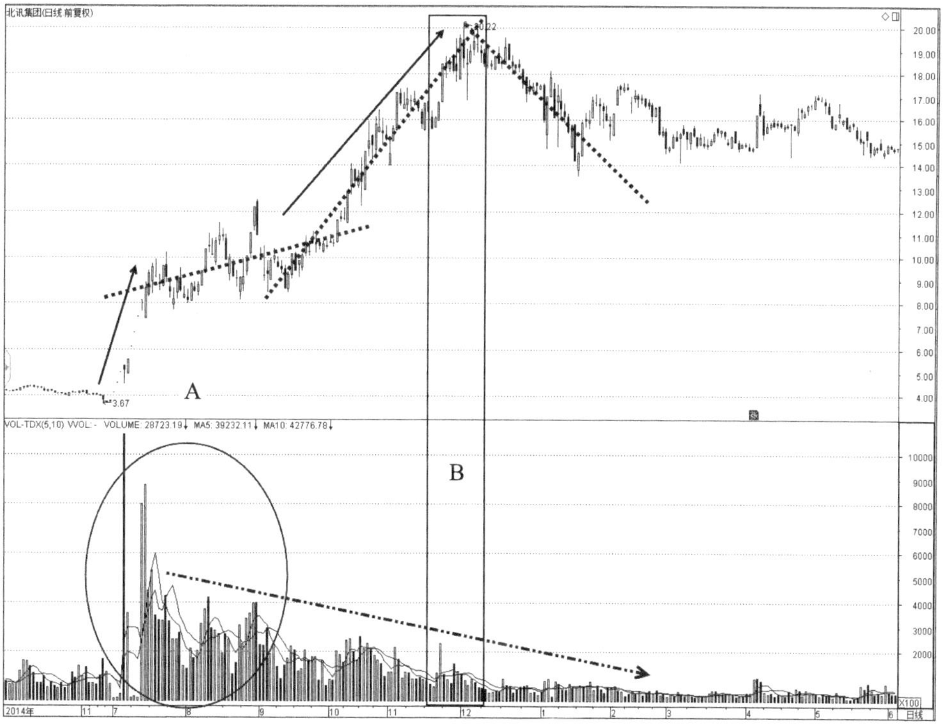

图 2-21

对于类似的个股，当其脱离股价运行重心（K线图中虚线）向下转折时，尽管成交量并未出现变量等高危信号（B区域），交易者也必须明白，一个阶段性高点或顶部可能已经出现。当然，还可以从均线系统等技术环境的多个方面来判断高点的性质。

“准”控盘庄股经过类似图2–21中的拉升后，多数会有一个长时间的箱体震荡过程，成交量往往处于低水平的常量形态（如B区域之后的形态），这是庄股“修炼”的必经之路。

箱体震荡过程中，多方面因素的出现都可能使个股走出失败形态，而成功渡过这一煎熬期的个股才会成为真正的控盘庄股。

（四）跌势中的循环

跌势中成交量形态的转化和循环，每一个股都不会完全相同，尤其是长期大型下跌趋势中更是如此。有的个股可能相对简单明了、易于辨识，但有的个股则各形态纠缠在一起，极其复杂难辨。

如图2–22所示，A区域该股以变量见顶，随后出现量能消散形态展开跌势。B区域，股价跌势中出现反弹，同时辅以变量，说明这里仅是一个短线性质的弹升，对跌势不会形成根本性的改变。B区域的变量出现后，成交量整体没有继续缩减，显示量能已从消散形态走出来，转化到常量形态。C区域成交量出现聚量，但这个聚量形态整体数值偏小，难以和顶部密集区相比较，说明攻击层次较低，相应的股价也呈现跌势中的折返走势。随后，这个聚量转化为常量，可以视为B区域以来常量形态的延续。D区域成交量再次形成聚量，这个聚量形态的整体数值已经接近顶部密集区，说明D区域的聚量形态相比C区域已经升级，其性质将会有较大变化。

D区域聚量的形成过程值得交易者用心审视，这是在一波股价急速下跌中形成的聚量形态，即随着股价的不断下跌，越来越多的筹码选择抛售离场，也就是说恐慌性主导了下跌的整个过程。

如果恐慌性杀跌的成交量能够比拟顶部密集区，那么这个“杀”出来的股价低点至少也会是一个阶段性的底部低点。

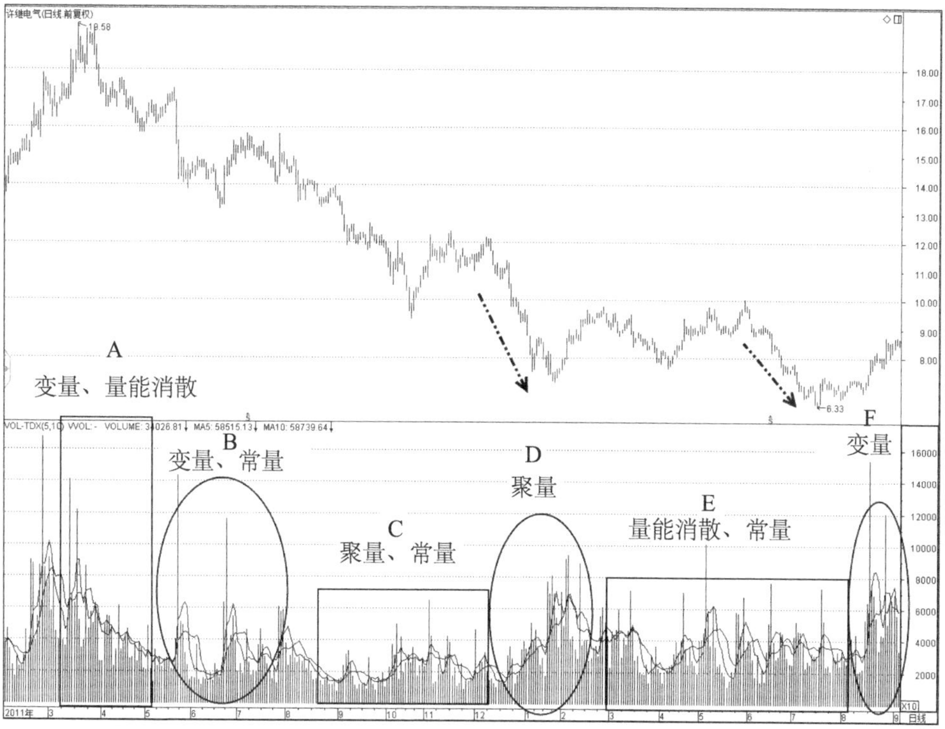

图 2-22

E 区域承接 D 区域的聚量，出现量能消散形态，但这个消散形态很快就转化为常量。这里的常量数值已经与 C 区域时有较大的改变。结合同期股价的走势，可以初步认定有资金正在构筑价格底部。

之所以说图中的案例较为复杂难辨，是因为在整个主要跌势和筑底阶段，该股量能形态相互纠缠，且无明显的做多迹象。

比如，D 区域的聚量是在急跌中形成，甚至在 E 区域常量形态中再一次出现急速下跌。该股主力的凶悍程度，由此可见一斑。

E 区域常量形态下的急速下跌并未给量能带来明显改变。这就显示出到这个阶段时，该股盘中易被恐慌控制的浮动筹码已经所剩无几。

F 区域以高密集度的变量展开升势，一是可以看出主力属于凶悍型，二是主力前期建仓并不充沛，借用变量形态边拉边吸筹。

当然，个股的某种走势也和当时整体市场氛围以及主力的操作周期相关，这些都是实战中需要具体分析的部分。

价格构筑中短期阶段性低点或高点与构筑中长期底部或顶部时的成交量形态，其原理是相通的。只不过一个中长期底部或顶部的构筑过程相对复杂、耗时较长，在形态转化中往往存在一个或多个循环。在讲解底部或顶部模式引用案例时，也包括阶段性低点或高点，并非仅指股票的长期大型底部或顶部。

第七章　密集成交的实战辨析

一个人不可能在同一件事上花几年工夫还形不成正确的做事态度，正是这一点将专业人士与业余人士区分开来。

——杰西·利弗莫尔

一、密集成交的概念

在前一章中讲到了聚量、变量等成交量形态，当这些形态处于较高水平的数值上并相对集中出现时，通常被称为密集成交。密集成交持续存在的价格区域则被称为密集成交区。

如图 2-23 所示，A 区域由聚量、变量等形态构成的成交量汇聚集中的情况，即为密集成交。K 线图中与密集成交相对应的，股价处于箱体运行的区域则为密集成交区。

密集成交最基本的技术含义当然是指某些价位上成交火热、多空双方频繁换手。但其大多只是原理性阐述，不可能完整表达实战中的诸多变化。

例如，出现在某价位上的密集成交，是真实的多空换手形成的，还是大部分为主力对倒所致？某密集成交区形成的过程中，主力究竟是意在吸筹，还是减仓出货？

这些实战中出现的变化是交易者分析和研判的主要目标，因为唯有搞清楚这些变化，在自己的交易中才能做到有的放矢，不至于被主力牵着鼻子走。

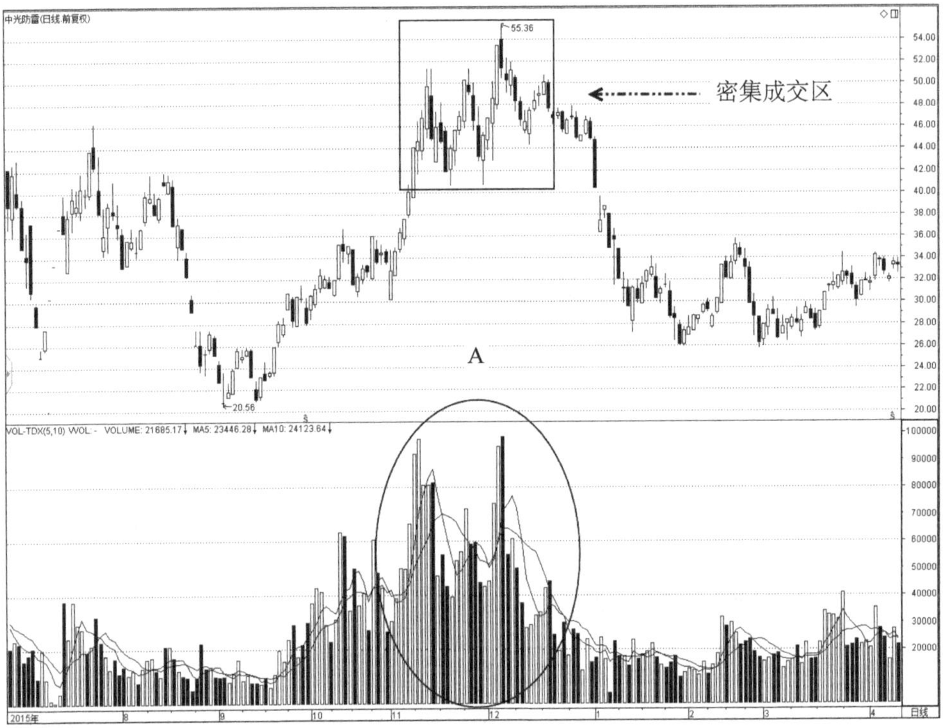

图 2-23

（一）密集成交的相对性

密集成交具有相对性，就像在第一篇中谈到的换手率一样，因个股股本等方面的差异，所谓的密集也是相对而言的。

同时，也存在分时走势和 K 线图中密集成交上的差异性。分时走势上的密集成交可能反映到 K 线图上，并不一定就会出现较大的量柱，K 线图中未必处于密集成交的态势。

如图 2-24 所示，当日的分时走势显示，该股出现两波较为密集的成交。这两波密集成交对股价上涨起到了明显的推动作用。可以说，该股当日的升幅主要归功于密集成交。

那么，图 2-24 分时走势上形成的密集成交，在 K 线图中处于何种情景呢？

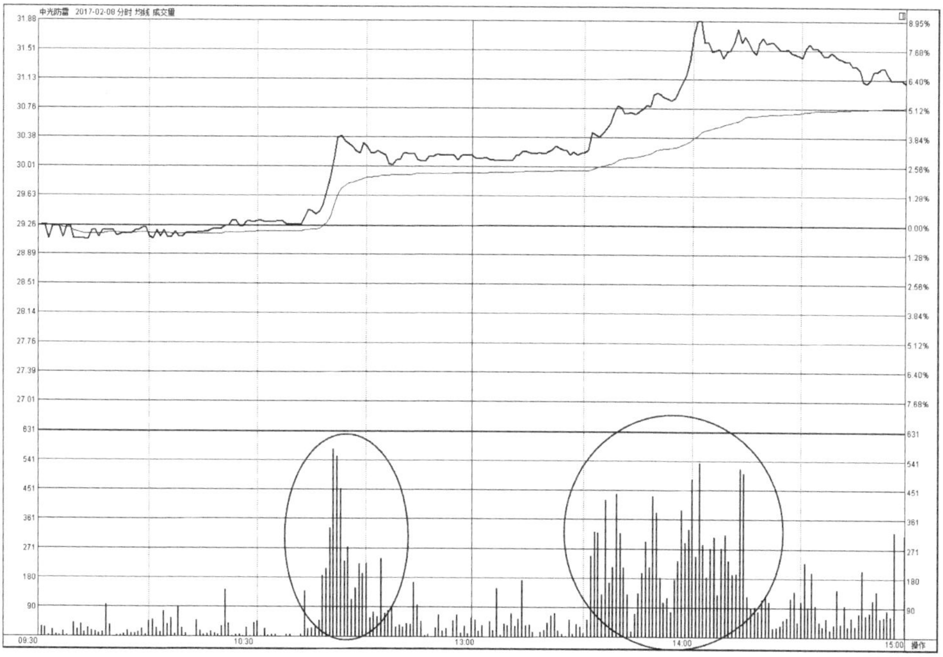

图 2-24

图 2-24 分时走势所形成的 K 线和量柱如图 2-25 中 A 点所示，K 线和量柱并不算小，但结合趋势等技术环境整体分析，当日的量能勉强算得上一根孤零零的单日变量。

处于量能消散后的常量阶段，变量尤其是单日变量，很难说得上有什么重要的技术分析意义。

结合图 2-24 和 2-25 可以看出，分时上的密集成交并不代表股价趋向也处于密集成交阶段。换句话说，密集成交具有一定的层次，如果用密集成交来研判价格趋向，那么至少也需要日线系统的级别。分时走势或时间周期过小的分钟系统上出现的密集成交，有时并不能反映个股的真实趋向。

当然，并不是说分时走势或分钟系统不能在分析中起到作用。

例如，图 2-24 中分时走势上的密集成交能够清晰地告诉交易者，当天大部分成交量都是在拉升股价的过程中产生的，并不具有明显的量价背离。尽管存在主力对倒的可能，但可以排除主力大幅减仓出货的可能。

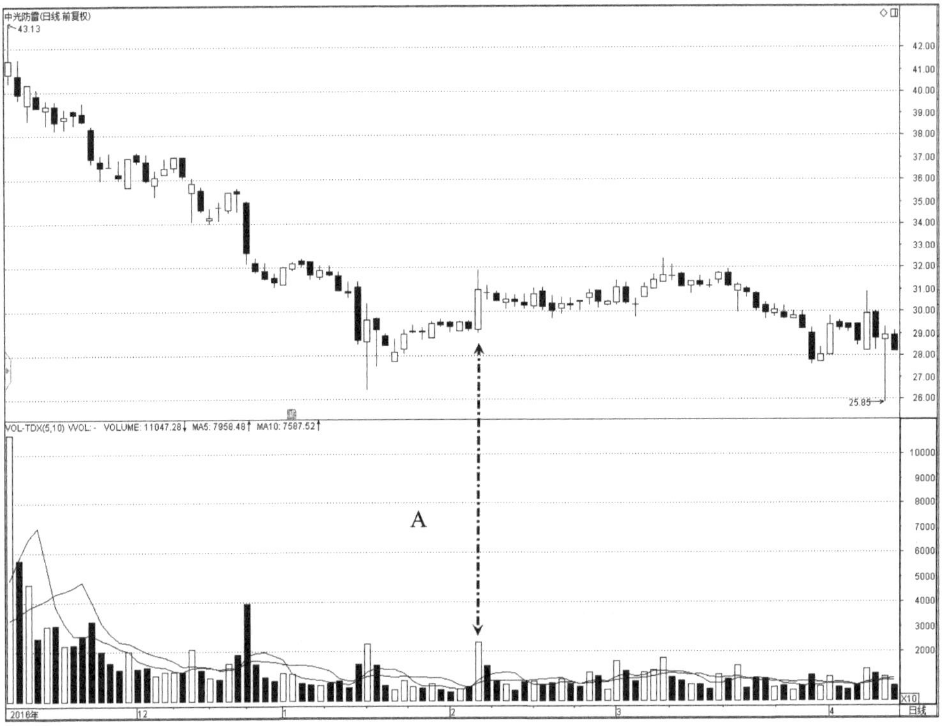

图 2-25

分时走势或分钟系统可以在细节上帮助交易者分析密集成交的具体构成。不过，若要用其来判断趋向或趋势，则未免有些强人所难。

（二）密集成交的判断

密集成交下的价格变化，远比长期的地量或常量形态容易判断。原因有二：其一，地量或低数值常量形态下，大部分个股的股价变化相对迟缓，当没有新资金主动攻击该股或原存量资金处于守势时，任何判断都不可避免地掺杂个人主观愿望在内，这样必然导致判断结论存在极大的不确定性。其二，密集成交的出现，不论是主力对倒，还是市场真实的多空换手，主力都不会置身事外、袖手旁观。在分析中怕无迹可寻，却不怕主力兴风作浪。因为无论多高明的主力都不可能隐藏住所有的“作案”痕迹。

其实辨别密集成交的性质，一是可以通过其中的成交量形态予以判断，二是可以利用价格在密集成交中的支撑与压制关系来辨别。这也是下面将要讲到的内容。

二、密集成交与价格上涨、下跌的关联性

当一个密集成交出现后，价格的运行方向和涨跌强度就会凸显出其重要性，因为将由此显示出密集成交的性质。

（一）密集成交的支撑

根据密集成交的基本含义来延伸理解，涨势中出现的密集成交意味着多空双方频繁换手。如果这个频繁换手是多方消耗空方筹码的过程，那么此后占优的多方势必会表现出对价格上涨的主导性。

如图 2–26 所示，A 区域的多次变量在成交量整体形态上形成聚量，并形成一个密集成交的过程。这个过程中，股价大部分时间处于上涨态势。

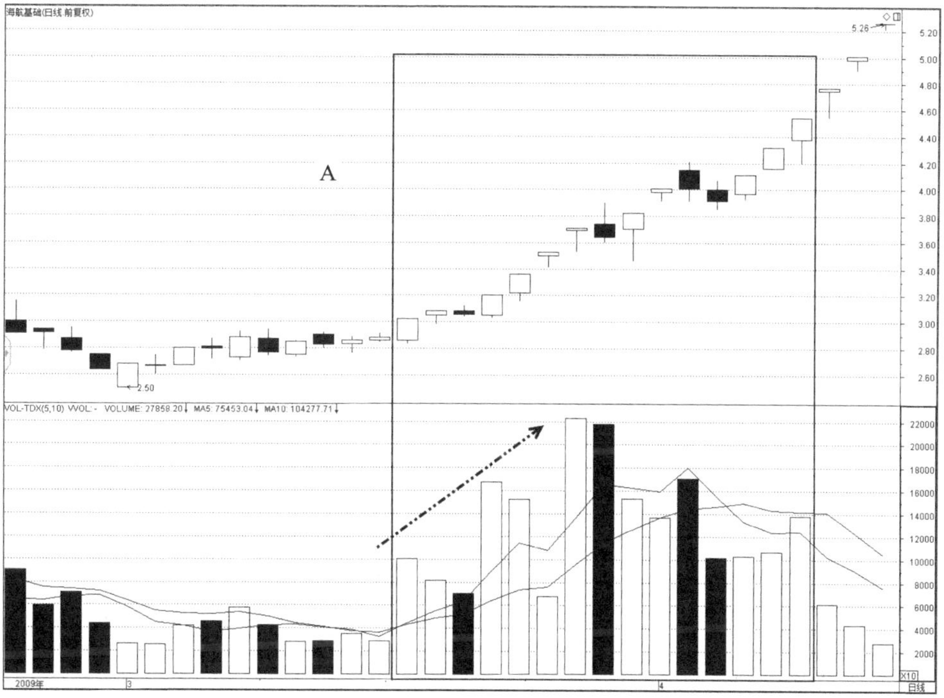

图 2–26

案例中的密集成交可以说就是一个多方消耗空方并吸纳筹码的过程。

通常来说，主导资金的吸筹建仓不会采取密集成交这种过于招摇的形式，除非涉及短期操作行为或需要突击性增加仓位。当然，也有某些建仓时间仓促的主导资金会利用这种形式快速完成吸筹建仓。

从成本的角度来说，如果密集成交源自主导资金的吸筹建仓行为，那么在此之后，即使价格有所回落，也很难显现较大下跌幅度。这种因密集成交而出现的支撑主要是受到成本因素的影响。

密集成交的支撑强度是由股价的下跌测试的。如图 2–27 所示，A 区域股价急升并形成密集成交。这个密集成交是否具有支撑作用？其支撑强度如何？仅依据 A 区域由变量为主构成的密集成交难以得到确定的答案。

B 区域股价出现回落、成交出现变量。尽管 B 区域的变量数值难以企及 A 区域，但股价在这里的快速下跌，还是可以看出这是带有恐慌性的杀

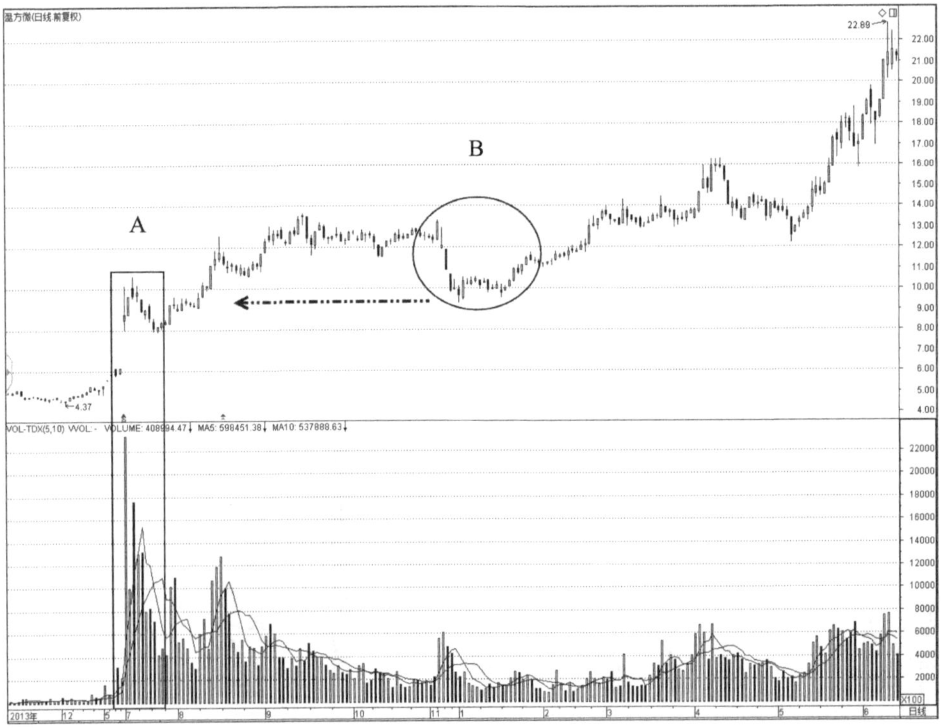

图 2–27

跌量能。如果A区域的密集成交不具有较强的支撑作用，还是很容易被情绪宣泄下的抛盘打穿的。

但是可以看到，B区域股价在A区域密集成交高点附近企稳止跌，并在常量下开始稳定回升。这就证明A区域的密集成交具有强大的支撑力。

必须明确一点，密集成交不可能都是主力吸筹建仓行为所致，更多的是主力为降低成本进行折返或洗筹，甚至是减仓、出货而营造的诱多陷阱。

在这种前提下出现的密集成交，有时也会出现强力支撑的情况，即股价回落到密集成交的部分就发生反弹，而不是立即快速下行。但股价的反弹相对羸弱，多呈横向震荡。当多数持仓者认为股价可能就此筑底而不会深跌时，真正的下跌进程才会展开。

如图2-28所示，A区域出现密集成交，股价急速上涨。在之后的回落中，股价在密集成交上得到支撑后反弹，并未迅速跌破密集成交区域。

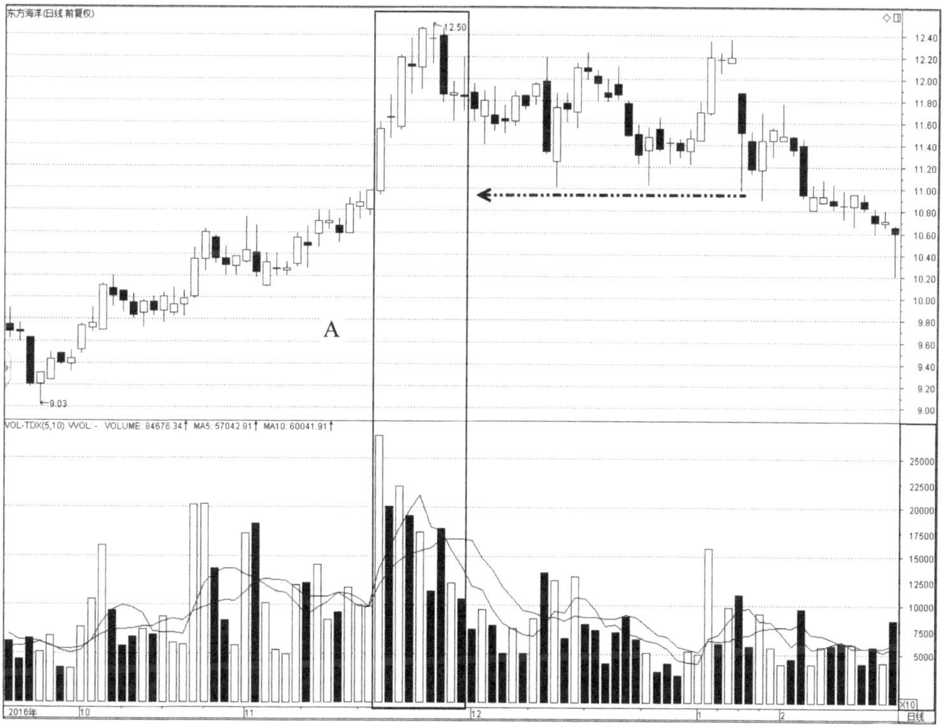

图 2-28

这种表象无疑会使人产生错觉，让持仓者误以为该股将会在A区域的密集成交附近震荡筑底，而A区域的密集成交会被认为是主力吸筹成本区，不会轻易击穿和跌破。当持仓者在心理上形成相对一致的认识时，股价的转折也就即将开启。

（二）密集成交的压制

当密集成交出现之后，如果价格由此开始下跌，那么这个密集成交区会对价格未来的上涨形成相应的压制。

不管密集成交是如何形成的，价格反弹接近这一区域时，大多会遇到相应的阻力。如图2–29所示，A区域出现一个密集成交区，股价呈横向震荡，之后经过一段时间回落至B区域时，股价开始反弹、成交量相对密集，但在股价接近A区域区域时，便难以继续升势，同时量能也快速萎缩，说明升势遇阻，密集成交区的压制显现。

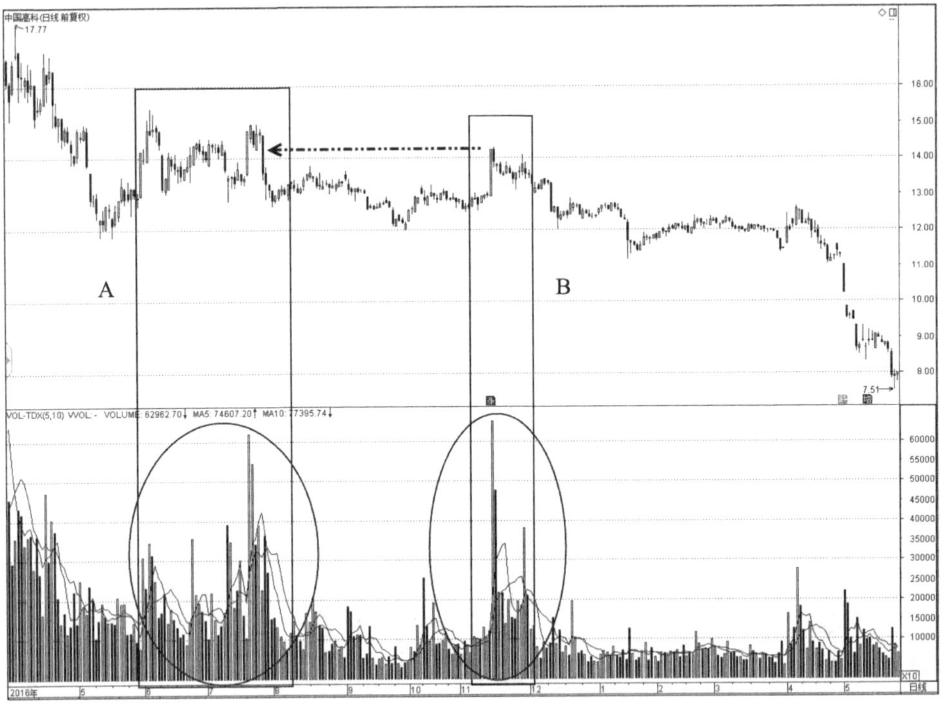

图2–29

密集成交的压制，排除主力刻意打压的部分，多来自于前期密集成交区被套筹码的抛压，以及本次上涨持仓者的逢高兑现。

如果价格不能强力消化密集成交的压制，那么也就证明当前的涨势并不具有较大的强势，可能仅为一个短期性质的反弹。密集成交区是一块试金石，当价格强力收复密集成交区，并有效站稳、再启升势，则密集成交区的压制转化为支撑，涨势的性质应重新定义。

实战中，也会遇到个股强势穿越密集成交区并连续大涨的案例。这种情况不外乎以下 3 种原因。

一是密集成交区为主力震仓洗盘刻意营造。

二是资金击鼓传花的游戏，热潮过后，股价将重回密集成交区之下。

三是个股突发实质性利好，导致资金极度看好。

如图 2-30 所示，A 区域出现密集成交，随后股价回落。B 点时，该股受政策性利好影响，股价受资金追捧连续涨停穿越密集成交区。

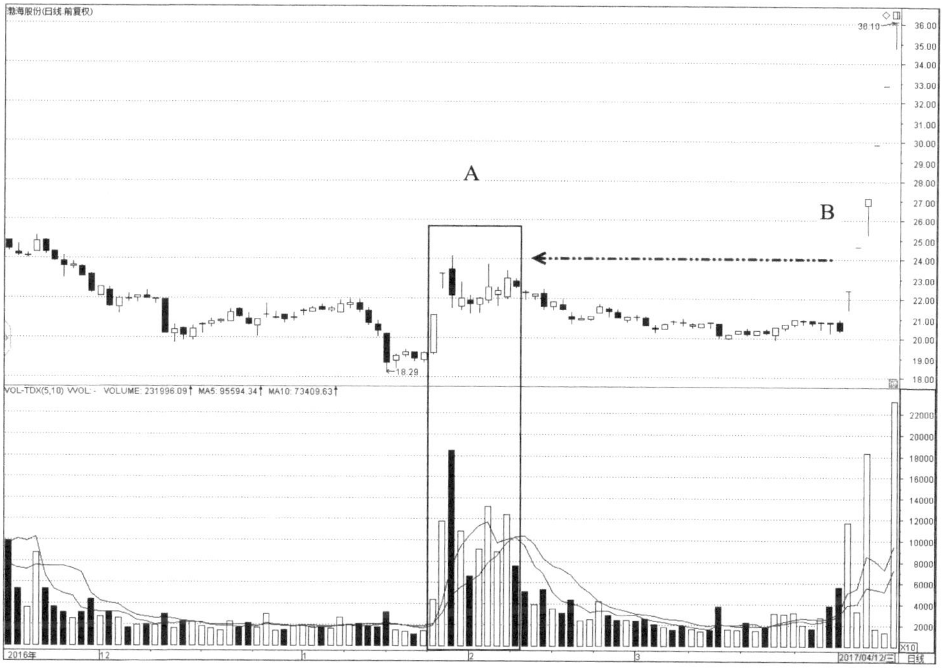

图 2-30

（三）涨势中的密集成交

在一轮上涨趋势中，价格会出现大量级别不等、性质各异的高点。比如，主力为低价吸筹而制造的折返高点、震荡洗盘形成的折返高点，以及减仓出货形成的高点，等等。

对于价格高点和低点的概念，交易者可以参考技术环境分析中趋势、趋向一节的内容予以理解。本节提及的高点和低点既包括趋势运行中的短期、阶段性的高点和低点，也包括顶部高点和底部低点。

在这些高点形成过程中，多数会有密集成交的出现，而交易者正好可以利用密集成交判别相关的交易点。当然，在判别不同级别的价格高点时，技术环境分析仍是不可或缺的。

涨势运行中密集成交的出现必然会引发价格调整，只不过因个股及技术环境不同，其调整的级别和形式也大相径庭。

如图 2-31 所示，A 区域出现密集成交后股价调整相对平稳，B 区域出现密集成交后股价调整较为迅疾，C 区域再一次出现密集成交后，股价由此扭转上涨趋向，转入下跌趋势。三次密集成交，股价调整的幅度和形式各不相同，这种情况在很多个股的整个涨势运行中是常见现象。但具体到该案例中，这三次时间距离较近的密集成交，其实是存在一定逻辑关系的。

A 区域的密集成交以变量为主体，显示这里存在一个资金减仓过程。但主导资金显然较为收敛，不愿意在此过早露出减仓痕迹。

虽得以减持不少仓位，但在盘中为稳定其他持仓者还是做了一些关键处的护盘，减仓并未全部完成，所以才有了 B 区域密集成交下股价的二次冲高。

B 区域的密集成交在整体上已经明显小于 A 区域，股价却刷新了高点，这里也形成了量价背离形态。B 区域密集成交后，股价下跌之所以较迅疾，原因可能就在于主导资金在这里基本完成了大部分的减仓任务。

通常来说，B 区域的密集成交出现后，股价基本确立顶部高点，接下来就会进入下跌趋势。不过该案例中，股价并没有就此展开下跌，而是在

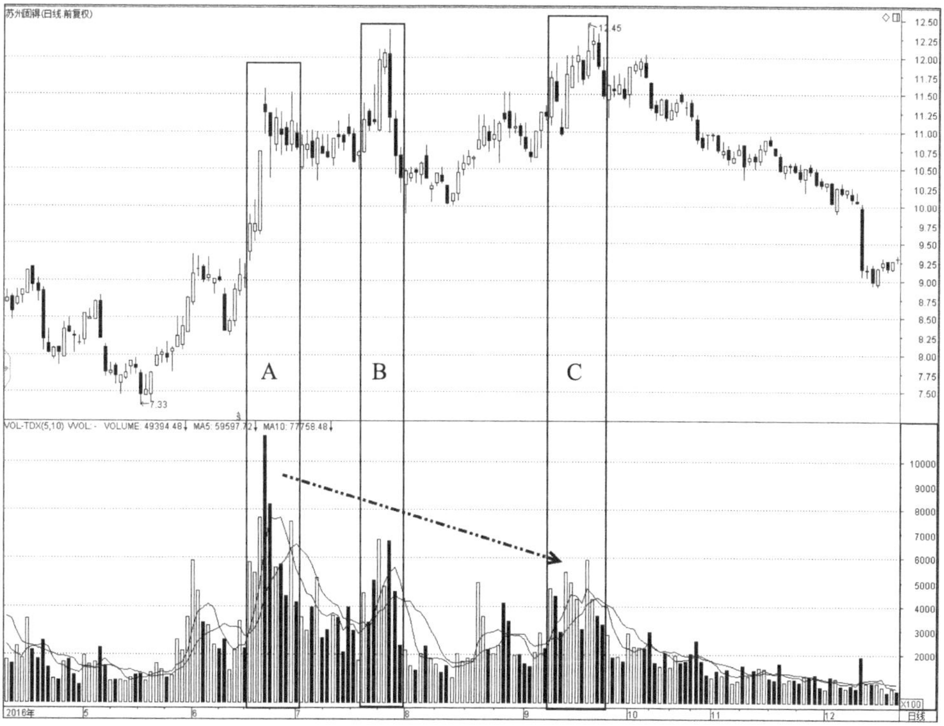

图 2-31

C 区域又一次重新拉起，创出一个价格新高。

具体原因不得而知，但也不外乎几种情况，比如受到大盘不利因素的影响，B 区域减仓并未达到目标，或盘中仍存在其他实力资金的运作，等等。

不管何种原因，C 区域的密集成交以变量和常量构成，且很快就大幅萎缩，进入量能消散形态，未能显示出这是一个极具攻击性的上涨行情。

同时，C 区域也再一次显示量价背离的存在。对于连续出现密集成交的个股而言，量价背离的存在几乎等同于宣告行情即将结束。

在价格不同高点上出现的密集成交必然会有不同的调整形式。有些强力吸筹的个股，其调整往往以盘中、日间的形式，如之前的案例图 2-26 那样，并非不作调整，而是多以盘中分时的形式来完成。

涨势过程中出现的密集成交是短线交易者需要高度关注的形态，因为股价可能因此出现不同级别的折返。经过长时间大幅上涨的个股，一旦出现高数值的密集成交，则可能面临趋势的转折。

（四）跌势中的密集成交

如果说涨势中密集成交的出现意味着不同级别调整的到来，那么在跌势中密集成交的出现则存在价格迎来转机的可能，但这种可能性要衍变为现实有着诸多技术环境方面的限制。

首先，跌势初中期的密集成交出现在个股反弹的高点附近时，预示着反弹过程即将结束，随后股价将继续运行于下跌趋势中。

这种在跌势中出现的密集成交，仍旧符合“涨势中的密集成交”的判断标准，区别在于跌势中出现密集成交后，大多数个股是回归下跌趋势，而不是涨势中大多为回落调整的属性。

如图 2-32 所示，该股运行于下跌趋势中，A 区域股价反弹，而密集成交就出现在整个反弹的股价高点上。类似于案例中的密集成交，大多是盘中资金为寻求脱困营造的诱多陷阱。

其次，从技术环境上来看，长期或大幅度下跌过后出现的密集成交是最值得关注的类型。

世上没有无缘无故的爱，同样也没有无缘无故就出现的密集成交。总有一些实力资金或游资耐不住寂寞来“起舞弄清影”，抑或是被套主力资金寻求自救而“风乍起，吹皱一池春水”。无论如何，价格低位出现的密集成交都源自资金的力量。

股价长期或大幅下跌意味着做空力量有一个大幅释放的过程。在这个技术环境中出现的密集成交，不管是新资金入场，还是存量资金“复活”，都说明价格必然不会死水一潭。

如图 2-33 所示，该股经过大幅下跌后，于 A 区域展开反弹。相比前期，成交量明显较为密集。A 区域的密集成交在很多个股的跌势中都会出现，并不能保证股价就会由此出现转折。

关键处不在 A 区域，而在之后的情况。A 区域之后股价回落、量能消散，但可以看到成交量并未萎缩至 A 区域之前的水平，而是整体出现了一定程

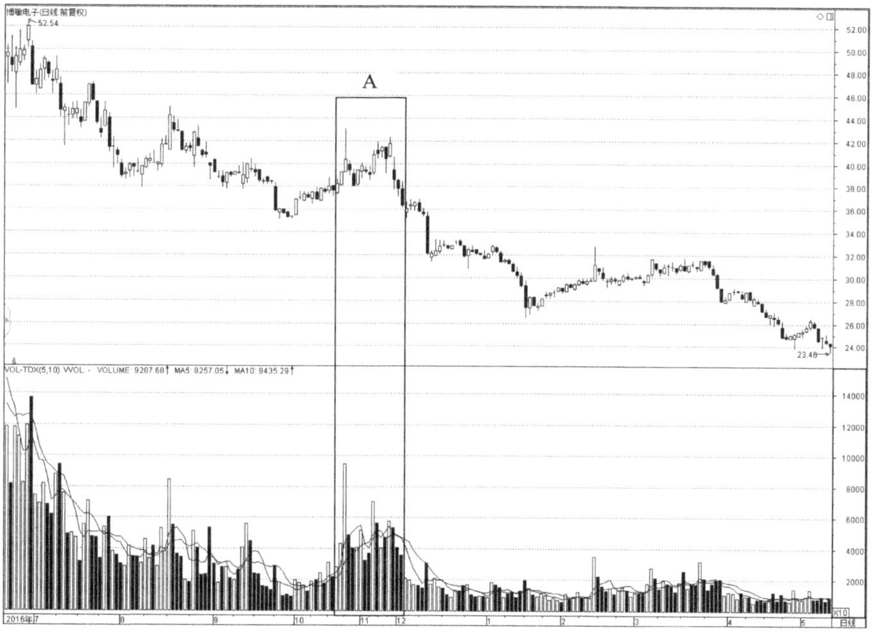
博瑞电子(日线 前复权)
52.54
A
23.48
VOL-TDX(5,10) VVOL· VOLUME 9287.68↑ MA5 8257.05↓ MA10 9435.29↑
2016年
日线

图 2-32

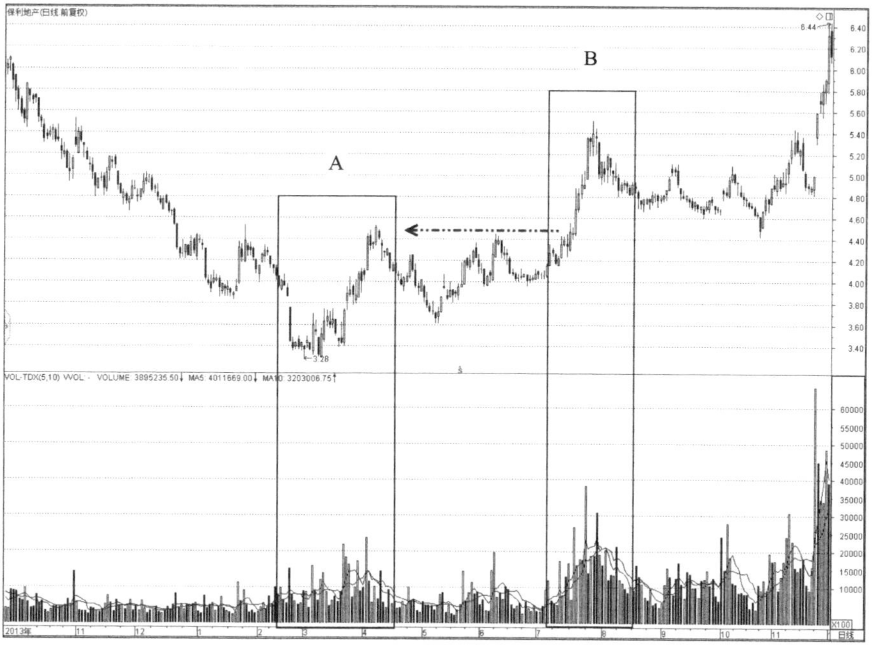
保利地产(日线 前复权)
6.44
B
A
3.28
VOL-TDX(5,10) VVOL· VOLUME 3895235.50↓ MA5 4011669.00↓ MA10 3203006.75↑
2013年
日线

图 2-33

度的增加，并且在这个过程中变量不时出现，说明资金处于活跃态势。同时，股价也并未回落到前期低点，而是保持在一个相对高点震荡盘整。

这种形态说明，A区域进场的资金在之后并未大幅撤离，而是蛰伏其中待机而动。交易者面对个股出现这种形态，一般有两种选择：其一，寻找价格急跌点低吸介入，之后只要股价运行重心未出现向下运行，则保持潜伏；其二，当股价出现B区域的二次密集成交后第一时间（突破最近密集成交高点）追涨介入。

跌势中的密集成交主要提防主导资金的诱多式短弹。当判断出如图2–32案例中那样有资金谋求布局行情时，就需要及时转变交易思路，跟随主导资金的步伐一同前进。

三、密集成交区的突破

某一价格区域有密集成交存在，说明这里曾经出现过大量、密集的换手过程，当价格再度临近这一区域时，势必会遇到支撑或压制。

（一）向上突破密集成交区

密集成交之后价格下跌，买入者必然遭遇亏损，这时买入者有3种选择，即卖出、持仓、加仓。

对卖出者而言，密集成交区是一块伤心地；对持仓或加仓者来说，密集成交区则是自己的成本区和筹码被套的地方。当然，这只是交易者或市场资金的想法，对主导资金或主力来说，这只是股票运作中的一个步骤和过程。

股价的涨跌就像是一场轮回，跌久了就会涨。当股价上涨接近前期的密集成交区时，必然会面对不同强度的压制。密集成交的压制在前面讲过，主要是来自于前期密集成交区被套筹码的抛压，以及本次上涨持仓者的逢高兑现，或主力的刻意打压。

分析一个密集成交区的压制强度，可通过以下两个方面。

（1）分析密集成交区整体数值达到何种程度，是处于历史高值区，还是仅仅略高于之前的常量。

如果该密集成交区的数值处于个股的历史高值区，那么这个密集成交压制的强度必然不小。除非主力愿意强力突破，否则股价必然会在这一区域受到较大压制。

如果该密集成交区的数值仅仅略高于之前的常量，或整体虽略大，但仍远小于历史高值区，那么该密集成交区的强度只能是较小或适中，股价的突破应不会存在太大问题。

（2）分析个股所处的技术环境是跌势还是涨势。

分析密集成交区强度和个股所处的技术环境非常重要。例如，某股密集成交区的数值处于历史高值区，但该股正处于长期或大幅下跌过后、股价转折之际，那么这个密集成交区极有可能是主导资金建仓吸筹的成本区域。主力不会长时间让价格处于低位，很快就会拉升股价脱离这个所谓的历史高值区（成本区）。

如果是大幅涨升后的个股，其密集成交区的数值处于历史高值区，那么即使该股股价不是处于顶部高点，也大多是在一个中期调整的高点上，也就谈不上突破密集成交区了。

对密集成交区的突破，大部分个股仍然需要成交量的配合，即多数个股以“密集成交突破密集成交”。如图 2–34 所示，A 区域该股出现密集成交后股价大幅下跌，B 区域股价回升并突破 A 区域高点，成交量仍以密集成交的形态出现。

有些案例中，股价突破前密集成交区时，成交量虽相对密集，但明显小于被突破区域。其实，突破时的成交量并没有固定模式，大于或小于被突破区域，或基本相当。

这和个股主力前期所拥有的筹码仓位（控盘比例）有较大关系。前期建仓吸筹较为充沛的，可能突破时的成交量相对小，股价的突破走势也相对流畅。反之，需要再次大量吸筹的，可能突破时的成交量相对大，股价的突破走势也相对曲折一些。

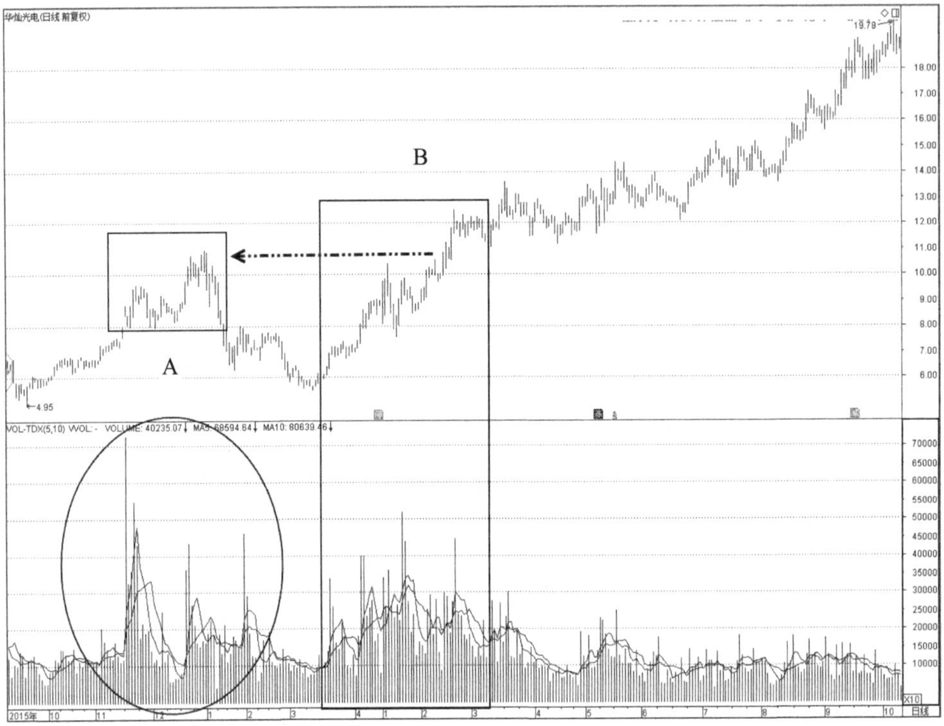

图 2-34

鉴别突破的有效性或者说真假突破，主要是看成交量结束密集成交、出现量能消散形态时股价的表现。

如果个股脱离密集成交后随即转为大幅下跌，则说明在密集成交中主导资金减仓份额较大，对前高的突破可能只是一个诱多陷阱。

如果个股并未大幅下跌，而是如 B 区域之后的走势，则 B 区域的密集成交，无疑是主力再次加仓并趋于稳定，从而提高市场持仓成本的区域。这个突破是真实有效的。

（二）向下突破密集成交区

密集成交之后价格上涨，买入者必然获利，那么当价格又回落到这一区域时，就到了买入者的成本区。这时买入者有 3 种选择，即持仓、加仓、卖出。

如果这个买入者是主导资金或实力强大的其他资金，那么持仓、加仓是主要选择，卖出只能是诱空的手段，而作为成本区的密集成交区域，必然就会体现出强大的支撑作用。

如果密集成交区未能体现出应有的支撑作用，价格出现向下突破的情况，排除诱空的可能性，那就说明这个密集成交区的主要买入者并非主导资金或实力强大的资金，可能只是市场跟风资金。

还有一种情况，即密集成交区出现后股价大幅上涨，经过较长时间的运行，股价才再度回落并向下突破密集成交区，而这时密集成交区的支撑可能已经大幅降低或不复存在。具体原因见下文“历史密集成交区的时效性和心理关口”的内容。

实战中，价格向下突破密集成交区的方式有很多，比如直接以大阴线或连续下跌的形式突破，以横向震荡盘整的形式渐次向下突破，等等。

如图 2–35 所示，A 区域该股出现密集成交，股价回落调整后向上突破 A 区域密集成交，并于 B 区域创出上涨高点。在之后的行情中，股价的数次回落都在 A 区域密集成交区上方得到支撑，并转为上涨。

通常来说，股价在密集成交区得到支撑，势必会转化为重新上涨的动力基础。然而，B 区域之后的走势显示，股价虽数次获得支撑，其上涨高点却不断下降，导致运行重心由此改变运行方向。这种现象值得交易者深思：是否主力正在利用这个所谓的支撑，来回折返以逢高减仓。

C 区域股价向下突破 A 区域的密集成交高位。其实在 C 区域之前，股价的一次变量急速冲高就已经露出不祥之兆。根据变量相关原理，可以判断这里可能引发价格巨变。

在这个案例中，从 B 区域开始到 C 区域，构筑了一个股价运行重心不断下行的下降三角形形态（下降三角形的技术意义可参阅《K 线图核心技术》[①] 一书）。而在 C 区域突破前是以对股价先拉后打、连续急跌的形式展开向下突破，个中诱多伎俩、突然性急速突破综合出现，确实会让交易者

① 《K 线图核心技术》一书已由中国宇航出版社于 2017 年 10 月出版。——编者注

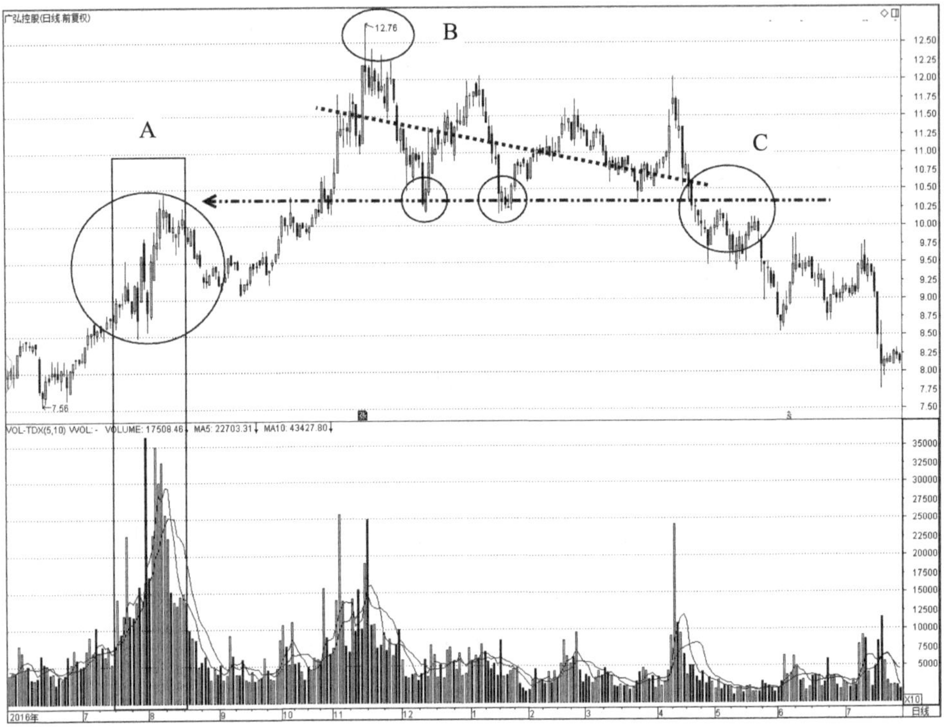

图 2-35

猝不及防、难以招架。

应对类似向下突破密集成交区的案例，当大的形态走出来之后（如 B 区域之后），短线交易者策略上应放弃追涨，非操作不可，可选择急跌低吸。但当 C 区域出现之后，技术上已经非常明确，此时无论是追涨还是低吸都应当放弃，观望也许是最佳选择。

也许有人会说，当 B 处最高点出现后就应该清仓观望。如果从事后的角度看，这一决定无疑是明智的，但当局者迷，难对行情的变化一目了然。就像两个马蹄形的磁铁，谁能确认哪一端具有吸引力或排斥力？只有将磁铁不断靠近，吸引力或排斥力才会渐渐显现。

（三）历史密集成交区的时效性和心理关口

无论是成本区还是筹码套牢区的密集成交，都具有一定的时效性。存在时间越短的密集成交，其具有的原始属性越强烈。比如，具有成本属性的密集成交必然会对价格具有较强支撑，具有筹码套牢属性的密集成交必然会对价格具有较强压制。

如果密集成交缺乏相应的支撑力或压制力，那么不是在判断其原始属性上出现了误差，就是漠视了其存在的时效性。

存在时间越长的密集成交，其具有的原始属性越微弱。前文已讲过，密集成交经过较长时间之后，其本身所具有的支撑或压制作用会大幅降低或不复存在，具体有两个原因。

（1）包括主导资金在内的买入者在股价大幅上涨过程中进行了多次换手，其成本早已不在原先的密集成交区。经过涨势中的折返操作，主导资金的持有成本会大幅低于原先的建仓成本。同时，随着大幅减仓或出货，某些个股主力的成本甚至可以忽略不计。不仅主力或主导资金，操作技术出色的交易者也完全可以做到这一点。

所以存在时间越长的密集成交区，即使当初是真实的成本区，也会在股价运行中失去应有的支撑。

（2）在密集成交中被套牢的筹码会不断寻求逃离机会。随着价格持续下跌，大部分持仓者逐渐失去耐心和希望。部分持仓者会选择不同的反弹点减仓，悲观者则会不计成本清仓。当然，也有部分持仓者会在价格下跌途中选择补仓或急跌做 T+0 的方法来降低成本。

行情经过较长时间运行之后，能够一直持有原密集成交区筹码的只是少数人。多数持仓者在股价下跌过程，或是通过有效操作降低成本，或是操作失误使得成本更高，抑或是早已选择清仓逃离。基于此，存在时间较长的密集成交区，即使当初有大量套牢筹码，也会在股价运行中失去原有的压制作用。

这就是存在时间较长的密集成交区，其具有的支撑或压制作用会大幅降低或不复存在的原因。换句话说，密集成交的时效性发挥了作用。

但在实战中，交易者会发现某些时间相隔久远的密集成交区，对股价的上涨或下跌，起到很重要的支撑或压制作用。这又是为什么呢？

如图 2-36 所示，A 区域出现密集成交高点，时隔 6 年之后，B 区域股价再度临近该密集成交高点，却仍旧受到压制不能突破该高点。其实这种情况和真实存在的套牢筹码压制关系不大，真正对股价上涨起到主要压制作用的是心理关口。

个股或指数历史上所形成的一些重要密集成交高点，会给市场心理造成重大压力。随着这个高点临近，会让压制越来越明显，甚至最终形成又一次重要的价格转折点。

当然，心理关口最终是否会被有效突破，也将佐证行情的级别。止步于心理关口上的行情，多数为个股的炒作行情，而一轮真正的大牛市行情，心理关口有时就是主力借机吸筹或震仓洗盘的区域。

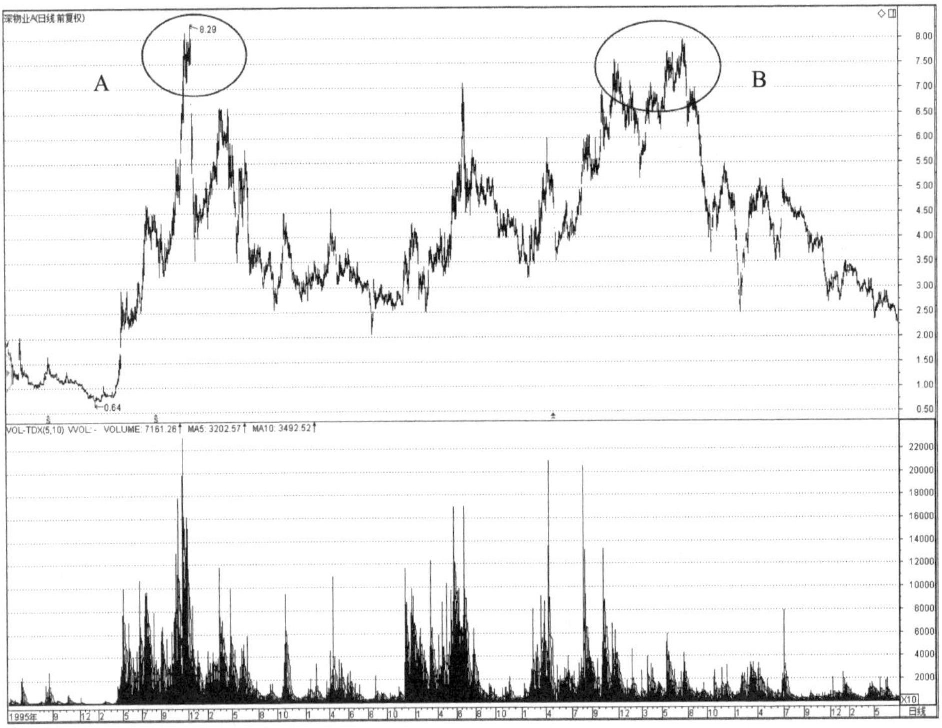

图 2-36

第八章　减仓、挖坑与出货的量能区分

在心理上预测行情就行了，但一定不要轻举妄动，要等待，直到市场证实你的判断是正确信号，到那时且只有到那时，你才能用你的钱进行交易。

——杰西·利弗莫尔

一、减仓的量能变化及实战应对

对于减仓的概念，很多人容易和出货或者清仓相混淆，很有必要在此予以厘清。交易中的减仓是指以降低仓位为目的的卖出操作，而出货或者清仓则是指以清空仓位为目的的卖出操作。

减仓操作是普遍存在的一种交易行为，其主体既包括主导资金或主力，也包括一般交易者以及市场各路资金。一轮行情总是由价格的涨和跌构成，无论是价格上涨阶段还是下跌阶段，总会有人采取减仓操作。

跌势中，持仓者担心价格持续大幅下跌，于是选择降低仓位，以减少亏损面，并期望未来在更低的价格上把减掉的仓位再买回来。涨势中，持仓者在价格急升时降低仓位、兑现盈利，以期降低持仓成本，在价格冲高回落后，可以再度补回仓位。

减仓总会有这样或那样的原因。主导资金或主力减仓的原因有两个：一是诱空式减仓，即减仓打压股价，诱使散单杀跌；二是阶段性减仓，即兑现部分利润，减仓后很少再补回。

实战中，主导资金或主力的减仓行为无所不在。无论实力多么雄厚的资金，在操作个股过程中都不可能只买进而不减仓。大多数时候，减仓是操作个股必要的技术手段。

可以说，个股一轮涨势行情中的阶段性高点，大多数是主力主动减仓造成的，至于减仓所致的短期高点更是不胜枚举。通过不断减仓、震荡、回补、拉升的循环过程，主力的持仓成本才能得以持续降低。

即使对短线交易者来说，也并不是必须对主力所有的减仓行为都做出反应。一是不可能做到，二是很大一部分减仓—回补循环是通过日间分时来完成的，对交易者来说节奏的把握难度很大。

对大多数交易者而言，只需要重点关注可能引发中级或以上级别调整的阶段性减仓行为，因为这种减仓行为导致的后期调整时间与幅度较大，同时这种减仓在成交量上也相对容易辨别。

如图 2-37 所示，该股股价急升后，于 A 点出现一个堪称“天量”的变量形态。学习过变量理论的交易者应该知道，变量的数值越大，其引发价格骤变的可能性越大。果不其然，A 点变量之后股价出现回落调整。

这只是两根相邻 K 线出现变量形态，从其之前和之后的成交量整体上看，只能勉强算得上一个级别较小的密集成交。从该股的技术环境上分析，A 区域处在股价长期大幅下跌之后的回升阶段，变量的出现究竟意味着回升结束，还是趋势发生转化后的一次正常回落调整？

该股技术环境分析显示，A 点的变量数值确实达到了历史天量级别，这是一个值得高度关注的技术数据。

通常来说，股价经过长期大幅下跌后，本身的浮动筹码已经少之又少。很多深度被套的持仓者都抱着“死猪不怕开水烫”的想法来应对股价下跌，大部分人早已不再关注股价的波动，“反正又解不了套”是一种普遍存在的想法。

很难想象这些“残存的”“顽固的”交易者，会在股价回升过程的初期就选择如此集中地抛售手中被深套的筹码。更难以想象的是，普通交易者居然能够抛出 A 点那样的“历史天量”？

当上述假设无法自圆其说时，事实的真相就会显露出来。既然 A 点

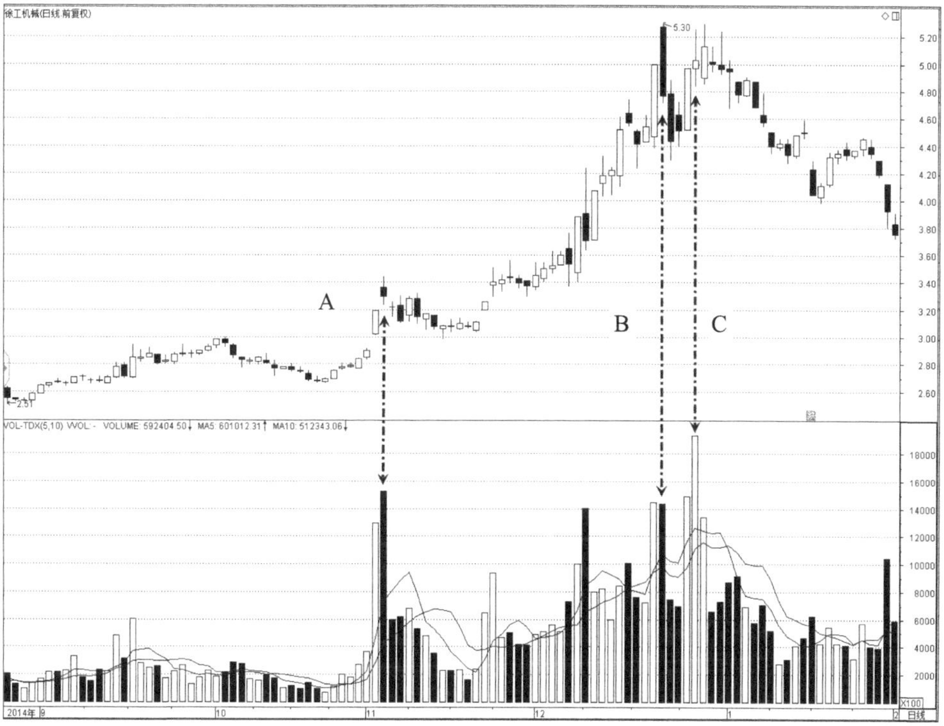

图 2-37

的变量不太可能是普通交易者所为，那么就只能是主导资金等实力资金的作为。如果是主导资金所为，那么这一具有历史天量级别的变量说明了什么？

毫无疑问，当天肯定存在主力减仓行为，否则很难找出谁有能力制造出这么大的成交量。既然是主力减仓，那么又是谁在买？答案还是“主力”。换句话说，A 点的变量就是主力对倒的结果。

图 2-37 中 A 点的具体分析走势如图 2-38 所示，当日成交最为密集和集中的地方就是开盘后 30 分钟内，尤其是开盘高开和上冲，以及之后的急速回落，都有密集的成交量。

开盘后 30 分钟内是主力主要的对倒和减仓点。其实 A 点全天交易的其余时间，成交量基本以常量形态存在，在股价回升时略有放大，这里也是主力回收筹码的地方。

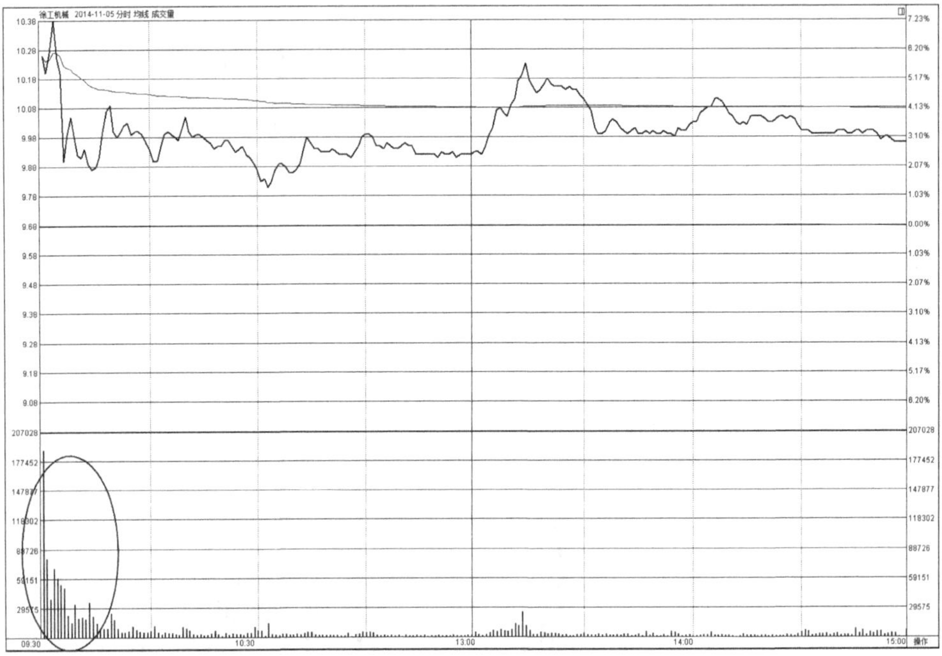

图 2-38

那么主力为何在 A 点制造这么一个“超级变量”呢?

在一轮行情正式启动之初，主力并不希望“闲杂人等”加入进来，而且想把沉淀在里面的一些深套的筹码清理出去。制造一个带有恐慌性的放量高点，无疑会使部分被套的持仓者抛售手中带血的筹码，也会让部分获利的短线跟风资金尽快离场。

如图 2-37 所示，A 点后股价并未因历史天量级别的变量而大幅下跌，仅是维持了一个跌幅相对较小的回落，这也说明当前股价的下跌只是趋势转折后的正常回落调整。该点就是一个标准的诱空式减仓。

A 点主力的减仓是为了制造恐慌，图形上很吓人，实质上却是雷声大、雨点小。主力的一些引发股价出现较大级别回落的减仓，则与此相反，图形上并不过于恐怖，却让人在不知不觉间中招。

如图 2-37 所示，B 点的空头侵入线和接近历史天量的成交刚刚让人觉得有点儿高处不胜寒，股价随即再度回升，C 点成交量刷新天量。这种走势最容易让交易者麻痹大意，并形成“下跌不可怕，很快又会涨回来”的惯性思维，对股价真正开始的下跌防范不足。

B 点的大阴线和变量无疑是主力大幅减仓的结果，但在行情火热的环境中并不会给予市场危机来临的印象，而且股价的回升会让人很快遗忘掉这根大阴线。

C 点，主力减仓的隐蔽性较高。成交创出新天量和股价当日涨幅明显背离，但因为当天股价仍旧收涨，所以也很少有人会在意有什么特别或不同。

通过 B 点和 C 点的一连串操作，主力阶段性减仓的任务应该说完成得很完美。在判断主力的这种减仓行为时，除了关注上述细节，其实变量或密集成交的一些技术特质也会提供给交易者不少警示信号。

二、挖坑、填坑的量能变化及实战应对

股票上涨过程中，在股价运行的各个阶段，主力出于不同需要会通过减仓来打压股价。当股价回落到其希望达到的幅度时，主力便会重新拉升股价。股价形成的这种跌落—涨升形态通常被称为挖坑和填坑，如图 2-39 所示。

（一）挖坑

挖坑是主力诱空式减仓所致。虽然是诱空式减仓，但在个股不同的技术环境中以及不同主力的操作方式、仓位配置上，会有截然不同的下跌幅度和持续时间。也就是说，主力基于不同的需求，可能挖个深坑，也可能挖个浅坑。

实战中，某些个股从挖坑到填坑耗时较长、幅度较大，基本属于一波次级回落调整。但也有的个股用时极短，三五天的时间完成下跌挖坑，随后就进入填坑回升。挖坑的幅度和耗时并不一定成正比。

虽然挖坑属于主力诱空式减仓，但在实战中出现时也会对交易者的心理造成极大的冲击和压力。当密集的大卖单疯狂打压股价时，当大阴线兜

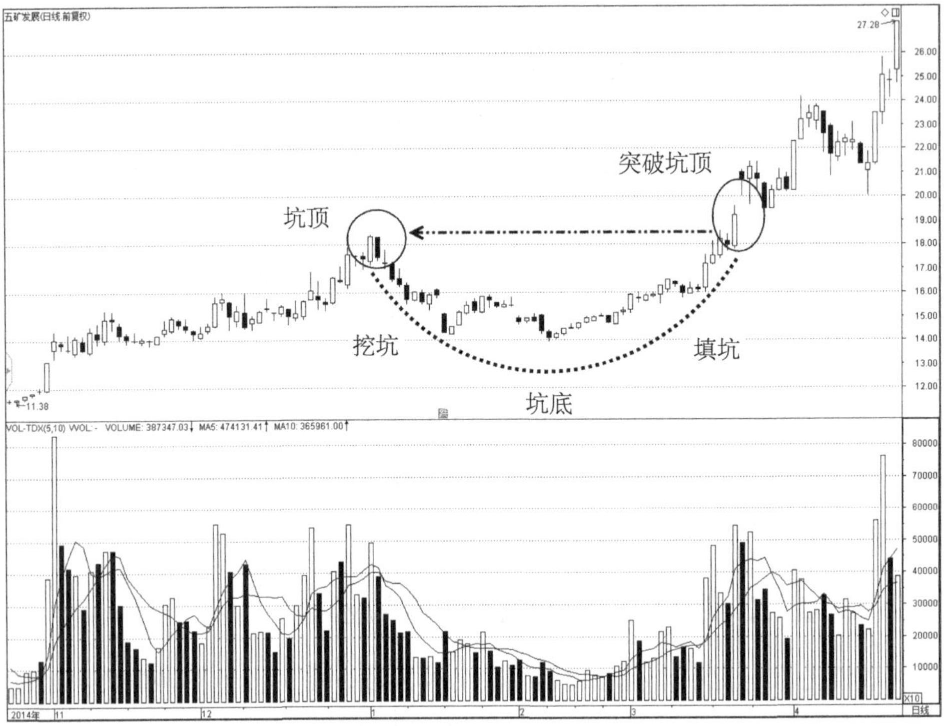

图 2-39

头而下时，无不让人心惊胆颤。

当这一切发生时，很多交易者并不认为主力在挖坑，会认为主力已出货，或其他能够想象的和恐慌有关的事件。随着时间的推移，当股价回升填坑并继续飙升时，交易者才发现自己的筹码在坑底低卖了。

实战中如何识别挖坑呢？

（1）从技术环境分析入手，挖坑是指出现在上涨趋势中的价格回落调整形式（趋势转折区域出现的为散兵坑，这个概念也属挖坑的一种，后面的篇章会讲到），其会在上涨趋势的多个阶段出现，直至出货阶段。

不少交易者经历过涨势中多次挖坑后，当出货阶段来临时，仍会将其视为挖坑，致使辛苦获取的盈利大幅缩水。所以在长期大幅上涨过后的价格高位，一旦出现价格滑跌，就要高度警惕，莫要被涨势中形成的惯性思维所误。

（2）涨势中的横向震荡盘整阶段会反复出现价格折返情况。其实每次折返都跟挖坑接近，但若判定为主力在挖坑或采用挖坑、填坑技术，则很可能造成短线损失。如图 2–40 所示，A 区域股价在横向震荡盘整阶段多次出现类似于挖坑、填坑的形态。

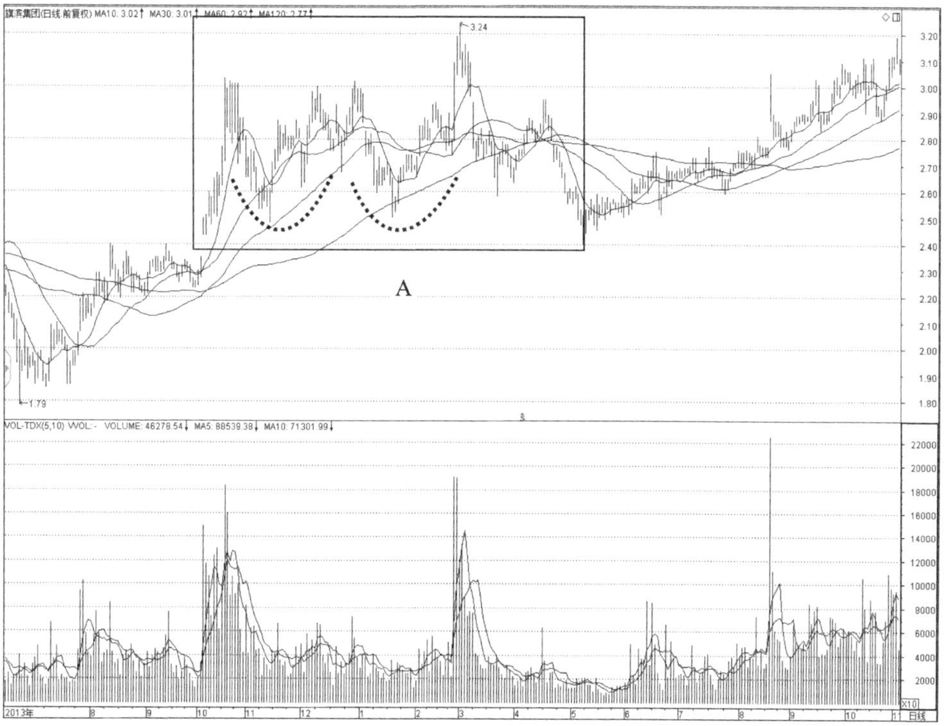

图 2–40

采用箱形理论等方法判断股价的横向震荡盘整，更能相对准确地把握价格的波动趋向。箱形理论的具体内容可参阅《K 线图核心技术》一书。

可能有短线交易者心存疑问：在横向震荡的第一次折返中，如果误以为是挖坑而介入，那么该怎么办？如果你是短线交易者，那么短线就是短线！错误就需要纠正！至于损失，那是不可避免的，就像做生意总是需要成本一样。

（3）进入挖坑阶段之前，成交量形态会出现相应的变化，交易者可以根据相关形态的意义以及转化循环来分析确认。

聚量和量能消散之间的转化如图 2-41 所示，这种相对简单的转化模式显示的是资金借机吸筹并稳步推进股价上升的过程。

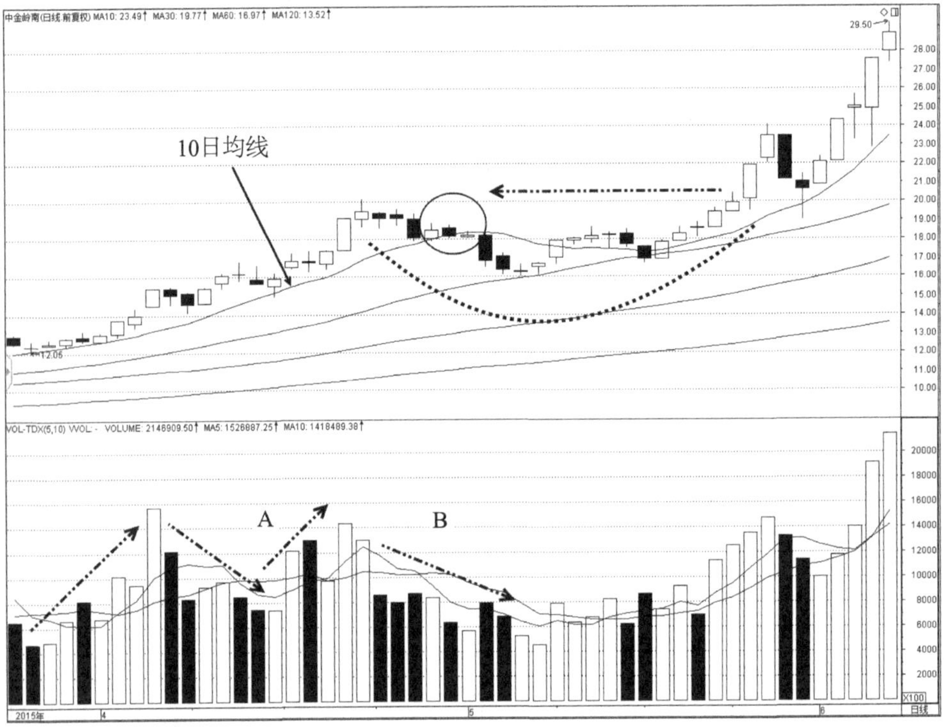

图 2-41

这种类型的挖坑相对较为平缓，对短线交易者来说并不容易寻找交易点，而对波段和中线交易者来说，目前最好的选择就是耐心持仓。

B 区域股价打破平稳上行的节奏，首次跌破 10 日均线，意味着坑顶出现、挖坑开始。价格依附某条均线长时间上行，当有效跌破这条均线时，之前的运行节奏将会就此改变。B 区域的成交量也从 A 区域的聚量形态转换到量能消散形态。

挖坑并不都像图 2-41 中这样相对平缓，如图 2-42 所示，该股挖坑以连续阴线下跌的方式展开，而且坑底触及 120 日均线，这个凶悍的挖坑过程对持仓者来说绝对是一种煎熬。

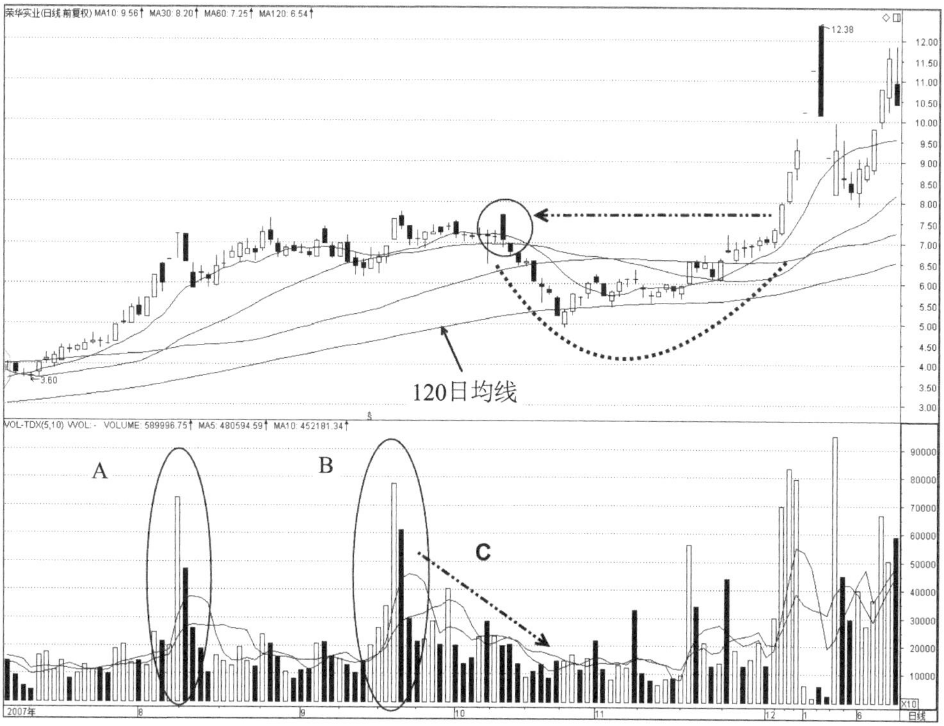

图 2-42

图 2-42 中的坑顶相对容易发现，比如 A 区域和 B 区域出现变量，比较明显地提示出股价面临调整的窘境。C 区域量能消散出现，股价横向震荡，上涨乏力的态势已经非常明显。短线交易者相对容易感受到危险来临的气息。

图 2-41 和图 2-42 之所以出现不同类型的挖坑，源自个股不同的技术环境。图 2-41 中该股时值牛市行情，受到资金追捧，所以股价回落后便有资金闻风而来积极进场。这就使得该股很难出现像图 2-42 中股价深调 120 日均线的情况。图 2-42 中的股价挖坑受到大盘下跌的影响，所以跌势较猛。可谓是被动式挖深坑。

无论哪种类型的挖坑，当量能消散形态结束缩减，进入常量或再次进入到聚量形态，同时股价开始有效收复均线关口时，则意味着填坑上升可能已经开始。

（二）填坑

主导资金减仓挖坑结束后，就到了填坑回升阶段。填坑回升的方式较多，比如有的个股会以大阳线迅猛拉升的方式填坑，采用这种方式的相对较为少见。还有的个股在坑底多以实体较小的K线、辅以渐次增加的量能开始填坑，这是最为常见的一种方式，如图2-41和图2-42的填坑阶段。

填坑过程会为交易者提供极佳的介入良机，而对挖坑并未明显结束就突然以大阳线迅猛拉升的方式进行填坑的个股，交易者只能选择追涨的介入方式。这种拉升类型的个股要求交易者对量价关系有较深的理解，否则一旦遭遇主力诱多式的虚假突破，短线损失可能较为惨重。

上述另一种最常见的填坑方式比较适合大多数交易者操作。在填坑的不同阶段，交易者可以选择低吸以及追涨的介入方式予以应对。

当股价结束下跌，量能不再缩减，随之进入股价回升、量能转化到常量或再次进入聚量形态时，意味着填坑开始，此时交易者可以选择低吸介入的方式。

在填坑过程中，当股价回升至坑顶位置附近时，大部分个股都会出现加速上升的情况，也包括虚假突破的个股。个股能否有效突破坑顶是一个极为关键的技术点，因为这将决定该股是继续升势，还是就此转入下跌趋向或趋势。

股价有效突破坑顶，一方面说明坑底的杀跌资金已经失去低价回补的机会，另一方面说明既然能够解放坑顶的套牢筹码，主力必然不会就此偃旗息鼓，这就是突破坑顶的技术含义。突破坑顶应以收盘价为基准，而不采用以上影线等形式出现的最高价。

1. 突破坑顶的方式

股价填坑过坑顶时，多会加速上升，因此此时的K线多为放量阳线，当然也存在其他形式的填坑回升，但坑顶放量阳线在实战中比较常见。

（1）大阳突破。

强势状态下的填坑长阳，既有突破涨停板的类型，也有一般性的大阳线。

实战中并不要求必须是涨停板，一般性的大阳线也可以，如图 2-39、图 2-41 和图 2-42 所示突破坑顶的情况。

（2）震荡盘整突破。

实战中并不是所有个股都会选择上述案例中直接强势突破坑顶的方式，基于个股不同的技术环境，还会出现其他突破方式。如图 2-43 所示，该股挖坑结束后，填坑过程中以股价震荡盘整的方式最终向上突破坑顶（A 区域）。

这种类型的突破颇为复杂多变，股价走势也多以折返形式展开，股价在突破成功—不成功之间徘徊，会让交易者在分析判断上举棋不定。选择这种走势的主导资金，一是为了尽可能在拉升之前吸足筹码，二是以清洗浮筹或提升跟风成本为目的。

见图 2-43，虽然股价表现飘忽不定，但从成交量上可以看出：其早在

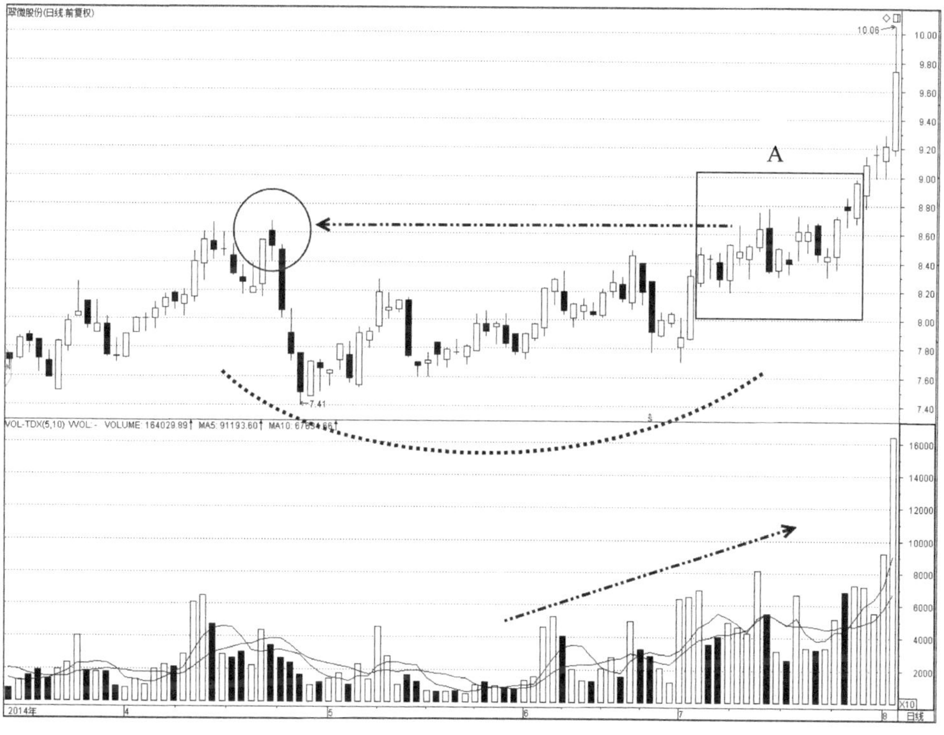

图 2-43

坑底就已经形成聚量攻击形态，并随着股价的震荡不断增强。这个技术点就暴露出了主导资金的潜在意图。

（3）跳空突破。

当主力需要快速拉升股价完成填坑回升时，有时会因技术压制等原因，或受制于幅度限制，即便采用涨停板也不能完全突破坑顶。但这类个股因内在上涨动能十分充沛，次日往往会跳空高开，留下一个向上的跳空缺口。

如图 2-44 所示，A 点该股收大阳线并留有上影线，其当日量能已经脱离之前的常量形态，显示盘中一度强冲坑顶，但未获成功。次日，该股跳空高开，强势突破坑顶。

对于大阳线未能突破坑顶的个股，交易者可密切关注次日开盘的情况，若低开或平开，则有可能走震荡盘整突破或再度大阳线突破的路子。若跳空高开并不回补缺口，同时成交未明显大幅缩量或激增至天量、巨量，则

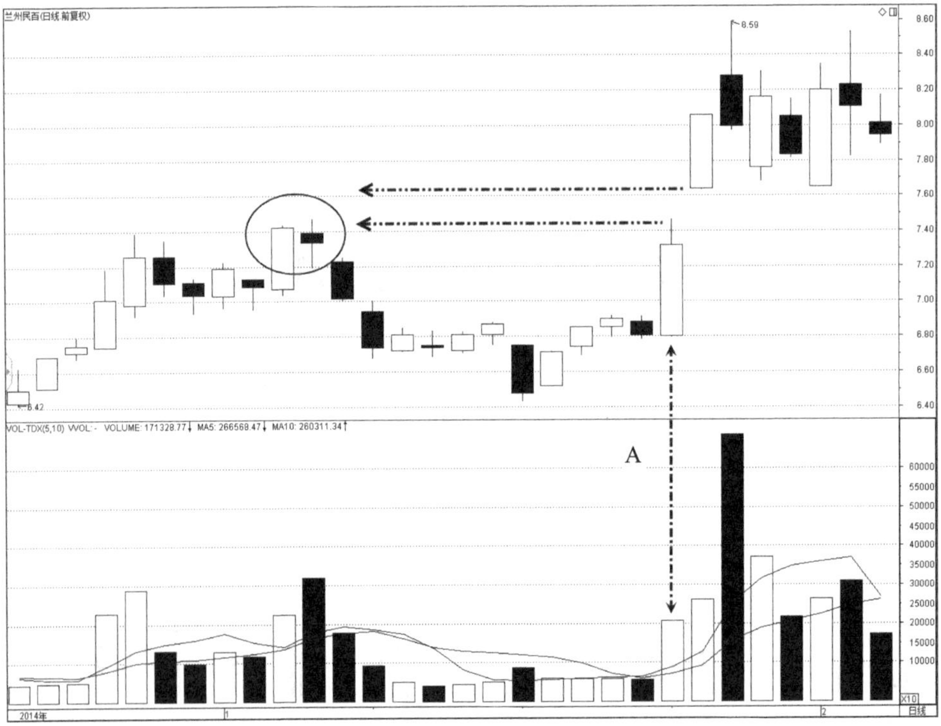

图 2-44

至少存在短线介入的机会。在之后的交易日，强势个股短期不会回补缺口，而是直接进入拉升。一般个股则会选择回补缺口，也借机确认突破的有效性，随后再转入上升。

2. 填坑的量能条件

填坑过程中的量能，比较理想的是温和放大的形式，比如呈聚量形态。在这个过程中不能出现巨量或历史天量，巨量或历史天量这种量能极端形式的出现极有可能导致填坑失败。

从根本上说，挖坑是股价的一种良性回落调整，和出货、清仓等有着本质区别。主力挖坑的过程，也是让坑顶的套牢盘逐步杀跌离场的过程。

随着挖坑开始出现的量能消散形态结束，套牢盘抛售告一段落。而主力接下来的填坑回升根本不需要过大的量能，因为多数的套牢盘压力早已消化在下跌挖坑途中。

从这个意义上说，填坑过程中如果出现过大成交量，那么就极有可能存在主力对倒减仓的行为，这个位置上的减仓可能导致填坑过程的失败。

还有一种情况就是主力发现挖坑的效果并不理想，坑顶仍旧存在较多的筹码并未出逃。如果是这样，则主力必会继续震荡，甚至有的个股主力会不辞劳苦地再次挖坑。

如图 2–45 所示，该股于 A 区域挖坑、震荡，B 区域出现变量拉升的大阳线，但是股价不能成功突破坑顶，成交量也未持续增加，显示坑顶仍旧存在较大压制。

B 区域之后，股价再次回落，形成一个二次挖坑形态，之后股价才在聚量形态下真正突破坑顶展开上升。

3. 填坑确认

当挖坑—填坑—突破坑顶的整个过程基本完毕时，大多数个股会出现一个向下的回落。这个填坑后的回落过程，在技术上又被称为填坑确认。

从技术角度来说，突破之后的回抽确认是测试被突破的技术关口是否具有支撑作用的过程。

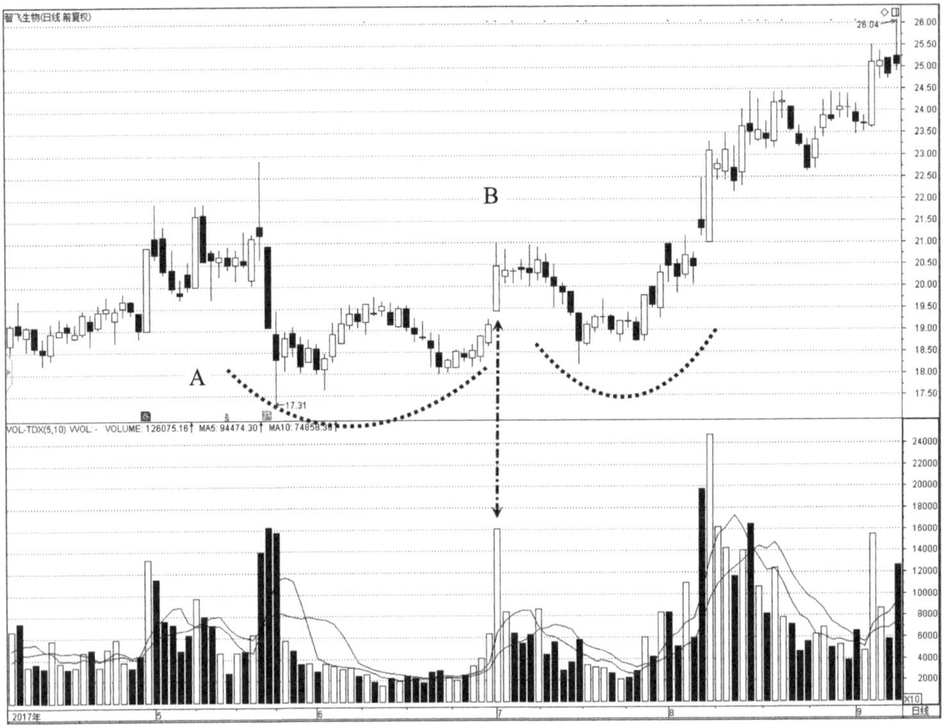

图 2-45

从主力运作的角度来说，这个回抽确认的回落能够对填坑过程中跟风进场的资金起到一定的清理作用，同时也对刚经过挖坑折磨的、坑顶之上曾经被套牢的筹码进行恐吓：再不卖，又要下跌了！

如图 2-46 所示，该股突破坑顶后，股价在 A 区域回落，但在坑顶上方明显得到支撑。A 区域的成交量呈新常量形态，说明在突破坑顶的变量出现后，虽然大幅萎缩，但相比坑底的常量是大幅提高。这也显示出了盘中主导资金开始活跃，并借助震荡吸纳和夯实筹码的过程。

通常来说，确认过程中成交量保持温和缩量，而确认结束后股价上涨时成交量温和增加，这是填坑确认中较佳的量价契合形式。

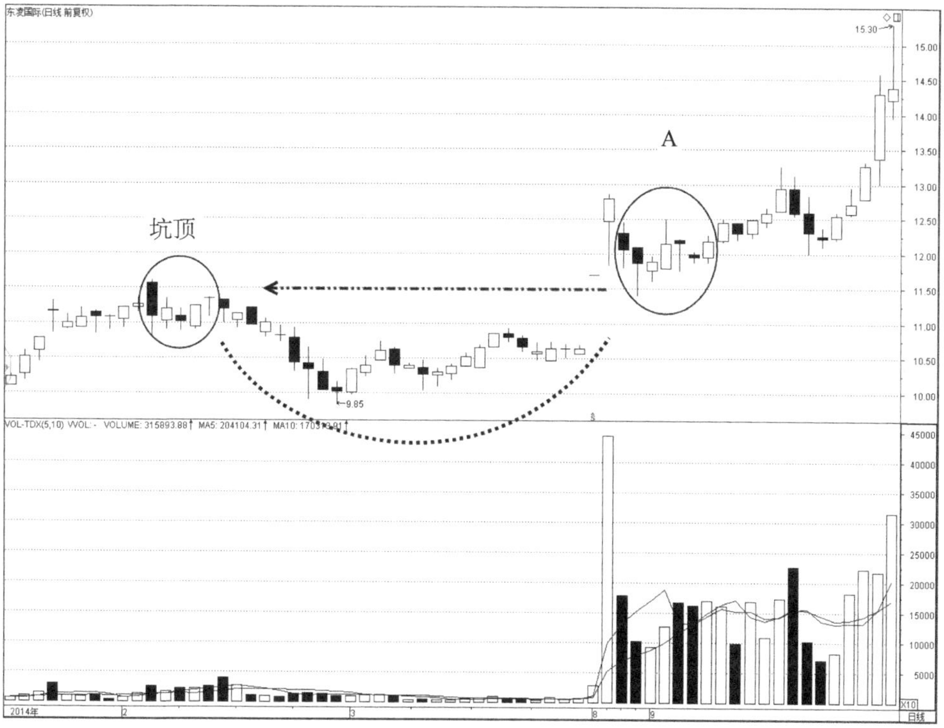

图 2-46

三、出货的技术辨析及量能变化

出货是主导资金完成操作、兑现利润的过程。当然，不排除某些主导资金并无利润、以亏损离场的可能性。毕竟迫于局势认赔出局并不是散户的专利。

有可能的话，谁都不想放弃获得最大利润，但是追求最大利润和能拿到最大利润完全是两回事儿。追求最大利润就像是梦想，而拿到最大利润则是运气。

梦想和运气之间，有时千沟万壑，有时完美统一。追求最大利润，谁都可以去尝试，而能拿到最大利润，即使是主力等大资金，也需要幸运女神的眷顾。

更多的情况下，主力资金需要“丢卒保车”来完成整个操作计划，最大利润在现实中并不存在，最佳利润是唯一的、最理智的选择。

（一）出货的条件

主力或主导资金等大资金出货的过程并不像散户那么容易和简单。主力出货需要一些必要条件，这些条件一旦具备，就需要小心主力随时开始出货。

1. 技术环境

经过长期大幅涨升后，市场具有极高的人气，此时极为利于主力顺利出货。主力出货往往领先于市场其他资金，因其仓位重、控盘程度深，其一举一动大多会直接导致股价大幅波动，所以不提前布局出货，到了大势露出明显疲态时，就很难全身而退。

一些仓位较为适中的主导资金，对大盘趋势也很敏感，一旦发现大盘有走弱迹象，会在第一时间完成出货。这部分资金的出货会对股价造成极大影响。

对实力一般的主导资金来说，一旦领涨的龙头个股主力有出货迹象，其也会跟风出货。所以市场上经常见到这种情况：某板块个股集体上涨，当领涨股开始出现滞涨和下跌时，其他个股就跟着纷纷下跌，甚至跌幅和跌速都超过领涨股。

2. 盈利幅度

一般来说，主力建仓之前都已经做好整个运作计划，包括确定个股的目标价位。在实际操作中，主力会根据大盘形势的发展情况，对个股的目标价位做出微调。比如，原定个股涨幅是其成本价的 100%，但是大盘出现超强走势，主力则会根据实际情况顺延获利幅度和持有时间。

对短炒波段行情的主导资金来说，在大行情趋势不是很理想的前提下，个股涨幅能达到 20% 以上时，也会选择出货。

（二）出货的手法

当主力运作的品种经过大幅上涨，已经接近或超过自己的目标位后，通常会按照既定方针布局出货。为了达到这一目标，主力会运用各种手法，得以成功兑现最佳利润。

1. 盘口和 K 线图

为了不被市场察觉，确保顺利出货，必然需要保证股价相对稳定。为此，交易者常以小单的方式出货，几乎所有的炒股软件都不会把这种小单统计成主力出货。同时，很少以主动性大卖单的方式进行，而是在买卖盘的挂单上做学问，比如异常撤单、上压单、下托单或采取隐性买卖盘等方法，悄无声息地逐步降低仓位（盘口以及分时图具体内容请参阅《盘口分时图核心技术》一书）。

主力还会利用股价高开甚至涨停板开盘的方式出货。个股高开后迅速低走，巨大的买盘挂单短时间内就会被完全吞噬。如图 2-47 所示，该股股价 A 点当日高开并一度封上涨停板，但不久就被巨量抛单打开，最终当日以高开大阴线报收。如果股价在高位区域出现这种情况，即便不是最终的顶部高点，也是一个级别较大的阶段性高点。另外，主力也会利用跌停板方式出货，主要针对拣便宜货、抢反弹的短线交易者。

主力的出货阶段并不像其他主导资金那样短时间内就可以完成，而是需要通过不断营造骗线、诱多陷阱等一步步地减仓，最终达到出货目的。这种意义上的减仓已经和前面讲的减仓性质完全不同。

利用 K 线图、均线系统或技术指标来制造骗线、诱多陷阱也是主力出货的常规手法。如图 2-48 所示，如果交易者仅仅依据 KDJ 指标传统理论中的交叉规则，即出现向上或向下交叉来决定交易行为，那么可以说不但无法获利，还会惨遭套牢。

A 区域 KDJ 指标出现向下交叉，股价随之回落调整。短线交易者在 A 区域选择卖出后，股价确实下跌，但很快就止跌。

B 区域股价反弹，KDJ 指标向上交叉。短线交易者如依据传统理论中的交叉规则买入，会发现股价反弹的幅度极其有限，若是追高买入，可能连手续费都不够。这时介入的交易者已经被套，但鉴于股价仍旧横向震荡、KDJ 指标并未向下交叉，交易者仍旧心存侥幸。

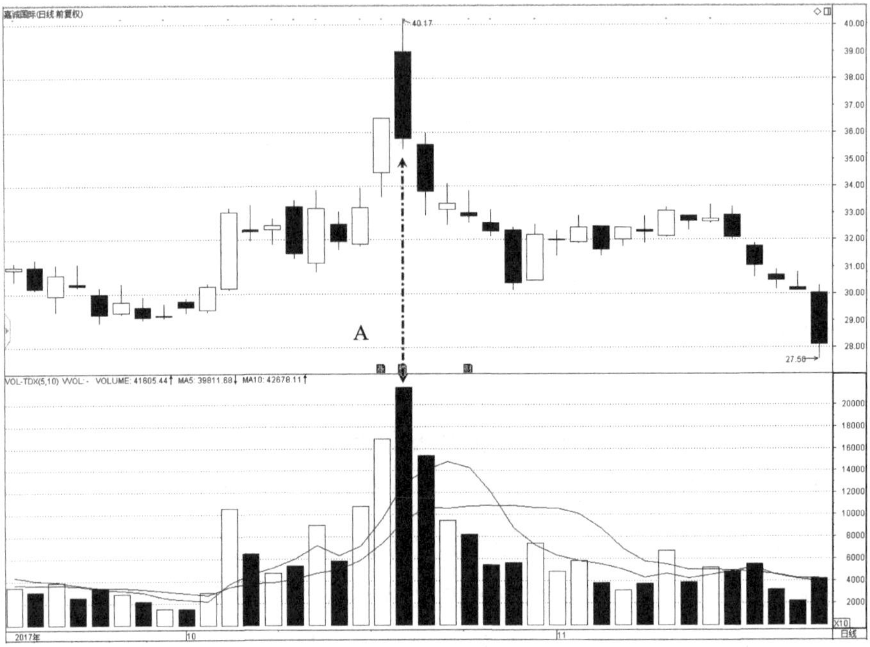
嘉诚国际(日线 前复权)
40.17
A
VOL-TDX(5,10) VVOL: - VOLUME: 41605.44↑ MA5: 39811.68↓ MA10: 42678.11↑
27.58
2017年
10
11
X10
日线

图 2-47

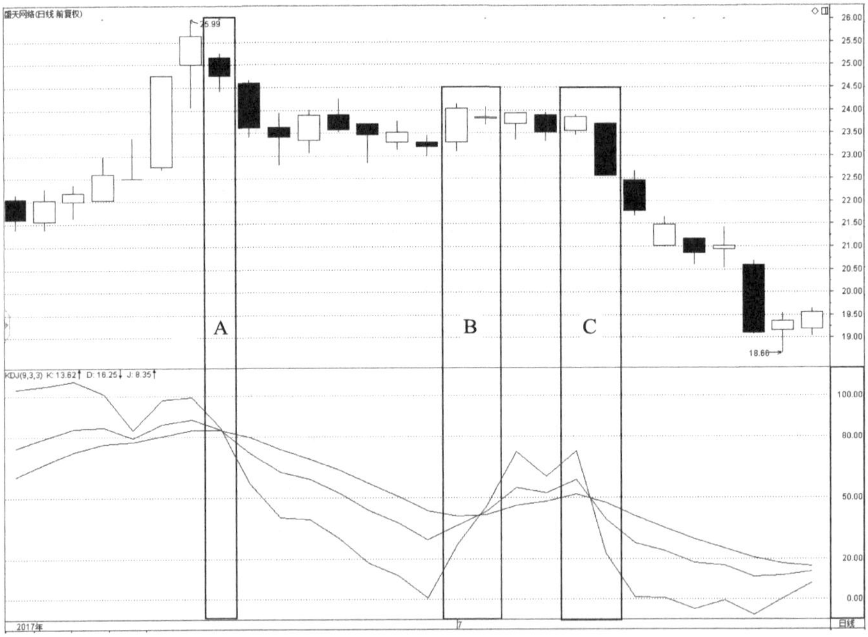
盛天网络(日线 前复权)
25.99
A
B
C
18.66
KDJ(9,3,3) K: 13.62↑ D: 16.25↓ J: 8.35↑
2017年
7
日线

图 2-48

C 区域股价再次下跌，而 KDJ 指标也又一次出现向下交叉。此时，被套的交易者已经明白，B 区域的“金叉”就是一个骗线，但为时已晚。关于技术指标的实战应用以及防骗线等技术，请参阅《玩转技术指标：九种技术指标精讲》[①] 一书。

2. 除权缺口

利用股价除权来布局出货，是一种极为隐蔽的出货手法。主力拉高股价后，虽然获利丰厚，但高耸的价位往往令人望而却步。通过高比例送配后的大幅除权，会使原先的高价股变身为中低价股，而中低价股在中小交易者中一向颇受青睐，也为主力之后的出货打下了人气基础。

市场上总有一些超级黑马，时常会上演除权后迅速填权，其反复的大幅上涨、激动人心的飙升行情在市场上起到了示范作用。榜样的力量是无穷的，很多心怀出货念头的主力也会照猫画虎，除权后做出要填权的假象，以掩盖其出货的真实目的。

主力利用除权出货有两种形式。

（1）填满权后完成出货。

这种情况一般出现在超大牛市行情中，主力在个股除权后的填权过程中，利用蜂拥而来的资金，四两拨千斤、借力打力边拉边出，当该股填满除权缺口时，主力已经胜利大逃亡，再度大幅上涨的动力也就不复存在。

当然，这类个股并不一定随着主力的出逃马上大跌，一般还会在跟风资金的推动下继续小幅爬高或出现横盘走势。

（2）填权途中完成出货。

对实力一般的主力来说，限于自身资金实力的缺憾，填满权同时完成出货的方式存在一定风险。而采取填权为表、出货为里的手法，虽然最终的获利幅度稍有欠缺，但较为稳妥。

如图 2–49 所示，该股除权后股价出现一波上涨行情，似有填权的势头，

① 《玩转技术指标：九种技术指标精讲》一书已由中国宇航出版社于 2016 年 1 月出版。——编者注

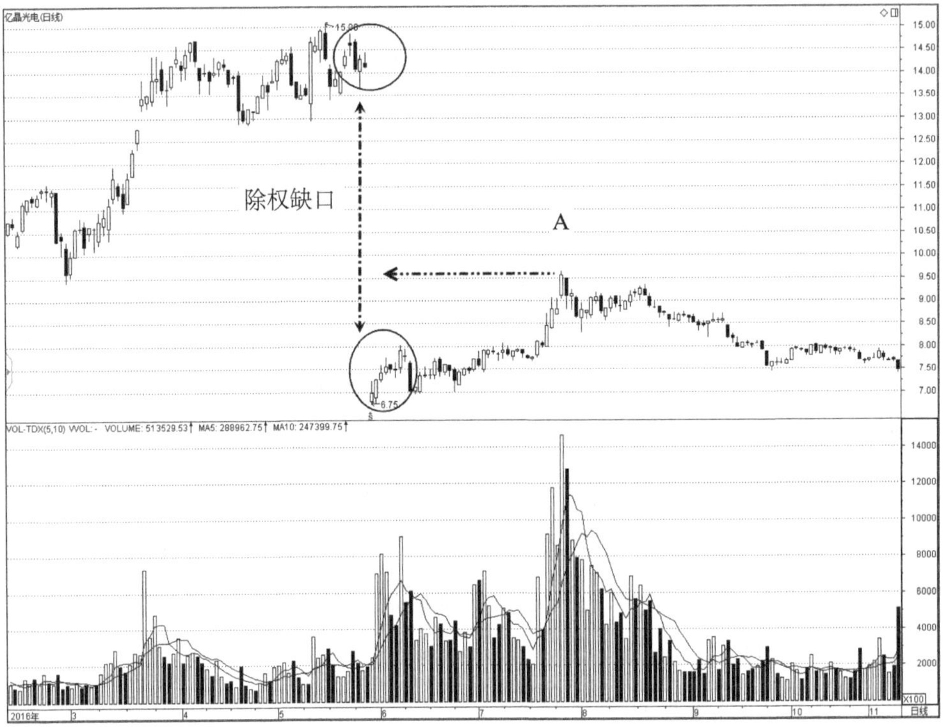

图 2-49

但股价在 A 区域放出巨量后，最终还是发生转折并进入下跌过程。

参与除权类股票的炒作有一定难度，主要原因是这类股票的主力意图难以把握，不可幻想主力可能会填权就盲目买入。同时也要分析大势情况，如果行情大趋势存在不确定性，主力是否填权也会受到影响。

（三）出货量能变化

股价经历长期大幅上涨后，在高位区域震荡，具体的 K 线形态多为带上下影小阳、小阴、十字线等，但成交一直保持在较高水平的常量上，或者是巨量、天量级别的变量形态，股价呈大阴、大阳的 K 线形态。这些都是较典型的主力出货量价态势。

在大盘涨势火热时，蜂拥而来的资金会毫无顾忌地追逐热门个股，于是个股呈现出连续放量、换手率高企的情况。对获利较为丰厚的主力来说，不利用这种高换手、大成交量的局面全面出货或阶段性减仓，简直是暴殄天物。

在股价暴涨后，对连续放量与高换手率的股票要特别小心，这种股票具备主力出货的条件，是否继续上涨存在未知因素。对成交量创出历史天量的个股，更需高度警惕。

一些控盘程度较高的主力，在K线图上使个股保持较佳技术形态，然后在拉升时通过对敲营造价升量涨的假象，吸引短线客追涨，这样就能在较高价位得以出货。如果主力较有耐心，通过反复拉高可以出掉很多仓位。

如图2-50所示，A区域K线保持较为连贯的上涨态势，同时成交量也渐渐增大，似乎符合量价齐升形态，但A区域之后股价立即转入下跌，量能也迅速萎缩。

其实，仔细分析A区域K线和量能的契合情况可以发现：K线多带有

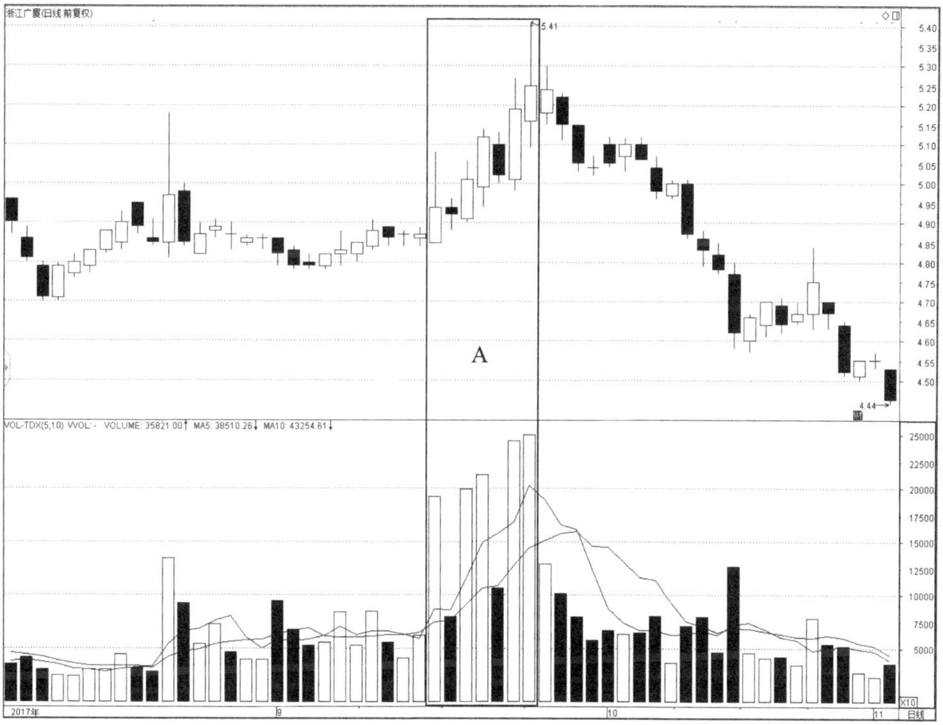

图2-50

上影线，看上去多根阳线并不小，因为多是低开高走形成的阳线，其实每根 K 线当日涨幅并不大。

比如，A 区域最高点那根阳 K 线，其当日分时走势如图 2–51 所示，当日股价上涨过程从最低点算起也不过就持续 30 分钟左右，之后的大部分时间都处于回落状态。

以 K 线虚拉、成交增量的表象来释放连续上涨的迷雾，并掩盖了大成交量和小涨幅之间的背离关系，这是主导资金借助拉升暗自出货的案例之一。

其实，大多数主导资金出货的形态都脱不开前面所讲的变量、聚量等成交量形态。当价格的涨幅和量能相背离，并且这种背离关系存在一段时间后，那么基本可以确认有资金在逃逸。至于资金的逃逸是减仓还是出货，就要通过分析技术环境来界定。

图 2–51

如图 2-52 所示，A 区域为该股股价发生趋势转折之后第一次密集成交的过程，这个密集成交最高值达到该股历史天量级别。在上涨趋势初中期出现的密集成交多是主力吸筹建仓行为所致，还有的则是主力为降低成本进行折返或洗筹的结果。

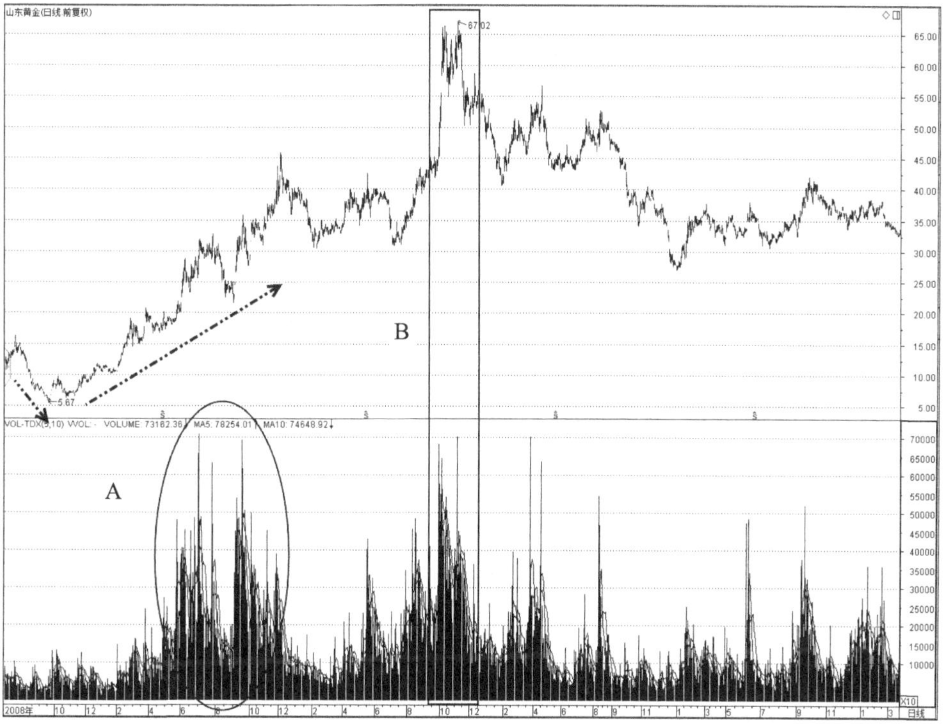

图 2-52

A 区域的密集成交只要未引起股价运行重心方向上的改变，不论股价如何震荡，作为波段或中长线交易者则不必过于关注，短线交易者可依据自身技术水平选择高抛低吸。

当行情运行到 B 区域时，技术环境已经处于所谓的长期大幅上涨之后的阶段，这个阶段的密集成交是需要所有交易者高度警惕的。B 区域的密集成交已经和 A 区域的最高值相差无几，这个现象就预示着高度危险的到来。

高度控盘且有耐心、有章法的主力，其建仓和出货的量能都没有明显的密集成交区，也很难被发现，因为其建仓有一个长期、缓慢吸筹的过程，出货也是如此。但高度控盘的主力毕竟是少数，大多数主导资金或主力都是“粗犷型”的，没有那么多时间用于水磨功夫上，所以其建仓和出货都会出现明显的密集成交区。

就如A区域的密集成交，即使不是主力的主要建仓点，也是降低成本、补足仓位的重要折返点。之后经过大幅上涨在B区域价格高位，天量级别的密集成交再次出现。

如果B区域的密集成交不是主力出货，那么还有其他更为合理的解释吗？难道是主力再一次降低成本、补足仓位的重要折返点？

如果这样判断的话，那么接下来股价的急速下跌会让你重新审视自己的结论。很多交易者都有这样的认知，尤其是处在涨势如潮的牛市中，思维的惯性会导致盈利大幅缩水。

实战中，当个股出现类似案例中的情况，可以做一个简单的问答：假设A区域天量级别的密集成交体量是买进筹码，那么B区域再度达到天量级别的密集成交，若假定为买进筹码的话，那么是谁在卖出？其实最合理、最简单的解释就是，A区域密集成交的筹码在B区域兑换成资金，同样的量能只不过从筹码转换为资金而已。

还有更多的出货类型，不会像上述案例这样相对容易辨别，甚至有些个股根本无迹可寻。比如，交易者分析某股的技术图形显示，股价应有一波上涨行情，但股价始终徘徊不前。如果这个阶段的成交量已经从聚量、变量转化为量能消散，那么交易者就需要警惕“该涨不涨，必然下跌”的谚语可能将要应验。

第九章　建仓、反弹与趋势性上涨的量能区分

钱袋会变、投机者会变、股票会变，但华尔街永不改变，因为人性永不改变。

——杰西·利弗莫尔

一、建仓的量能变化及实战应对

主力建仓的方式是多种多样的。某些图谋远大的主力资金的建仓过程是一个长期、缓慢吸筹的过程，这个过程比的是耐心和实力，一般交易者很难忍受长时间的价格折返和幅度较大的浮亏。

如图 2-53 所示，A 区域多个由变量构成的密集成交都出现在股价跌势中和震荡盘整阶段。很少有人能够承受住这种折磨，而当 B 区域的密集成交出现时，涨势已经非常明确。

正因为有 A 区域这么一个“卧薪尝胆”的过程，主力才最终能够达到高度控盘的目标。高度控盘个股，其开始建仓的量能通常不会在涨势中形成明显的密集成交区，所以很难被粗心的交易者发现。当涨势中的密集成交出现时，基本可以肯定建仓已经初具规模。

但是，A 区域这个建仓筑底区域仅适合中长线交易者耐心潜伏，并不适合短线交易者低吸，否则其多番的折返走势势必会让短线交易者首鼠两端，难以讨到好处。

并不是所有个股的建仓阶段都这么难以辨别，多数个股的建仓阶段还是有迹可循的，通常能够看到相对密集的成交区。

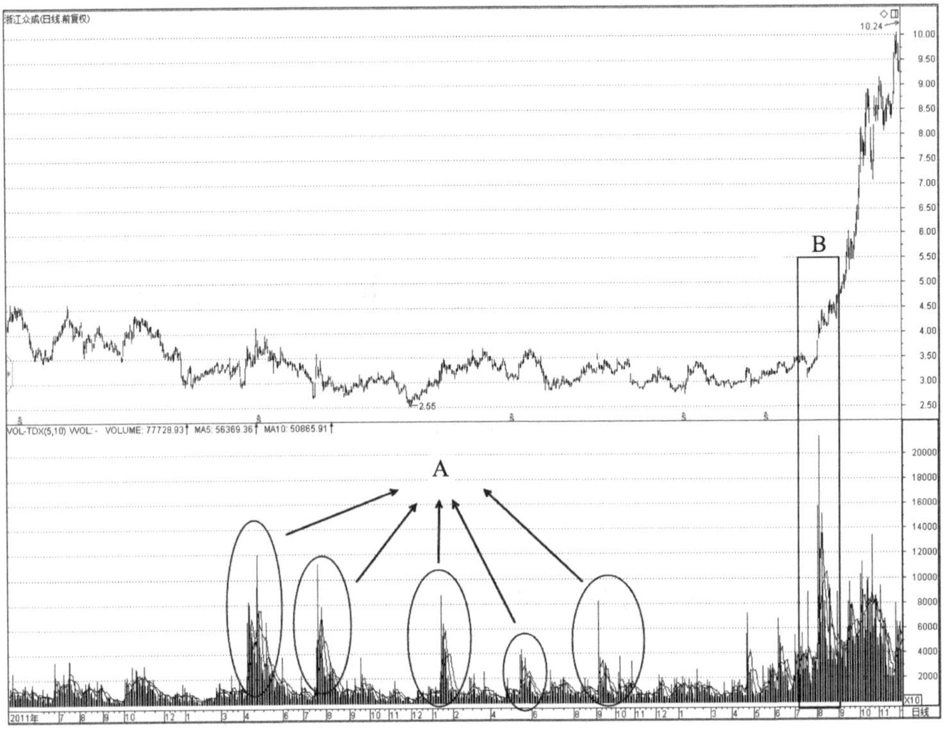

图 2-53

主力资金很清楚躲不过市场技术派的眼睛，所以其不会试图隐藏“成本在哪儿”这个问题，而是通过大量的、不同级别的折返来降低成本，使成本动态化，以进一步混淆视听，促使技术派不断碰壁。

如图 2-54 所示，图中每一次密集成交出现后，都伴随着股价一次不同幅度的回落调整。每一次回落的幅度、速度、方式都不同，也必然会使参与其中的短线交易者备受折磨。

主力资金之所以如此青睐折返，有 3 个原因：一是可以借机降低成本；二是可以将股价上方套牢的压力盘尽可能多地吸引下来，以减少未来拉升的阻力；三是可以将获利筹码清洗掉，并提升市场介入者的成本线。

主力资金在吸筹建仓阶段很难把成本控制在一定价位。即使在跌势中，经过一段时间的下跌后，还愿意继续抛售的交易者已经屈指可数，这就到了股价“跌不动”的阶段，而主力并不打算放弃在低位吸纳筹码的计划，

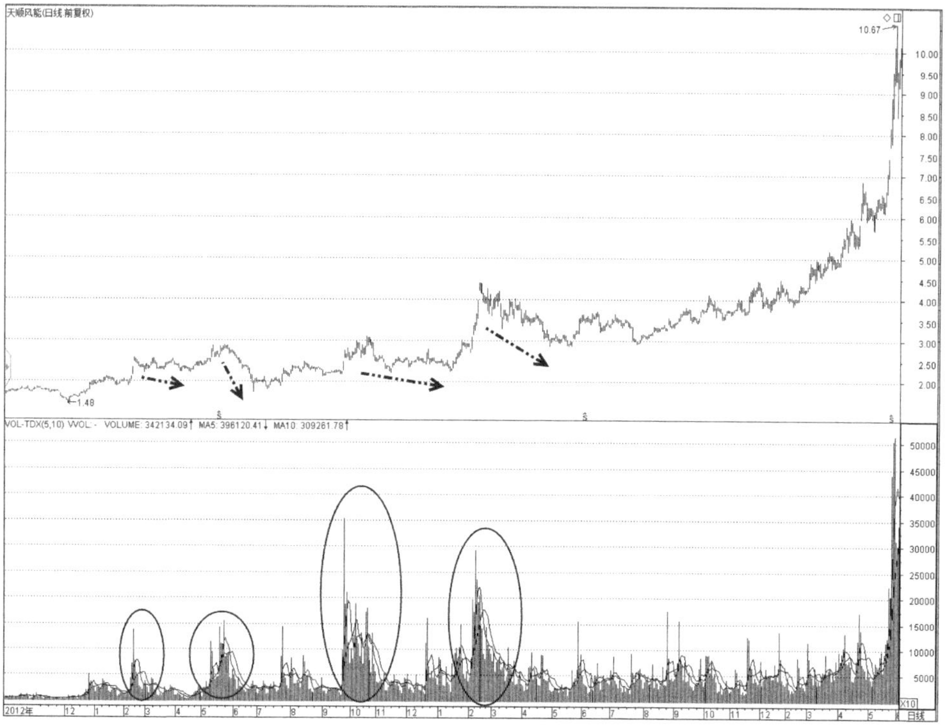

图 2-54

怎么办？

股价跌不动，是因为持仓者的绝望情绪存在，“哀莫大于心死”！解决这个问题其实很简单，心病要用心来医。

既然股价下跌让持仓者绝望，那么就用“希望”来医治。实战中，某些个股跌到“跌不动”了，会突如其来出现一根大阳线，或者突然高开，同时伴以赏心悦目的成交量。

如果一根大阳线能够解决“绝望”的问题，那么主力资金绝不会用两根。如果一个高开就促使持仓者加码买进，那么高开后就会突然往下跳。解决“绝望”，可以用“希望”，而希望的破灭无疑是制造恐慌的绝佳原材料。

于是可以看到，某些原本“跌不动”的个股又一次焕发青春加入下跌的队伍，而主力资金又可以大快朵颐地吸纳筹码了。

如图 2-55 所示，A 区域连续两根大阴线之后，量能已经萎缩到极低水平，意味着跟风杀跌的筹码大幅减少。之后股价反弹，但反弹过程一波三折，让持仓者在“绝望”和“希望”之间痛苦轮回。这个过程中，必然会有持仓者用抛售来解决不愿再忍受的痛苦。

图 2–55

还有一些主力会选择上市新股建仓，此举的优点是在短时间内可以完成吸筹建仓任务，但其缺憾也很明显，即成本较高且容易为技术派所侦知。

所以，建仓新股的主力一般有两种风格：一种是在短期内操纵股价大开大合，借势迅速套利离场，这种个股多成为爆炒的“妖股”；另一种是长期看好该股的基本面，并不想短期爆炒获利，而是以耐心和实力长期运作，这种个股多成为高控盘的“妖股”。

如图 2–56 所示，A 区域为该股打开连续涨停板后的成交量，之后股价回落盘整，而量能并没有出现持续性萎缩，而是短期缩减后呈高水平的常

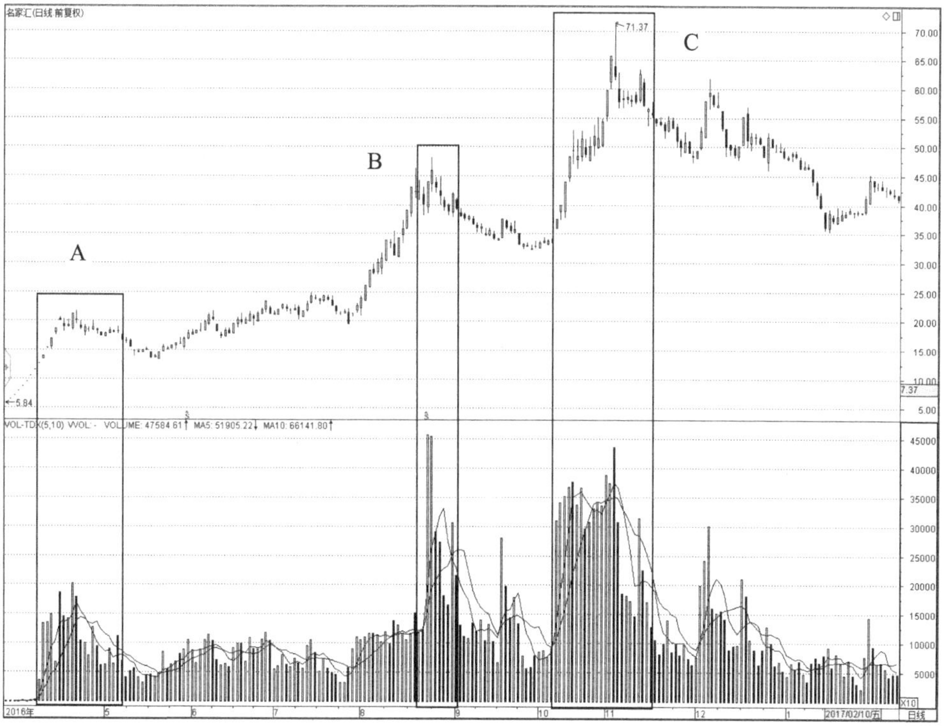

图 2-56

量形态，显示有主力资金积极运作其中。

B 区域成交出现变量，这里其实也是主力阶段性减仓的位置。之后的 C 区域密集成交出现，意味着此后的走势已经进入资金击鼓传花的狂赌、爆炒阶段。

搞清楚了主力资金建仓的伎俩，在实战中遇到这些情况时就不必手忙脚乱地跟风杀跌或追高买进。当然，交易者还需要先把自己的定位弄明白，比如是做短线交易，还是做中长线交易，这其中有着不同的操作方式和应该遵循的纪律。切不可获利就做短线，被套就做中长线。确认自己的定位后，面对主力各路手段时，该怎么操作就会游刃有余。

二、反弹的量能变化及实战应对

从技术环境中的趋势、趋向理论上来说，反弹是下跌趋势中发生的中短期趋向。这个中短期趋向与下跌的大趋势是逆反的，所以也被称为中级（次级）反弹和短线反弹等。

无论是中级反弹还是短线反弹，量能都是其中重要的分析因素。多数情况下，可以通过量能分析提前发现价格反弹的启动或结束。

如图 2–57 所示，A 区域股价经过下跌后，量能从常量形态渐渐转化为聚量形态，展示出一个股价反弹的开启。

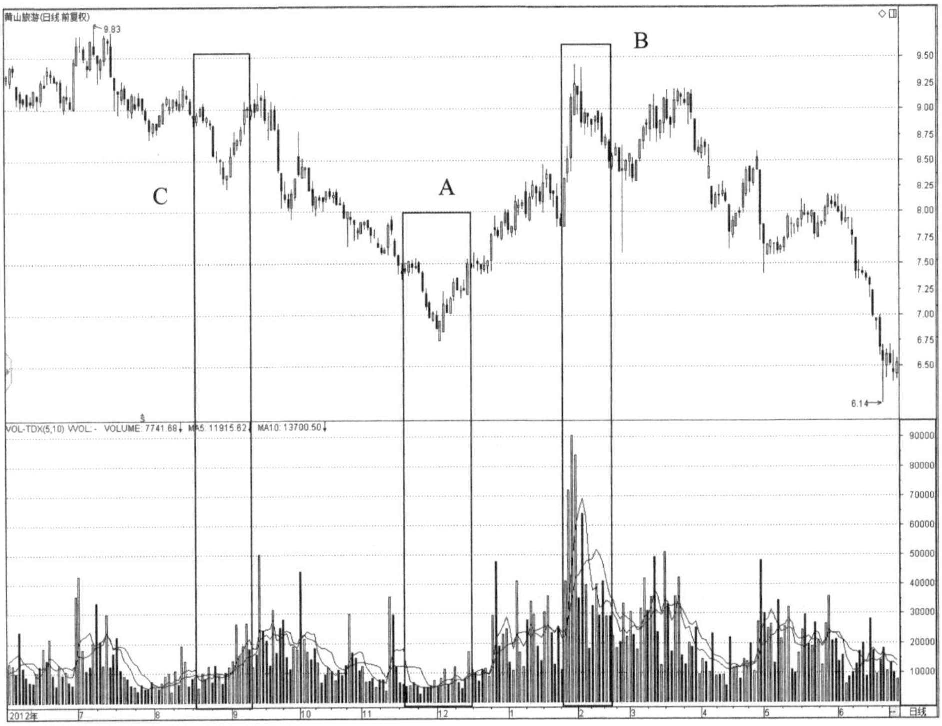

图 2–57

但是，类似 A 区域成交量值较低的水平上形成的聚量，往往不能确认反弹的幅度。也就是说，可能只是一个短线反弹，也可能形成一个中级反弹。比如，C 区域的量能情况与此类似，最终只是一个短线反弹，而 C 区域这种来去匆匆的短线反弹仅适合善于捕捉急跌低点的交易者。

辨析反弹的幅度，一是分析股价的强度，二是分析量能的变化。

A 区域之后的股价并未像 C 区域那样迅速下跌，这就使 A 区域股价运行重心能够出现明显的向上转折。此时的股价强度和 C 区域的弱势下跌截然不同。同时，A 区域之后量能出现变量并转化为新常量，与 C 区域之后的量能消散也存在较大区别。

若股价运行重心并未转折，同时量能保持在相对较高的水平上，那么交易者可进一步期待股价反弹的延续。

B 区域股价出现急速上涨，变量再次来临且之后并未转化为聚量，而是从高值区骤减，交易者应当及时提醒自己，当前的反弹可能面临结束。

如果实战中反弹过程出现变量，且变量值刷新最近半年纪录，同时这个变量之后并未转化为聚量等形态，那么不管之后股价是否会迎来趋势转折，很可能会在当前引发一波下跌。

过度追逐短线反弹，可以肯定是出力不讨好的行为。

大多数短线反弹并不是单独、孤立的存在，而是处于趋向或趋势运行的某个阶段，所以其量能可能在这一阶段处于低水平的常量形态，并不具备分析价值。过度挖掘量能的含义必然会进入技术分析误区。

如果交易者从孤立的分析角度仅对某一反弹做出判断，并采取相应的交易行为，那么很难取得理想的效果。

如图 2-58 所示，A 区域股价出现短线反弹，变量形态后成交量并没有骤减至 A 区域之前的低值区，而是保持在相对较高的水平上，股价也在这期间展开震荡。

如果交易者从单独、孤立的角度分析和判断 A 区域反弹的性质和幅度，可能会认为反弹并未结束，因为股价具有一定强度，并未出现弱势下跌，同时变量后量能转化为新常量，似乎后市还应继续反弹。可能有的交易者会在这个判断的基础上放心地加码做多。

但是当把 A 区域的反弹放到一段时间的趋向上分析时，会发现上述判断存在致命疏漏。

首先，从高点形成的股价运行重心一直下行，A 区域股价跌破这个重

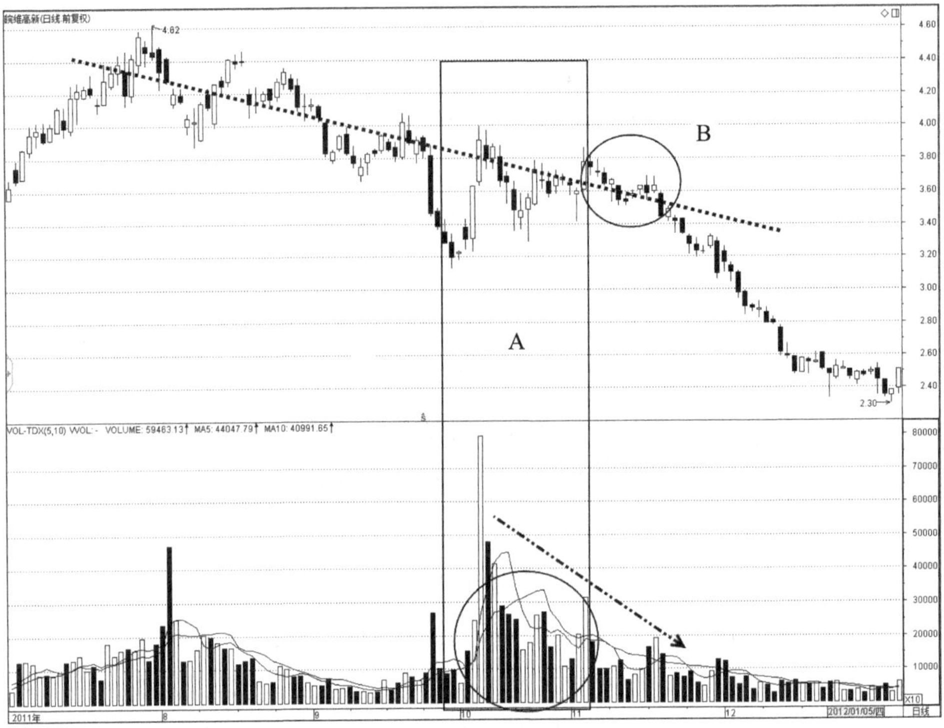

图 2-58

心虚线后，其反弹未能真正收复并回归到虚线上方。A 区域反弹的量能可以看作多方对收复重心虚线的努力，但即便这个量能并不算小，也仍旧未能改变什么。

当股价跌破运行重心，反弹回升不能收复，则意味着股价运行可能再次向下改变角度。

其次，A 区域的变量形态后，虽然成交量并没有骤减至之前的低值区，而是维持在一个新常量的形态上，但是这个新常量很快就呈继续缩减态势。

B 区域股价仍未脱离重心虚线向下时，就已经能够明显看出，变量转化的新常量已经不复存在，而量能消散形态已经清晰可辨。

研判所有形态时，技术环境分析不可或缺，唯此才能让自己的技术分析和判断结论不至于犯下大错。

三、趋势启动的技术辨析及量能变化

本节所要讲述的趋势启动仅指上涨趋势。其实，在之前的很多案例中也涉及涨势启动问题，无非是以成交量形态结合技术环境分析予以分析判断。这里的涨势既有可能是趋势，也有可能是趋向。

上涨趋向利用技术手段就可以研判，而上涨趋势还需要在技术手段的基础上另加更多的外部因素。

（一）启动的市场条件

1. 跌幅大、时间长

趋势的启动不会像趋向那么容易和简单。一个下跌趋势往往具有持续时间长、跌幅大的特点。做空力量在这个过程中得以全面释放，同时随着价格的大幅下跌，交易标的的价值凸显出来，这就为做多力量的复兴提供了基础条件。

趋势之间有一个起落转承的过程，即使下跌趋势已经穷途末路，上涨趋势也不可能在一夜之间就铺平大道坦途。就像前文讲到的，个股总需要一个建仓阶段，虽然建仓方式多种多样，但过程总是免不了。其实通常所说的底部构筑就是跌势与涨势之间的转承以及资金建仓的笼统说法。

2. 人气极度低落、政策回暖

主要下跌阶段结束、进入底部构筑阶段之后，这时市场的悲观氛围和下跌区间并无改观，甚至有过之而无不及。机构普遍看空后市，交易者情绪降至冰点。市场人气极度低迷的时刻，恰恰是主力构筑底部的最佳时机。

这个阶段管理层的态度悄然发生改变：一些长期困扰股市发展的深层次问题逐渐得到解决；政策面发出积极的声音，一些有利于股票市场发展的政策开始颁布实施。总之，政策面开始转暖。

3. 反弹的强势股或龙头股开始补跌

在市场人气低落、希望与失望并存的档口，前期大盘下跌过程中，普遍抗跌或强势反弹并被市场普遍看好的强势股票，此时突然出现纷纷跳水杀跌的场面。与之同时，指数或前期一些阴跌的个股也转为急速下跌，不乏个股集体跌停的场面。

各种各样的技术底、市场底、政策底，以及支撑位和技术关口都显得弱不禁风，市场局势似有崩盘之状。这种情形会给市场造成进一步的恐慌，并促使大部分人产生对后市的失望或绝望心理，并选择尽快清仓离场。

4. 无形的手

在上述情况发生，尤其是一波急速下跌后，市场整体（包括指数和个股）形态并没有出现像很多人预计的那样持续不断地大幅下跌，而是呈现一种方向不明的波动。

每逢市场上有利空消息传播，或技术形态显示将要进一步下跌时，往往在最后一刻转危为安。似有一只无形的手在下面托着市场，于市场普遍存在的浮躁情绪中维持着相对平稳的局面，同时市场的运行重心在悄然抬升。

（二）启动的技术条件

1. “最后一跌”

大多数个股在脱离下跌趋势进入底部构筑阶段时，会有一个加速下跌的过程，这个下跌过程通常会探明下跌的最低点，所以也被称为下跌趋势的“最后一跌”。“最后一跌”具有重要意义，它的出现往往预示着行情已经进入底部构筑阶段。

“最后一跌”往往跌速较快、跌势迅猛，其量能构成具有以下特点：下跌过程中成交量呈变量形态或基本呈常量，而“最后一跌”中的最低点，其当日成交量往往处于常量水平。如图 2–59 所示，A 点之前为“最后一跌”恐怖的下跌过程，A 点为“最后一跌”中的最低点。

从交易心理的角度分析，杀跌过程出现成交量变量形态，是由恐慌情绪引发的抛售行为或主力对倒制造恐慌所致。恐慌性抛售得到宣泄后，价

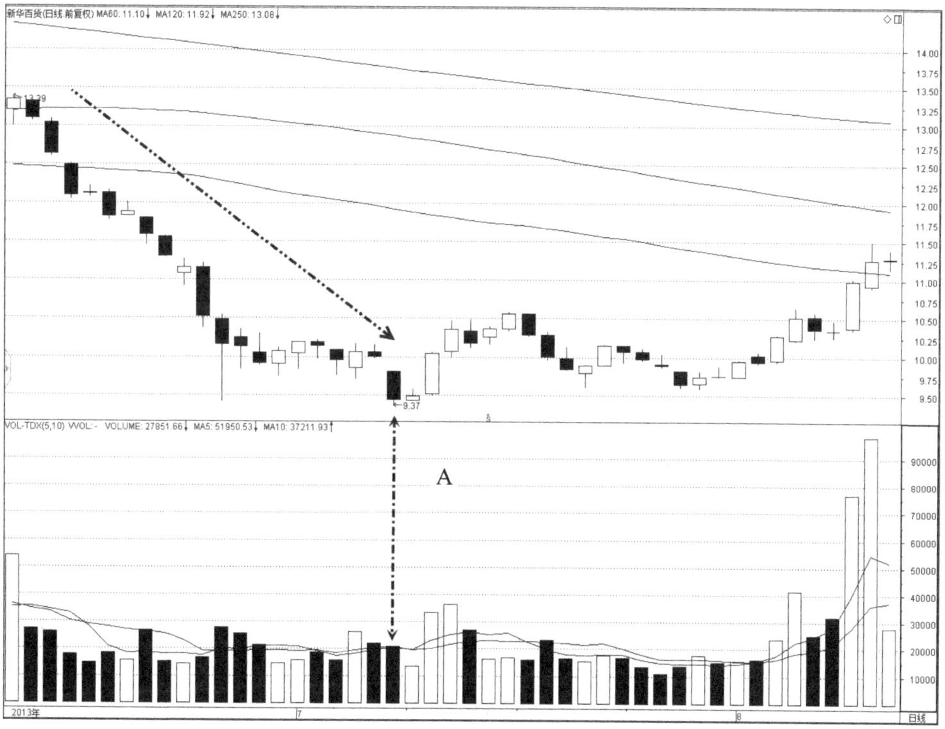

图 2-59

格和量能都会恢复到正常状态，但价格仍会在惯性下跌的引导下创出新低。

在“最后一跌”结束后，多数个股价格开始回升，通常较强的回升会升到杀跌前的价位，稍弱的回升会升至一半的价位。主力建仓较晚的可能仍会继续考验“最后一跌”低点的可靠性。

2. 脱离苦海

如果说“最后一跌”是底部构筑阶段的“地标性”形态（建仓期并不完全等同于底部构筑阶段），那么“脱离苦海”的出现，就意味着底部构筑已经进入尾声。

所谓脱离苦海的个股，是一种比喻性的说法，意指已经走出下跌趋势，底部构筑已经完成或接近完成的个股。这类个股介于强势与准强势个股之间，同时相对涨幅不大，正处于趋势启动的阈值上。

对于此类个股的界定，笔者采用120日均线和250日均线为界定基准。当股价成功突破两条长期均线的压制并由此获得支撑，则标志着该股已经脱离苦海。

实战中有一些个股形态复杂难辨，如图2-60所示，A区域，该股股价已经改变整体下跌趋势，但在120日均线和250日均线上下盘绕，既不能站稳在长期均线系统之上，也并未跌离长期均线系统太远，形态似乎难以认定。

图2-60

当画出一条下跌趋势线后，该股的形态随即明了：A区域该股股价之所以无法在长期均线系统附近获得支撑，是因为虽然股价整体看似已经不再呈下跌态势，但仍未能真正脱离下跌趋势的影响。实际上，直至B区域才真正脱离下跌趋势并获得长期均线系统的支撑，成功脱离苦海。

在一个长期趋势运行过程中，当股价突破趋势线并得到有效支撑后，交易者应当迅速调整之前的操作思路，并制定出市场重大转折期以及之后行情的操作思路和策略。

3. 趋向的测试和验证

趋势转承必然是从短期趋向开始，然后过渡到中期趋向，最终对长期趋势产生影响抑或改变趋势方向。

但必须注意到，在下跌趋势运行过程中，股价的短中期趋向会多次出现与下跌趋势相逆的现象，即力度不等的反弹行情。而在上涨趋势形成及运行过程中，股价的短中期趋向会多次与趋势相逆，即回落调整行情。

实战中经常会发生这样的情况：某个看上去刚刚形成的上涨趋势其实只是一个强势的反弹行情，某个被视为反弹行情的却在之后衍化为上涨趋势启动和形成的初级阶段。

下跌趋势运行过程中，各种力度不等的反弹是对趋势本身的测试和验证。当反弹不能对趋势形成突破转而继续下跌时，即确认了趋势运行的有效性。

上涨趋势启动和形成的初级阶段，价格的回落调整同样是对趋势本身的测试和验证。趋势突破不会一蹴而就，而是存在一个反复验证和测试的过程。

4. 均线系统的分布

在长期下跌趋势中，价格和短期均线会多次在短期反弹或次级反弹中启动上行，随着反弹的结束会再次回落。在下跌趋势下所发生的任何级别的上涨行情都不能随意猜测为趋势扭转，在没有技术环境分析的前提下，只能暂时认为是反弹行情。

反弹行情能否演化为趋势扭转，反应较为灵敏的短中期均线会率先揭示答案，这个答案就是均线分布。

均线系统中不同时间周期的均线，分布在相应位置上并能够对运行中的价格起到支撑作用，或者由压制转化为支撑，这就是研判趋势扭转中的均线分布。

用于研判趋势扭转的均线系统，主要是由短中期均线构成的，比如5日、

20 日、60 日均线等，但仍需加入一条中长期均线来确认趋势，如 120 日、250 日均线等。

如图 2-61 所示，均线系统是由 5 日、20 日、60 日三条短中期均线和 250 日长期均线构成的。

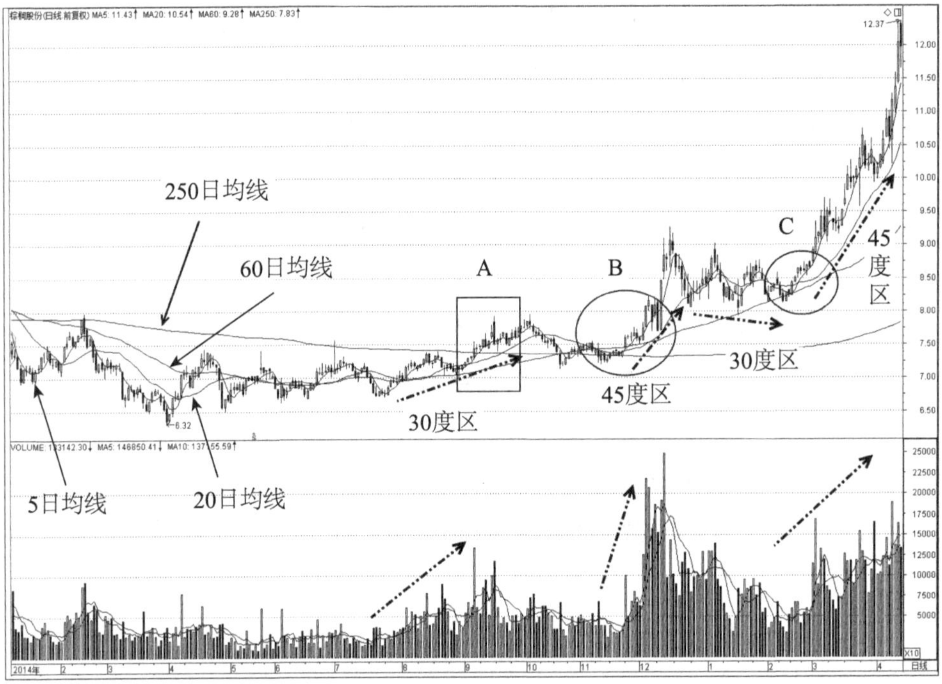

图 2-61

其中，5 日均线主要起到测试股价强度和反映运行角度的作用，20 日、60 日均线用于反映支撑与压制作用，250 日均线的主要作用是确认趋势扭转成功与否。

图中 A 区域，股价与 5 日、20 日短期均线首次穿越 250 日均线，这次上攻有成交聚量的配合，但上攻角度为 30 度区，强度并不理想。

在个股下跌途中或构筑底部的过程中，会有多次上穿或触及 250 日均线的动作。

下跌途中上穿或触及 250 日均线多为强力反弹所致，这时的 250 日均线应为角度较大的下行态势或由上转平、转下的态势。

在构筑底部过程中上穿或触及 250 日均线，这时的 250 日均线应为由下转平或小角度下行的态势，如图 2-61 所示。

上述两种对长期均线的挑战，其技术意义完全不同：下跌途中挑战长期均线更多的是一种诱多行为，构筑底部过程中挑战长期均线则是一种测试行为，意在测试长期均线存在压力的大小，为趋势扭转做准备。

图中 A 区域就是对 250 日均线的测试：穿越 250 日均线测试存在压制的大小，之后的回落则是测试这条均线是否具有支撑作用，即压制能否随着价格的上涨转化为支撑。这是趋势或趋向发生扭转的技术核心。

B 区域虽然股价和短期均线曾跌破 250 日均线，说明长期均线的压制并未在短期内转化为支撑，但也并没有因压制的存在和反弹汇聚的做空力量而迅速下跌。显示多方在潜移默化中消化了空方存在的能量。

B 区域多条均线发生聚拢，并与股价形成短暂的盘线形态，这种技术形态出现时，交易者要为可能出现的向上发散做好准备。很快股价与短期均线以 45 度区放量上行，角度、聚量形态等都证明趋势在这里出现扭转。

B 区域之后，股价与均线以 30 度区缓速下跌来进行调整，并于 60 日均线上得到支撑，见 C 区域。这是对趋势扭转的最后一次确认。之后股价与短期均线以 45 度区上涨，是行情进入新的上涨趋势后第一次启动加速。

在趋势扭转的关口上，不同时间周期的均线分布可以协助交易者判断多空力量的对比关系。当大多数迹象都指向多方占优时，趋势的扭转必然水到渠成。

交易者还可以通过绘制股价运行重心虚线，来分析和观察趋势的扭转和启动情况。

（三）启动的量能变化

个股的底部构筑不仅是指价格止跌企稳后的上涨阶段，也包括“最后一跌”阶段。在个股尚处于下跌及“最后一跌”阶段时，量能多处于常量、变量的不断转化中，也有少数个股的量能处于消散形态。

如图 2-62 所示，A 区域是下跌过程中出现的变量，B 区域则是“最后一跌”中的低水平常量形态。

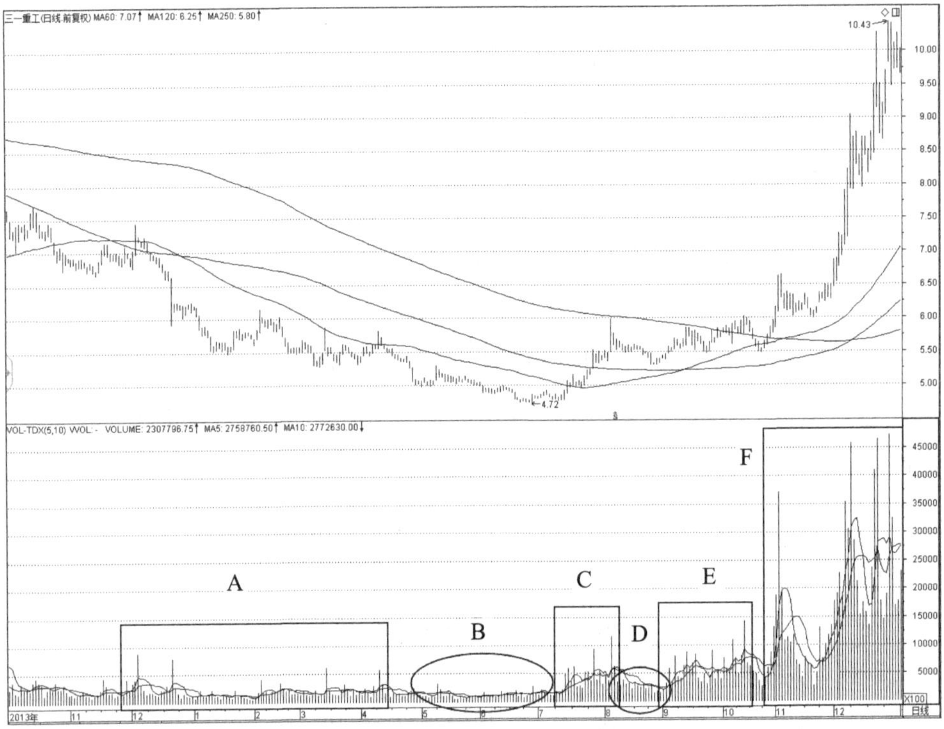

图 2-62

部分个股的主力建仓期早在下跌过程中已经开始。当个股在长期下跌末期经常出现常量、变量的不断转化时，可能是主力开始建仓吸筹。变量的出现就是主力“吸筹—砸盘—吸筹……”这一循环过程的产物。

当个股股价开始回升时，量能也会出现相应的变化。C 区域成交形成聚量形态，随后的 D 区域股价回落而成交呈量能消散形态。

尽管 C 区域和 D 区域的量能形态与股价的契合不存在问题，但这两个区域的成交绝对值仍处于较低水平，不能排除反弹行情的可能性。

在接下来的 E 区域，成交并未承接 D 区域的缩减，而是又出现了聚量形态，同时股价变动也处于挑战长期均线的过程中。

这个点的聚量形态非常关键，它的出现使得成交量保持增加的态势，避免了因量能萎缩而导致涨势夭折的后果，也从量能上佐证了有大资金正在借助股价的震荡不断入场。

F 区域股价走出“脱离苦海”形态，同时密集成交的出现也使趋势启动正式拉开序幕。

趋势启动的量能变化不可能只有上述案例这一种，其必然会因个股而异。但从底部构筑阶段再到上涨趋势正式启动，成交量必然会出现截然不同于跌势的态势。

如果个股没有走出“脱离苦海”形态，那么会有两种可能：一是目前只是一波反弹行情，在这种情况下，即使量能放大也会在反弹后再度缩减至涨升前的水平；二是仍旧处于大型底部的构筑过程中，在这种情况下，量能有可能缩减，也有可能维持一个新常量形态。

如果个股走出“脱离苦海”形态，那么即使再度回落，更多的只是下挖一个凶悍的“散兵坑”，很快就会出现回归上涨趋势的强势启动。

主力资金总惯于引导市场资金的力量来完成自己的任务。在这个前提下，多股资金的合力必然会使量能呈现跟跌势不一样的“风景”。趋势的启动，量能总是会“说话”的。

第三篇　成交量升级与进阶

无法抑制的乐观主义能导致狂热的投机，而其中一个最主要的特征是它无法汲取历史的教训。

——本杰明·格雷厄姆

第十章　关键强度与量价背离——寻找交易点

连最小的波动都企图利用的人属于证券玩家，不配冠上投机家的称号。玩家经常是101买入、103卖出，90买入、93卖出，而100买入、90卖出的失败记录都会被玩家们小心隐瞒起来。证券玩家属于赌徒，没有任何大思索分析，没有任何战略，举止就像玩轮盘赌的人，从一张赌桌跑到另一张赌桌，长期来看，玩家迟早会在股价持平或下跌时破产。

——安德烈·科斯托拉尼

一、强度变化的量价交易点

价格无论是上涨还是下跌，都能体现出其相应的强度。所谓价格强度，并不是仅指放量的大阳线或放量的大阴线，这两种价格和量能的极端表现形式毋庸置疑具有强势，但并不必然就代表着具有多大的强度。价格强度和价格的涨跌幅度以及量能大小并不具正比例关系。

比如，某股以巨量成交报收大阳线，但次日股价却不涨反跌，前一交易日的强势已荡然无存。没有持续性的强势上涨或下跌，说明并无价格强度存在。

价格强度从来就不是某一交易日涨得有多好，跌得有多猛，能够很明显表示出来的强势上涨或下跌，价格强度都很难予以判别。原因在于，资金的疯狂追逐或主力的操纵手法会让强度隐藏其中难以辨别。

那么，价格强度究竟是什么？如何识别？

价格强度的本质是主导资金对价格潜移默化、不露痕迹的影响，这是尚未显露头角的潜力个股的共同特征。价格强度是交易者选择潜力个股的重要技术标准之一。

如图 3–1 所示，A 区域技术形态岌岌可危，似乎一波大跌即将喷涌而出，交易者往往会选择卖出观望。该股好像徘徊在悬崖边缘，虽然惊险连连出现，却始终并未出现大跌。千回百转之后，在大多数人都不看好的情况下，该股却峰回路转地走出一波靓丽的上涨。

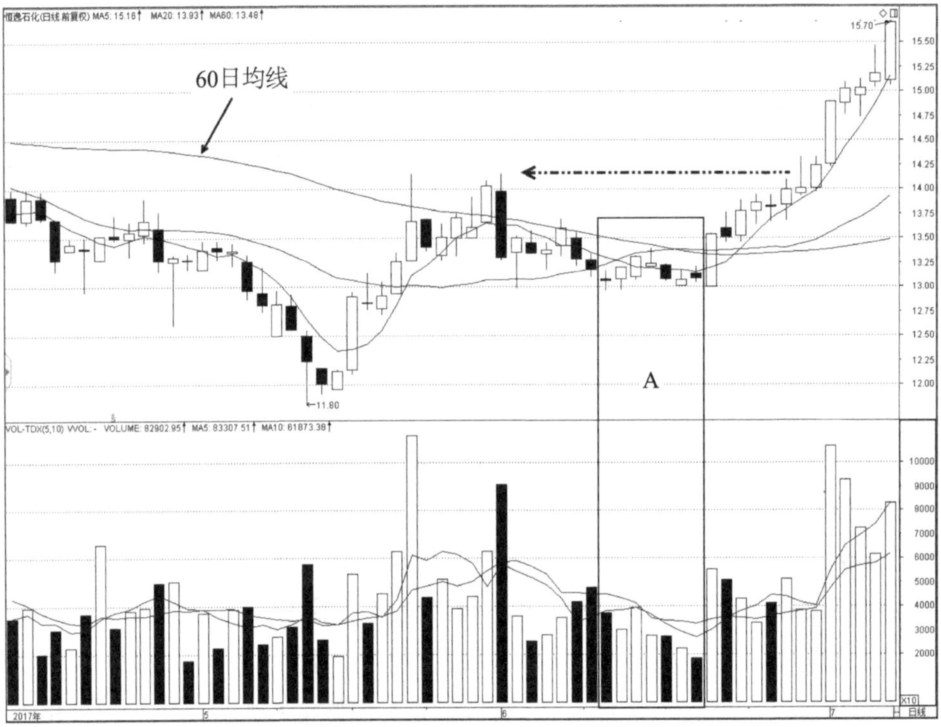

图 3–1

当跌而不跌，反转为上涨，谓之强。

图中个股股价突破 60 日均线，成交量从量能消散形态转化为变量形态，预示价格出现重大变化，这就是价格强度的显现。之后成交保持新常量，股价再次突破反弹高点，是强度的延续和增加。这一系列形态都提示了做多交易点已经出现。

说到“当跌而不跌”，必须加点儿跟本节主题无关的内容，因为这个技术点讲不透彻的话，可能对交易者的实战造成不利影响。

“当跌而不跌”必须注重技术环境分析，对于经过大幅上涨后的个股，“当跌而不跌”可能并不适用。同时对“当跌而不跌”不能反转为涨，抑或处于下跌途中无强度弱弹的个股，也不适用。

如图 3-2 所示，A 区域出现“当跌而不跌”，随后的弱弹虽然穿越前高，但无论是股价还是量能都并没有明显上涨或增大，显示增量资金并不踊跃，可能只是盘中存量资金所为。B 区域的情况更为明显，之后股价反弹也显现弱势。

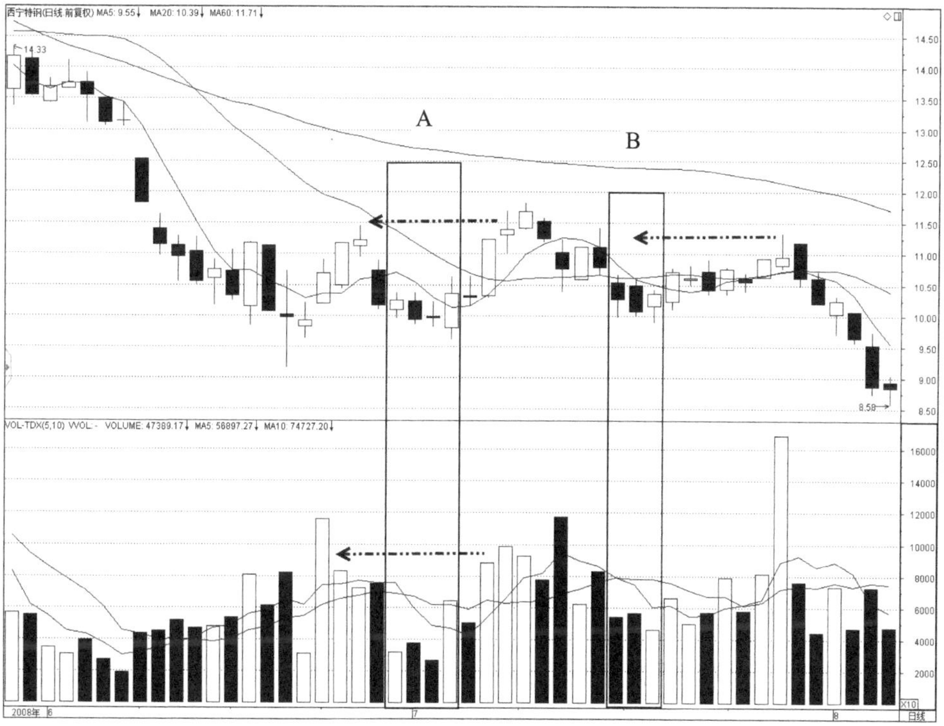

图 3-2

这种情况下的“当跌而不跌”不能显示出股价强度，更多的技术迹象显示只是下跌途中股价的震荡和折返形态。其实这个案例仅通过均线系统也可以辨别其中的弱势，和图 3–1 中的情况有着极大区别。

具有上涨强度的个股并非不会下跌，甚至正是通过其在下跌中的表现，交易者才能判断出其强度大小。同样，具有下跌强度的个股并非不会反弹，正是分析其在反弹中的表现，才能判断强度大小。

价格的涨与跌构成了折返。折返是价格的波动形式，是多空角力的表现。涨势中的折返也称为回落调整，跌势中的折返则为反弹。

无论是 K 线图还是分时图，排除直接涨停或跌停的个股，都存在着折返。通过分析股价的折返，个股上涨或下跌中的强度自然就会浮现出来。

在 K 线图上，涨势中的回落调整（折返）时间短、幅度小，说明做多力量处于优势地位，而这种优势地位表现为股价强度，将很快促使股价结束回落、重归上涨。

如图 3–3 所示，A 区域 K 线实体较小，同时整体的回落幅度相对温和，持续时间也较短。这种回落调整的量能呈消散形态，但之前之后涨势阶段的量能呈明显的增量（变量或聚量）。同时，回落调整期间的量能不能出现变量，否则股价强度分析会因此出现变数。

在分时走势图上，现价线在上涨途中折返的持续时间和幅度明显少于上涨的时间和幅度，意味着股价的涨升强度较高，做多力量处于优势地位，并且延续到之后交易日的概率较大。同时，这也意味着盘口存在的压力相对较小，之后股价极有可能进入快速拉升阶段。

如图 3–4 所示，该股早盘出现了两次折返，这两次折返的持续时间和幅度都逊于上涨的时间和幅度。在分时走势图上，折返期间的量能要跟 K 线图中一样，量能应缩减而不能出现变量，之前之后的量能要出现明显增量。

小幅上涨中发生的频繁折返说明股价正处于确认强度存在与否的过程，结果可能是转入带有强度的上涨，也可能转入弱势盘整或下跌。

频繁折返的发生是各方资金逃逸与回归的过程。有人认为目前股价还会继续下跌，也有人认为可以入场博反弹，市场资金并未达成共识。在你来我往的博弈中，哪一方能够占据优势地位则是盘中观察的重点。

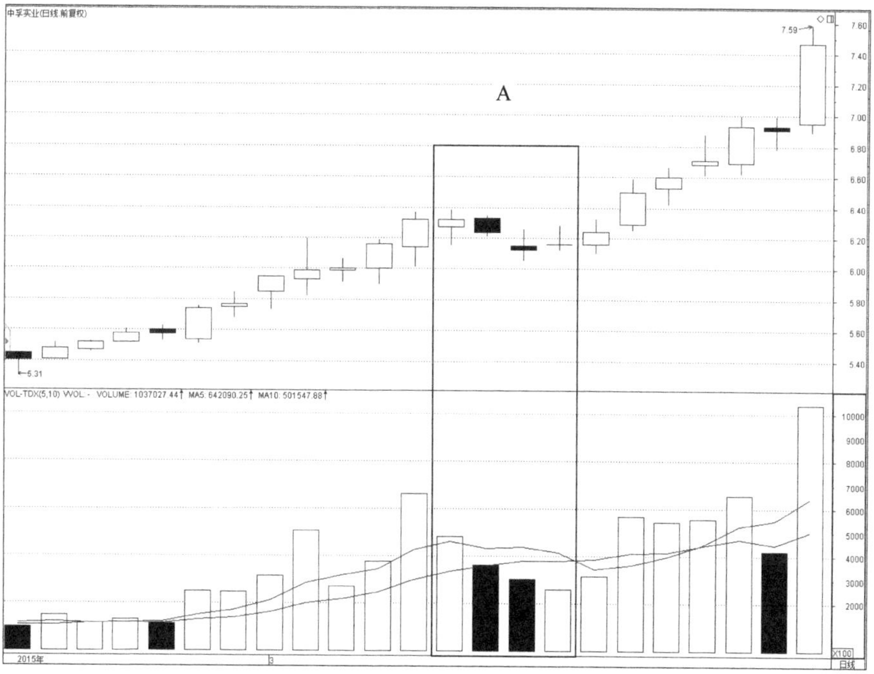

图 3-3

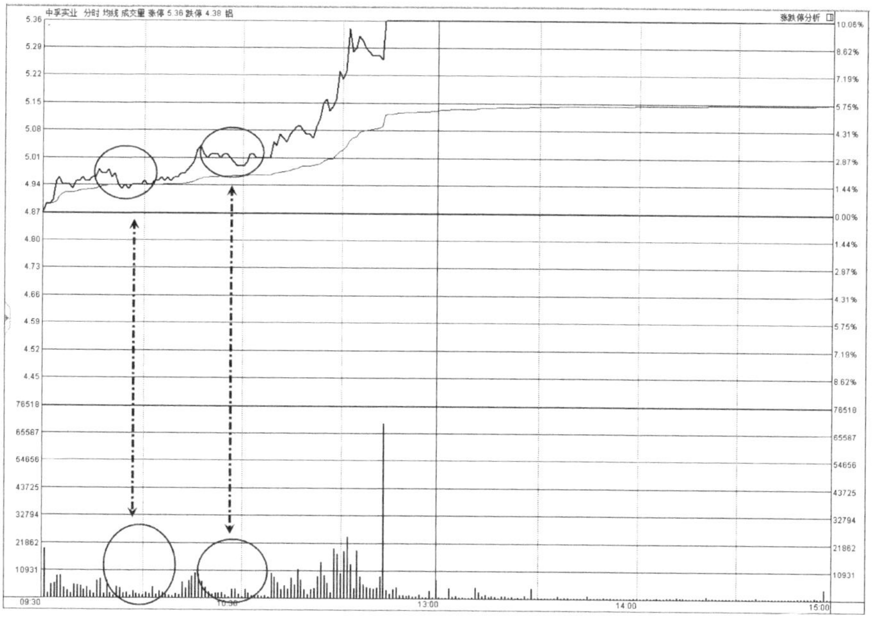

图 3-4

还需要注意一种现象，即小幅上涨中虽然折返较少，但整体升势明显羸弱，这时的“折返较少”并不是涨升强度较大的表现，而是代表着交易清淡。

无论是K线图还是分时图，如果价格折返的时间和幅度与上涨的时间和幅度大致相当，说明虽然处于涨势，但继续涨势的强度已经有所减弱。这时，交易者应避免追涨操作，个别品种在操作上可以采取低吸策略。

如果价格折返的时间和幅度多于或大于上涨的时间和幅度，说明股价目前的涨升强度已经不足，交易者则应保持观望。如果折返的幅度较大，说明股价遭受的打压相对较重，要分析股价是否已转为跌势强度。

分析股价是否已由上涨强度转为下跌强度，主要是通过折返或反抽，以及一些技术关口上的压制等予以判断。

跌势中的折返与涨势中近似，即折返的时间和幅度明显少于或小于下跌的时间和幅度，意味着股价的下跌强度较大。在下跌强度没有任何改变前，交易者应避免参与做多交易。

如果折返的时间和幅度与下跌的时间和幅度大致相当，说明虽然处于跌势，但继续跌势的强度已经有所减弱。此时仍应保持谨慎，分析股价上涨强度是否会出现。

受到主力操控或资金高度密集的攻击，股价必然会在短时间内显示出涨跌强度上的极端转化。但当资金不能以密集形式将股价继续推进，而是以变量形态出现时，某方向上的极端强度可能会在瞬间转化为反向强度。

因资金密集攻击而出现的股价急跌急涨，其强度变化具有不稳定性，除非密集的资金能够持续出现，否则这种股价强度并不能成为参与盘中交易的依据。

如图3–5所示，该股股价出现一个快速涨升过程。至A区域，股价确认突破相关均线并继续上涨，显示出股价上涨具有较大强度，这个过程中伴以密集成交。B点股价达到本次涨升最高点，之后股价迅速回落。

在这个案例中，B点之后，股价上涨强度是如何转化的呢？

B点是股价最高点，这一点是股价转折的开始，同时也是量能转折的

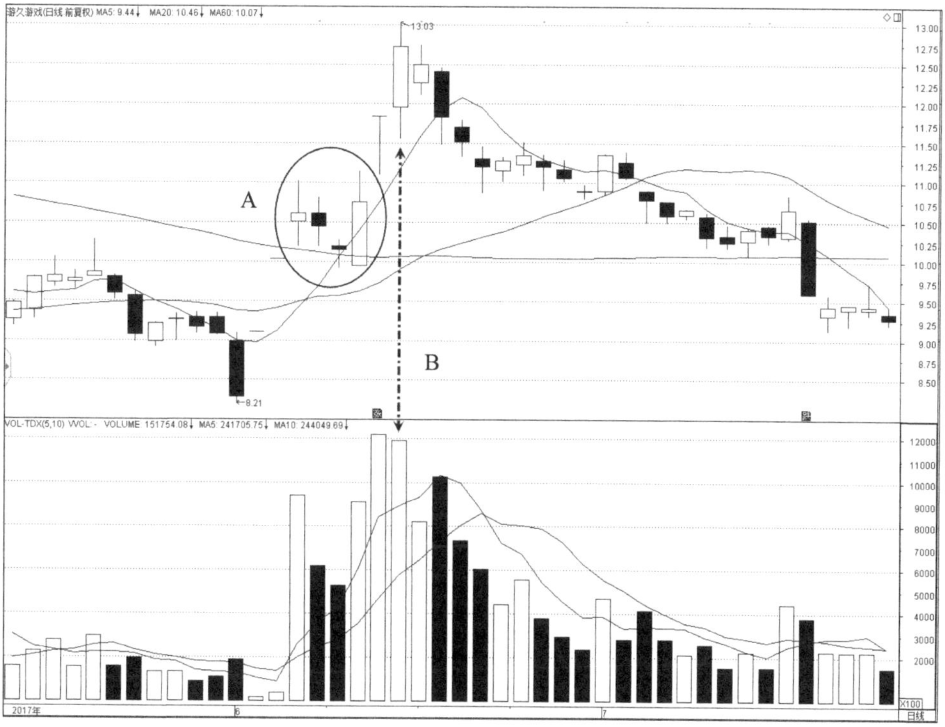

图 3-5

开始，此处无疑是一个关键的量价分析点。

图 3-5 中 B 点当日的分时走势如图 3-6 所示，该股当日股价虽然整体升幅达到 7% 以上，但真正处于涨升的时间并不多，升幅主要是由两个短时间内的迅速拉升构成的，其余大部分时间，股价多处于震荡回落态势。

交易者可以从分时走势中看出两个关键点。

第一，该股上涨的压力并不大，股价强度理应可以继续保持。原因是，盘中两次急速拉升的幅度都超过 4%，早盘的急拉甚至超过 6%，但之后的回落相对较缓，量能在回落中并未出现变量等，这就显示上方并无密集的大卖单打压。换个角度理解，如果盘中主导资金想封涨停板的话，难度应该不大。

第二，承接上述分析，该股涨升压制不大，但并没有干净利落地封涨停板，而是将全天大部分时间都花费在震荡中，原因何在？

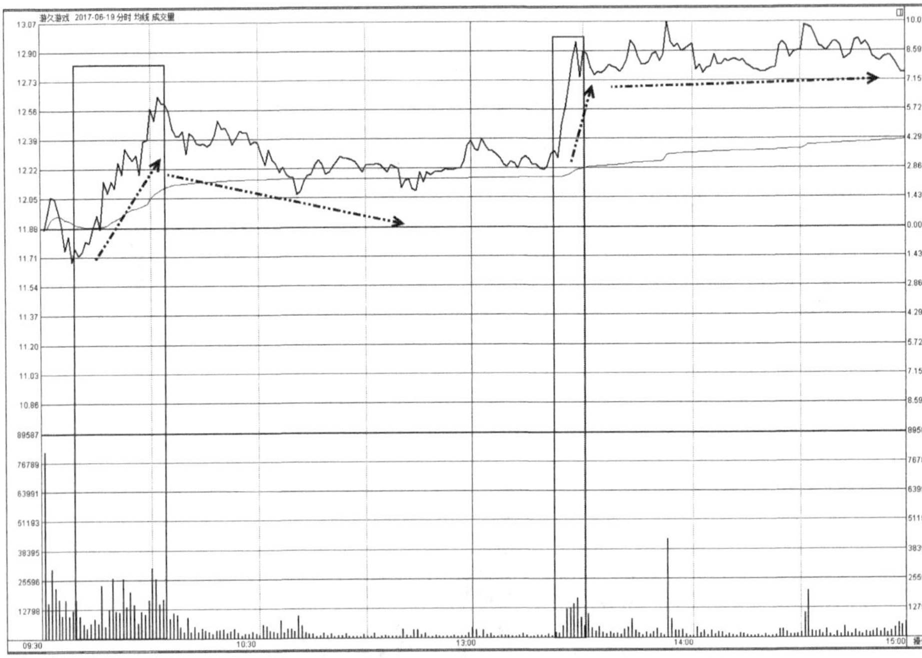

图 3-6

如果说主导资金意在震仓洗盘，那么这种幅度平缓、用时较长的折返过程不但吓不走人，相反还会吸引更多人加入进来。尤其是午盘过后第二次急拉出现，无疑会吸引很多关注的目光。

如果强度明显，能大涨而不涨，排除震仓洗盘的可能性，那么只能是主导资金在阶段性减仓或出货。从这个角度来看待图中的分时走势，一切都迎刃而解。利用短时间的对倒急拉抬高股价，在这个过程中满足跟风追高资金的需求，然后不急不慢地利用拉高的空间减持筹码。

可以说，案例中拉高后的两次长时间折返都是主导资金减仓所致。正是主导资金的减仓或出货导致了该股上涨强度迅速转化为下跌强度。

分析强度变化，还可以通过观察盘口的方式。例如，某股盘中涨到每股 9.6 元，之后出现折返，虽然折返幅度不大、时间也不长，但回升后股价一直不能突破每股 9.6 元，或者虽然穿越这个价位，但很快就回落到每股 9.6 元之下。这就是上涨强度不足或将要转化为反向强度的信号。

实战中，一些个股还会利用对倒或交易中的时间差迷惑交易者，造成某股强度较大的假象。例如，利用尾盘最后几分钟迅速拉升股价到每股 9.6 元上方，看起来似乎强度依旧在，但下一交易日股价突然低开低走。

二、量价背离与交易时机

量价背离是指成交量与价格之间出现偏离或脱离同步运行的形态。例如，股价上涨（下跌），成交量增加（减少），这是二者同步形态；股价继续上涨（下跌），而成交量却减少（增加），这就是二者之间的一种背离形态。

分析量价背离，其实就是在分析资金的逃逸与回归，或者交易中供求关系的平衡与失衡。传统理论中提及背离，总是将其分类为顶背离和底背离。笔者认为这种分类有失偏颇，实战中，并非仅限于所谓的顶部或底部才会出现背离，可以说背离在量价运行中属于常见现象。同时，顶部或底部也并非都存在背离。

量价背离出现在不同的价格运行阶段，其技术意义大相径庭，实战中结合技术环境分析，才会对具体操作起到重要的参考作用。从贴近实战交易的角度，可以将量价背离分为量背离和价背离。

（一）量背离

价格升势中，成交量不能有效维持在相对较高的水平，而是出现逐步缩减、消散的态势。这种情况说明，随着价格涨升，买方产生畏高倾向，不愿在目前价位入场，而卖方也不愿就此低卖。在这种量能缩减、消散的局面下，价格可能暂时维持继续上涨，但是很难长时间持续，终会打破这种背离和僵持局面。

上述是量背离的原理性阐述，实战中，部分量背离是因为主导资金减仓形成变量高点后，虽然并未导致股价就此大幅回落，却因失去主导资金的维护，继续上涨的动力渐渐衰竭。

如图 3–7 所示，在 A 区域之前股价和成交量处于上涨、放大的同步阶段，

A 区域变量出现之后，股价仍在上涨，但成交量逐渐萎缩、消散。B 区域股价虽创出新高，但成交量仍旧处于量能消散形态。

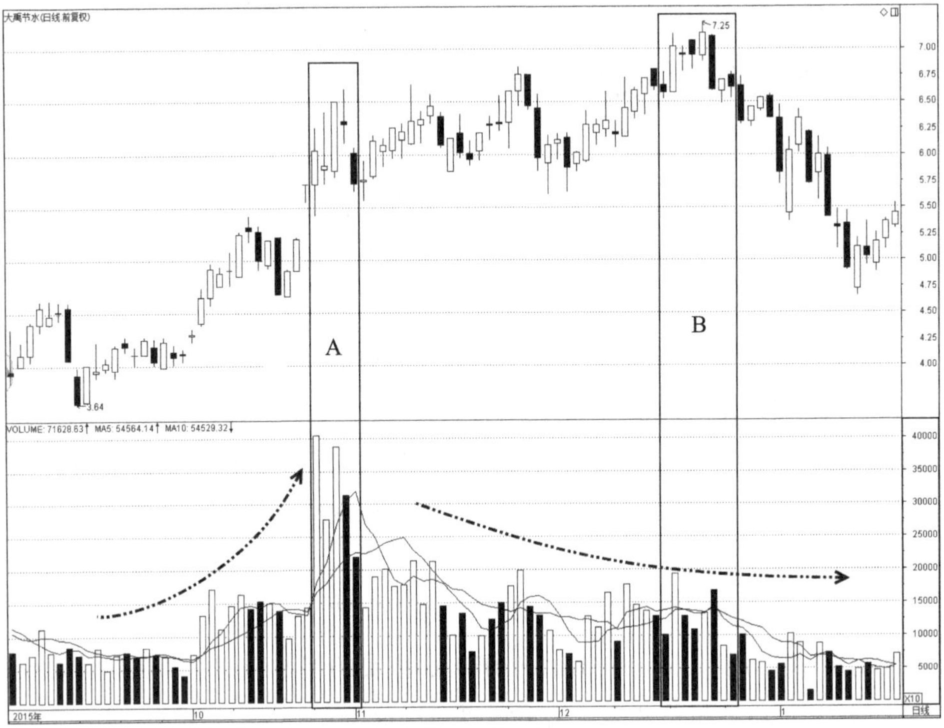

图 3-7

量价背离意味着股价运行处于不稳定状态，极有可能因为这种背离关系而出现拐点或重要波动高点。在这种成交量逐步缩减的情况下，股价创出新高应该引起交易者的怀疑和警惕。

对于量背离必须明确一点，不能把控盘庄股的特殊形态认定为量背离。大部分控盘庄股在相对低位完成筹码收集，在之后的股价上涨趋势中，不会再放出明显而密集的成交量。除非到了出货阶段，部分庄股会有密集成交出现。

如图 3-8 所示，A 区域及之前是量价同步阶段，也是庄股最后收集筹码的过程。A 区域之后，量能逐波降低，股价却逐级上升。这也是第一篇中讲到过的，控盘庄股多以减量过顶形式运行。

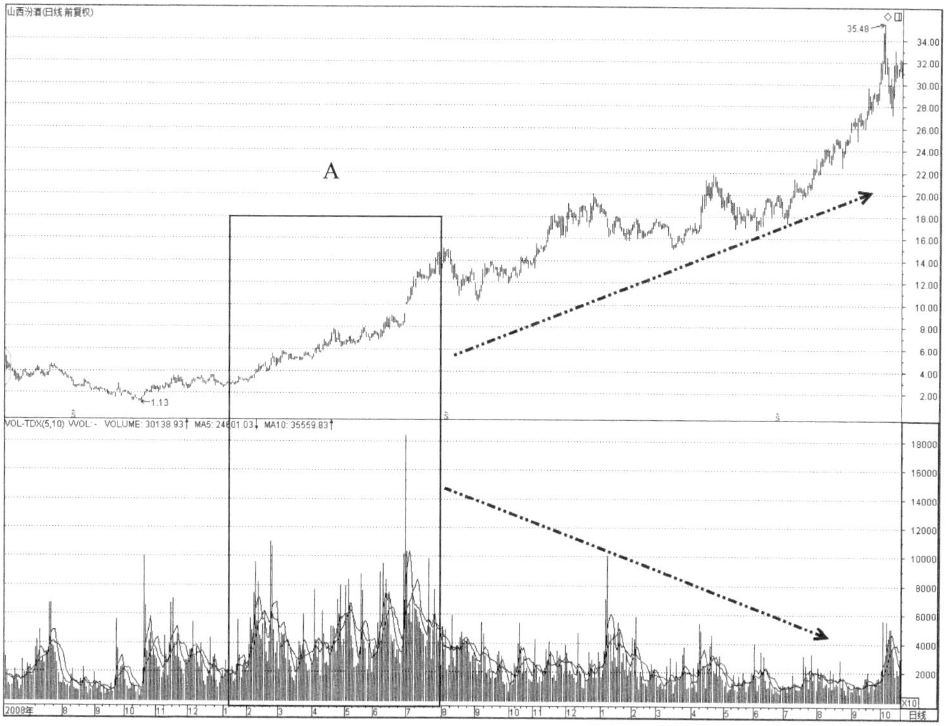

图 3-8

量背离同样会出现在下跌趋势中。在价格连番下跌过程中，成交量整体保持萎缩、消散态势。随着反弹发生，偶尔会出现间歇性放大。

当成交量长期处于低迷、缩无可缩的低水平常量形态，随着股价的多次反弹，成交量从低水平常量形态开始渐次增加。虽然之后股价仍会下跌，但成交量不再萎缩至之前的水平，而是悄然逐波增加。这种量背离形态的出现意味着已有资金分阶段入场，股价可能已经处于底部构筑阶段。

如图 3-9 所示，该股处于下跌趋势，A 区域的成交量缩至地量水平。股价震荡后继续下跌，B 区域可见，再次萎缩后的成交量大于 A 区域，并没有再次进入地量水平。一波急速反弹后，股价再次下跌，C 区域萎缩后的成交量已经明显大于 B 区域和 A 区域。

从 A 区域的地量水平到 B 区域、C 区域的整体成交量渐次增加，说明有资金逐步进场，交易活跃度正日趋升温。尽管股价仍处于跌势，但量价

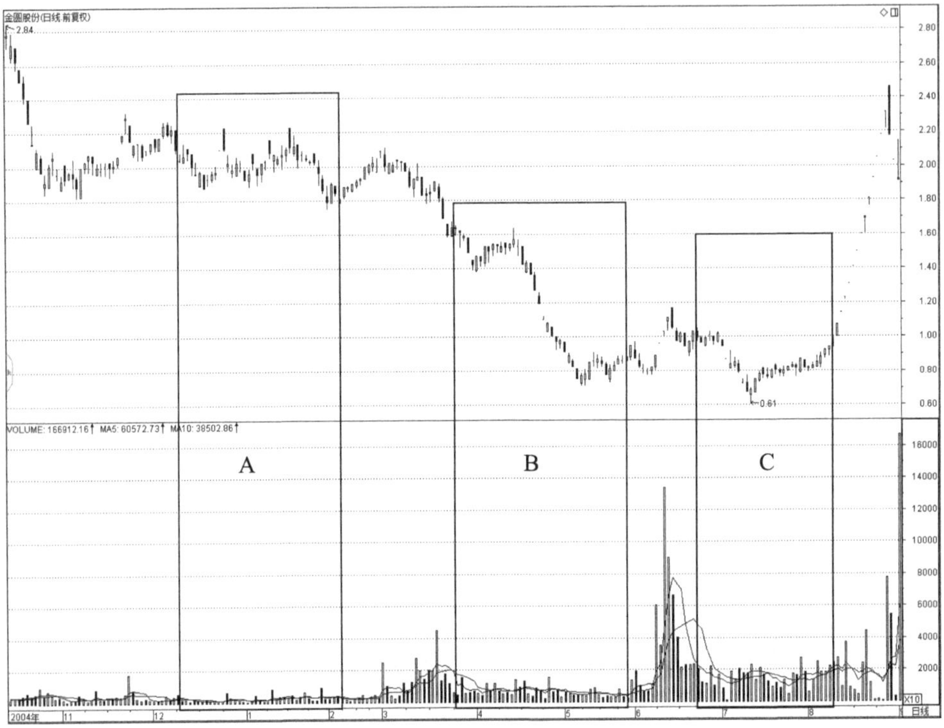

图 3-9

背离关系已经昭示价格底部的构筑正在进行。

（二）价背离

量背离是说在价格未改变趋势或趋向的前提下，成交量先发生改变。

价背离则是指在成交量未发生改变的前提下，价格先发生改变。成交量维持在较高水平上，股价却不能继续升势或难以保持稳定上涨态势，那么趋势或趋向可能面临转折。

如图 3-10 所示，A 区域成交量大增，形成密集成交形态，股价却难以保持继续强势上升势头，价背离形态显现。放量而价不涨，违背了成交量放大、确认股价上涨的助涨原则，这种量价背离关系显示出价格遭遇强大压力，存在趋势或趋向被扭转的可能性。

实战中，出现类似于 A 区域的价背离时，可以肯定是资金减仓的结果。

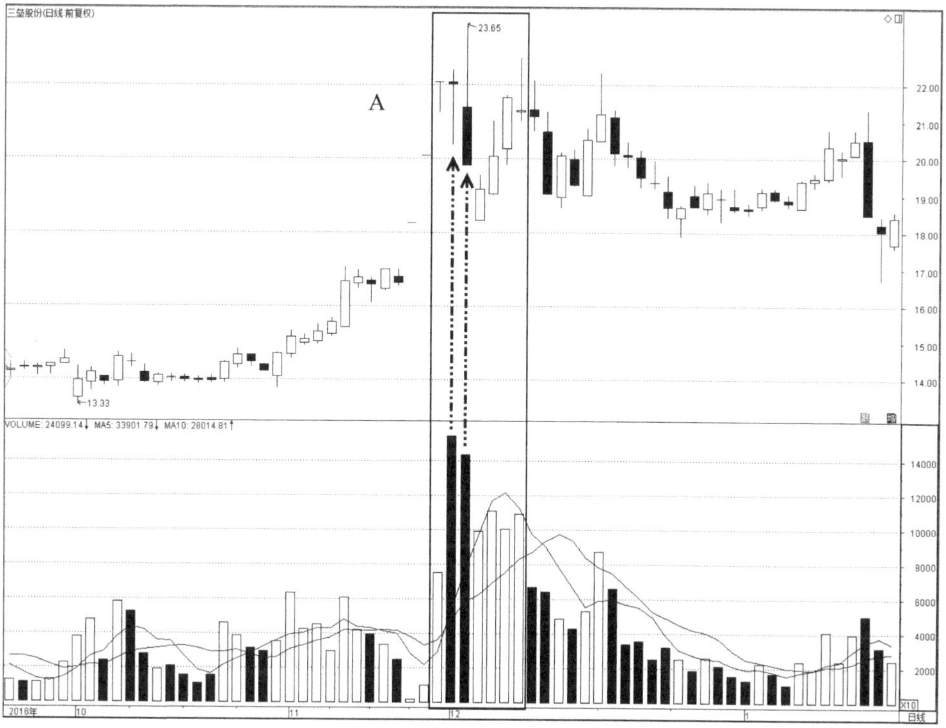

图 3-10

至于这次减仓是何种性质，则需要结合技术环境等方面综合分析判断。

有一点可以确定，价背离的出现必然会引发股价不同级别的回落。同时，形成价背离的量能方面，成交量数值越是接近历史天量，其引发股价大幅回落的可能性越大。

下跌趋势运行阶段，尤其是阶段性急跌过程中，某日价格不再继续下跌或跌速大幅放缓，但成交量仍处于连续增加、聚集态势。价背离形态的出现预示着价格短期拐点的来临。

如图 3-11 所示，股价快速下跌过程中，A 点成交量创出跌势中的高值，当日 K 线却收出带有长下影线的阴线，跌幅明显回收。

这种量价背离关系显示：随着跌势的一再延长，被恐慌困扰的持仓者最终难以忍受折磨，于是杀跌盘集中涌出。既打出了股价的阶段性低点，也释放了继续下跌的动能。恐慌盘大幅杀跌，正为主导资金或有准备的短

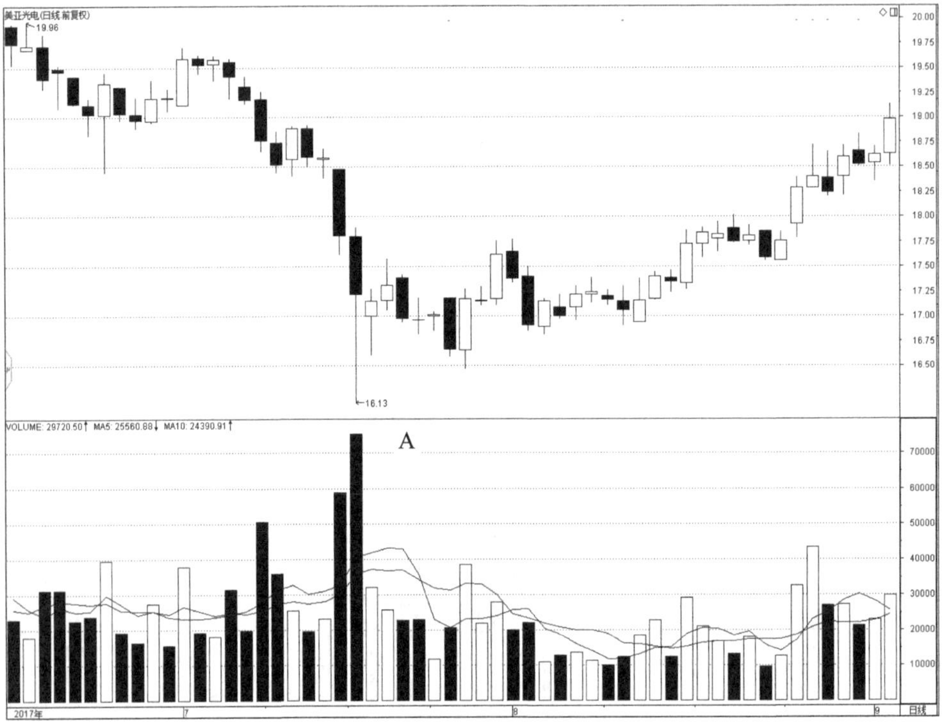

图 3-11

线客提供了一次难得的介入良机。

跌势中的价背离和前文讲过的阴聚量有着相同的技术原理，部分阴聚量可能具有价背离的形态特征。二者都是短线交易中捕捉急跌、超跌时机的技术手法，仅适合短线交易者操作。对波段交易者来说，价背离是分析价格趋势或趋向的一个重要支点。

三、趋势运行中的量能解析

没有任何趋势会永久不变地在一个方向上持续运行，趋势必然是在起落转承之间循环往复。起，一势的开始；落，一势的结束；转，势与势之间的连接互转；承，后势以前势为基础和积淀。

一势起，一势落；前势为因，后势为果；后势之果，又成为下势的因，循环往复形成行情趋势的环环相扣，势势相接，连绵不断。

这是关于趋势的哲学思考，也是交易中对趋势或趋向的全局性认识。支离破碎的技巧不可能行云流水般地应用于实战。只有脱开一隅束缚，从大局上重新认识、看待、使用技术，才能达到行情了然于心、交易从容不迫的境界。

图 3–12 展示的是趋势之间起落转承的全过程。A 区域趋势处于下跌（即“落”）的阶段，但这个阶段可以看到量价背离已经出现，成交量已经先于价格开始增加。

其后，行情发展进入下跌趋势与上涨趋势的“转与承”，也就是构筑底部的过程。B 区域价格回落过程中多次出现急跌，但已经很难再创新低，显示出价格强度渐渐像一只无形的手开始发挥作用。

B 区域之后以及 C 区域，趋势处于“起”的阶段，即上涨趋势如火如荼之时。C 区域之后以及 D 区域，行情发展进入上涨趋势与下跌趋势“转与承”和“落”的阶段。至 E 区域，趋势再度进入“转与承”和“起”的阶段。

趋势之间的“转与承”不像“起与落”那么明确易辨，如 B 区域“转与承”相对复杂，而 E 区域则为尖底形态的“转与承”。同样，C 区域上涨趋势与下跌趋势的“转与承”也是一个简易、迅捷的尖顶形态。

每一个股都有其独特的起落转承，但就整体趋势之间的量能变化来说，每一个股则“万变不离其宗”。

例如，下跌趋势“落”的阶段，成交量总是呈现量能消散，或转化后的低水平常量形态，如 D 区域。下跌趋势转向上涨趋势的“转与承”阶段，成交量总是从量能消散或低水平常量形态开始增加，如 A 区域和 E 区域。

上涨趋势“起”的阶段，大部分个股的成交量总是呈聚量或变量形态（控盘庄股除外），如 B 区域到 C 区域。上涨趋势转向下跌趋势的“转与承”阶段，成交量总是由聚量或变量形态转化为量能消散，或常量间杂间歇性的变量形态，如 C 区域到 D 区域。

趋势运行中的量能，会随着趋势的改变而变化和转化，这就为交易者在确定交易策略或把握交易时机时增加了一个可供参考的重要指标。

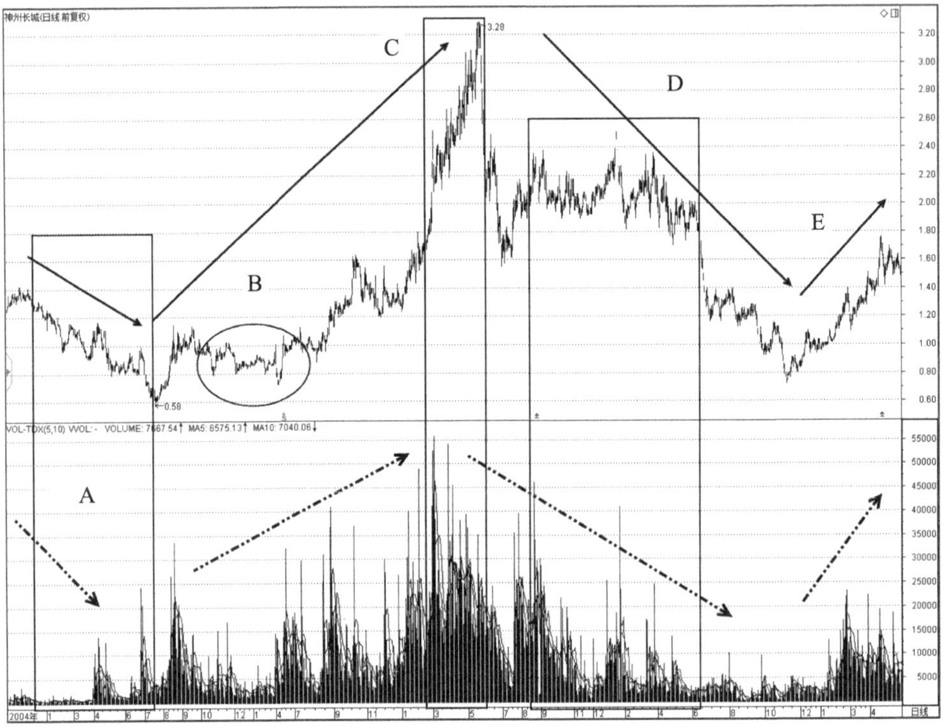

图 3-12

四、资金逃逸与回归

价格运行过程其实就是资金不断进出流动的过程。鉴于交易的博弈特性，笔者将这一过程定义为逃逸与回归。

从原理上讲，资金以逃逸为主则价格下跌，以回归为主则价格上涨。原理有时仅仅就是原理，实际上的变化却是无穷的。

日线系统的盘面上收出一根放量大阴线，似乎应该是资金逃逸，但如果细细深入分析分钟系统上这根阴线的多层构成，却发现其中放量的部分其实是资金回归。

逃逸与回归理论是以 K 线（股价）和相应量能综合分析为基础，其分析过程其实就是先假设后求证的过程。某根 K 线是否存在主力资金的逃逸与回归，并不是由 K 线本身是阴线或阳线决定的，而是由这根 K 线细化分析过程确认的。

资金逃逸与回归是成交量分析中的探索性理论，主要以 K 线和成交量柱等为载体，在讲解这一理论时，还是从个体、组合和形态方面以不同层次循序渐进、逐一分析讲述。

（一）逃逸线与回归线

逃逸线是资金流出的 K 线统称，由一系列 K 线构成的以资金流出为主的 K 线组合和形态，称为逃逸组合和逃逸形态。

回归线是资金流入的 K 线统称，由一系列 K 线构成的以资金流入为主的 K 线组合和形态，称为回归组合和回归形态。

实战中要避免以主观愿望来认定逃逸线或回归线的性质。比如，一根阴 K 线出现，做空者倾向于相信这是主导资金的行为，后市将持续下跌，而做多者则倾向于相信这是市场行为或主力诱空，后市仍将上涨。

一根阴 K 线从其形成过程的角度来看，至少表面上显示的是逃逸资金大于回归资金，不然也不会收阴线，将其定义为逃逸线没问题，但没有必要过早地认定逃逸线的性质。

没有逻辑分析和充分依据的情况下做出的判断，必然会受到主观愿望的干扰。缺乏客观性分析，其判断的准确性必然大打折扣。

交易者可以先把所有的阴 K 线都视为逃逸线、所有的阳 K 线都视为回归线，不必理会有哪些可能是主力刻意营造的骗线。然后，再分析在一些技术压制与支撑关系上，这些逃逸或回归的逻辑关系是否存在。

存在逻辑关系的，至少初步证明逃逸或回归是主导资金所为；不存在逻辑关系的，其虚假性反指的方向就是交易者关注的地方。比如，逃逸线出现后股价是否大幅下跌，回归线出现后股价是否大幅上涨？通过分析这些逻辑关系，能够发现哪些 K 线在说谎，哪些 K 线如同草蛇灰线，隐藏了未来行情的“伏笔”。

当然还有一个问题需要交易者关注，即资金流入或流出程度也是决定行情发展趋向、趋势的重要因素。如图 3–13 所示，该股下跌途中于 A 区域

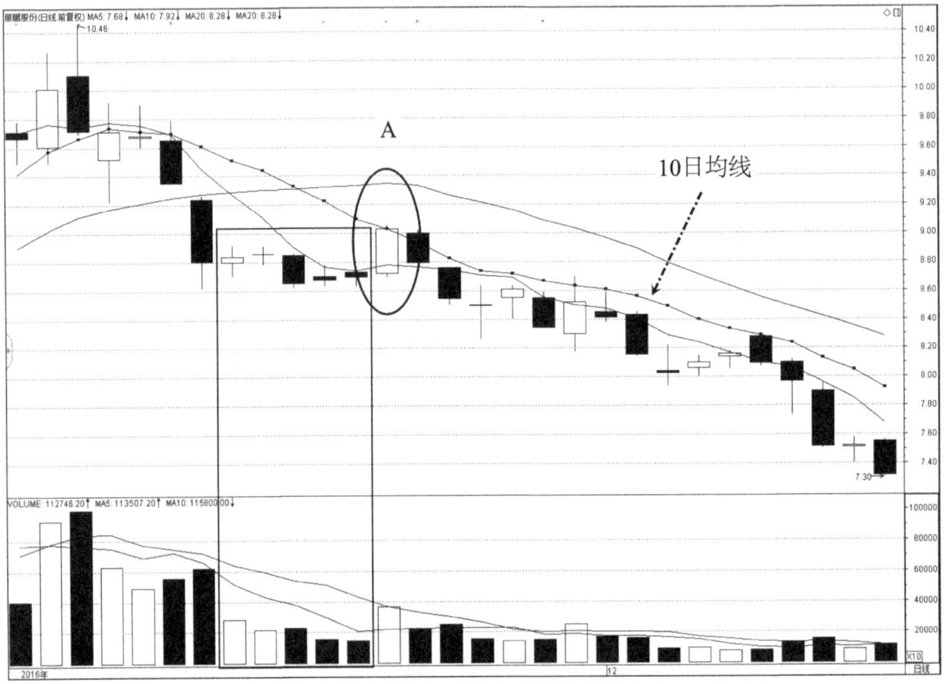

图 3-13

报收一根中阳线，交易者可以先视这根 K 线为有资金流入的回归线。A 区域出现回归线后股价并未就此反转向上，而是继续跌势。

A 区域之前该股股价其实已经止跌，止跌的过程由 5 根实体较小、成交日渐萎缩的 K 线（其中的阴线实体稍大）组成，这种止跌过程只能说明一件事，即止跌不是因为资金回归的多，而是因为逃逸的少。

由此可见，A 区域的回归线即使本身是真实的，但因之前缺少持续回归的基础，其本身明显受制于 10 日均线，这说明涨升强度不足。之后更显示出逃逸线，资金回归程度远远满足不了股价持续反弹的需要。

对于下跌途中出现的回归线，并不能轻易认定为买入机会，因为资金的介入程度才是决定行情持续发展的动力。当逃逸现象占据主流，同时资金回归现象并未显现时，交易者应当放弃诸如低吸之类的想法，静候局势变化。

偶然一次的资金回归或逃逸，并不必然引起价格的大幅或持续反应。从主导资金运作角度来说，仓位和价格的调适都需要一个时间过程。只有资金逃逸或回归达到一定程度，才会引发行情发生明显的趋势、趋向改变。

（二）逃逸组合与回归组合

单一的逃逸线或回归线所能显示的资金流动性太过片面，偶然一次的资金逃逸或回归说明不了太多问题，由一系列 K 线构成的逃逸线或回归线组合更能说明资金流动的程度和相应的价格趋向。

逃逸组合或回归组合不一定都由连续的阴 K 线或阳 K 线构成，因为在这种构成方式下价格趋向过于明显，往往出现在趋势形成后的运行过程中。

在趋势或趋向不明的情况下，逃逸组合或回归组合往往阴阳 K 线间杂其中，较难看出价格将要选择的方向。

“当涨不涨必然会跌，当跌不跌必然会涨”，正如这个股谚所说，某些逃逸线由一系列看起来马上就要上涨的 K 线组成，但其中资金一直在逃逸，最终价格开始下跌。类似这种情况的回归线在实战中也有很多。

如图 3–14 所示，A 区域展示的就是一个具有一定迷惑性或看起来将要上涨的逃逸组合。A 区域的第一根 K 线是一根缩量阴线，缩量阴线并不少见，但如果出现在如图 3–14 所示的价格关口上，就要引起注意。不少人认为放量阴线可怕，其实高位的缩量阴线同样可怕。

高位缩量阴线至少说明多空并没有发生激烈交锋，也就是说多方对下跌是漠视的，同时并不认为目前价格具有吸引力。所以，对于在实战中遇到的高位缩量阴线，交易者不能主观地认为没有量，价格就跌不动，相反要意识到其中的危机：多头已经不愿大举买入，即目前价位，多头主力不愿大举入场！

高位缩量阴线出现后，要么开始进入下跌阶段，要么价格迅速转为上涨。有人可能会问：既然多头主力已经不愿买入，价格怎么还会转为上涨呢？如果说是空头主力让价格转为上涨的，你会信吗？事实确实如此，其目的就是要让更多市场资金进场来满足做空需求。

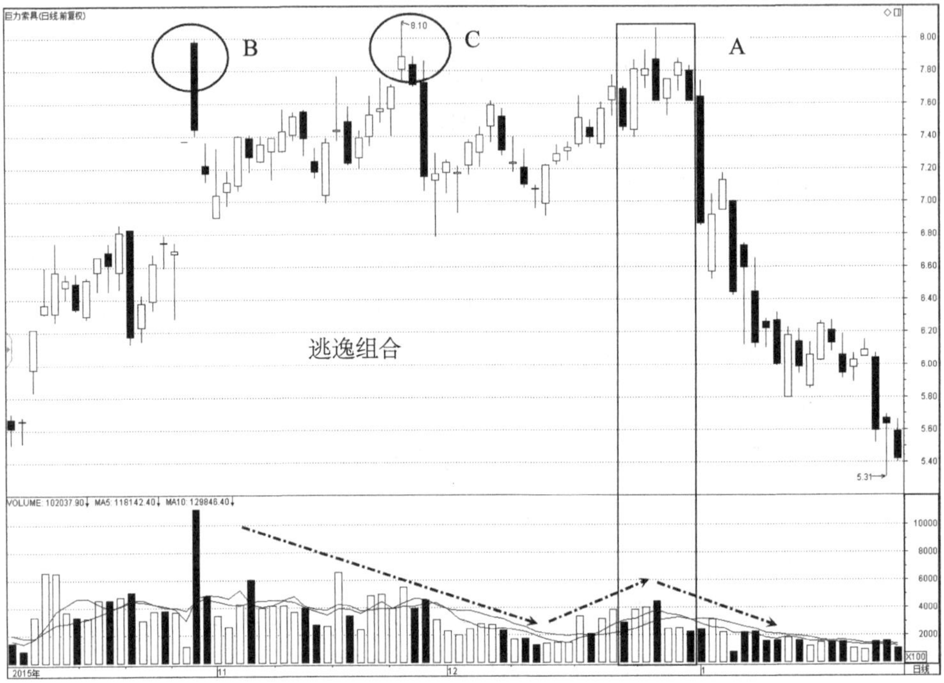

图 3-14

现在的多头主力就是下一刻的空头主力，反之亦然。多空之间并非水火不容、立场鲜明，而是随着时间的推移或实际需要发生转化和位移。

如图 3-14 所示，A 区域的第一根缩量阴线后，下一交易日股价低开高走报收一根多头覆盖线。这根 K 线的出现极为振奋人心，会让渐渐失去耐心的市场资金再度对股价上涨充满信心。主力想要的就是这种效果。

A 区域的第三根 K 线是具有上下影线的小阳线，这根 K 线的成交量略多于前一根多头覆盖线，但涨幅远不及前者，应该存在资金逃逸现象。通常来说，在价格关口上出现一定程度的资金逃逸是正常现象，所以这根 K 线并不能完全确认 A 区域是逃逸组合。

A 区域的第四根 K 线是该区域成为逃逸组合的“定海神针”。这根具有较长上影线的阴线在股价关口（股价关口是指存在重大压力的点位，如 B 区域和 C 区域的两个股价高点）出现，具有明显的资金逃逸特点。

首先，第四根 K 线的成交量是低点上涨以来最大；其次，较长的上影线显示股价有一个冲高的过程。第四根 K 线当日的分时图如图 3-15 所示，成交最为密集的地方就发生在股价上冲高点的时间点，放量过后股价也随之开始一天的回落。

如果说第四根 K 线仍不能让你相信资金最后的逃逸已经完成，那么 A 区域接下来三根忽然大幅缩量的 K 线应该显现了足够的“不祥之兆”。

两根缩量阳线可以让喜欢幻想的人安下心来，而最后一根缩量阴线和第一根缩量阴线的技术意义完全相同。可能有人会问，A 区域的整体量能不大，主力出得了多少货啊？

主力出货绝不会像散户一样，非得等到火燎眉毛了才知道大事不好。观察图 3-14 可以发现，成交量有一个明显的逐步缩减变化，这就是主力逐步完成减仓的过程。当然，图例不可能显示出主力减仓的全过程，这里列举的仅是其中一部分。

图 3-15

逃逸组合在股价相对高位出现，这是一个较为危险的警示信号，交易者要保持高度警惕。

在实战中，如果难以把握行情细节，在做多或做空选择上颇为矛盾和犹豫，那么不妨把目光放到更高层面。比如，从更长周期上俯瞰整个行情发展趋势，也许会发现所谓的纠结徒劳无功。任何形式的短期价格波动终究会回到趋势上来。

（三）逃逸形态与回归形态

逃逸形态与回归形态跟 K 线传统理论中的顶部、底部形态有很多相互吻合的地方，二者更偏重于资金的流动性分析，且对 K 线传统形态具有一定的验证作用，同时在交易时机选择上也具备提示和参考作用。

如图 3-16 所示，该股构筑了一个大型双顶形态。

在《K 线图核心技术》一书中，关于双顶的部分技术概要提到：右侧

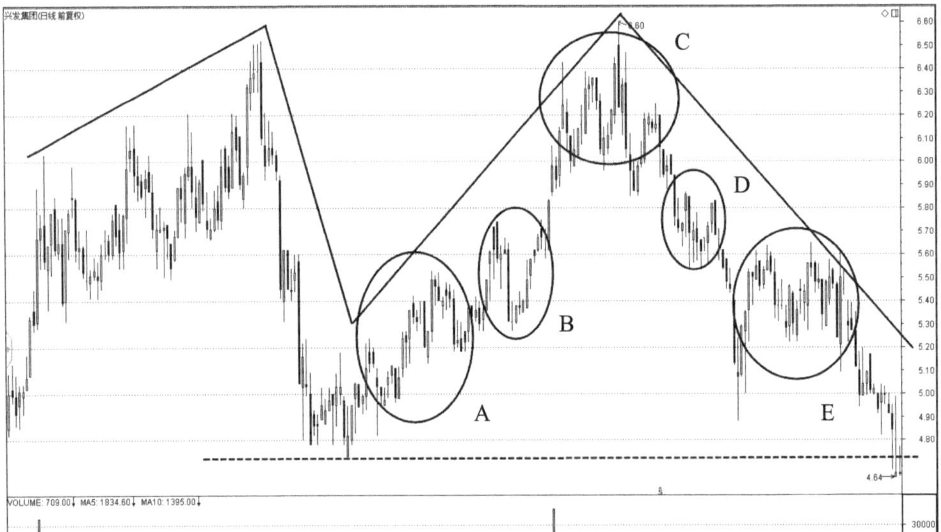

图 3-16

峰顶放量可能是坐庄主力遇到了问题，导致前期出货并不理想，左侧峰顶在形成（拉高）过程中也没能完成预定降低仓位的任务，而只能通过右侧峰顶继续拉高减仓。这种情况下的双顶形态，右侧峰顶多数会创出价格新高。价格新高在实战中颇具迷惑性，很多交易者认为股价能够创出新高，说明主力仍在运作，因此股价还会继续上行。双顶形态中的双峰顶放量或右峰顶放量形式，会使这部分交易者被套在峰顶仍旧不明白，主力为什么创出价格新高后却从此不见了踪影。

回顾了双顶形态相关的技术解析后，再通过逃逸与回归理论重新认识这个双顶：图 3–16 的双顶形态属于右峰顶放量，即这个右峰顶就是主导资金逃逸的“主战场”。在右峰顶形成过程中，可以发现有多个逃逸组合和回归组合存在。

要注意一点，并不是所有逃逸组合出现后，价格必然立即转入连续下跌。在股价的不同阶段，逃逸组合所表达的逃逸资金未必都是主导资金，而这些市场逃逸资金抛出筹码后并不会马上远离。当股价出现逃逸组合而不跌反涨且势头良好时，这些逃逸资金马上就会变身为回归资金重新进场，这正是主导资金希望达到的目的。

其实回归组合也一样，某些情况下非主导资金的回归并不会引领价格的连续上涨，或者虽然主导资金回归，但价格会延迟上涨，直至大多数人失去耐心。

实战中辨别逃逸组合性质，除了《K 线图核心技术》一书中讲到的分层透视，还有一个形态分析法，即逃逸组合出现后，价格的运行重心依旧保持向上并未出现横移或下行态势。

如图 3–16 所示，A 区域和 B 区域这种情况说明逃逸资金至少大部分不会是主导资金，否则股价很难一直保持重心向上。

A 区域和 B 区域后有个明显的资金回归过程，股价迅速上涨，至 C 区域价格的运行重心出现横移。这个区域成交量创下涨升以来的单日最大值，但没能出现聚量形态，而是呈不规则的变量形态，至 D 区域更是处于量能消散态势，至少从成交量分析上已经发现价格趋空迹象。

逃逸和回归总是相伴而生，缺其一，价格必将似无波动的死水一潭。分析逃逸与回归的过程也是对比二者孰强孰弱的过程。在一个时间段里显示逃逸（回归）现象占据主流，而资金逃逸（回归）呈抵抗状态时，即使价格尚未开始明显的回落（上涨），也离一波下跌（上涨）行情不会太远。图中 C 区域就是这种情况。

行情运行至 D 区域、E 区域时大势已经明朗。运用逃逸与回归分析，不用等到图中这个双顶跌破颈线位就早已明确该股股价的趋向，C 区域基本可以指明多头的减仓点和做空者的参与价位。

逃逸形态与回归形态由多个逃逸组合和回归组合以及逃逸线与回归线组成，从细微处汇聚而来的形态是大的方向，如图中股价跌破颈线位后趋势性下跌开始，即使后面有多次资金回归催生的反弹，在趋势运行完结前，方向仍很难改变。

第十一章　成交量催化理论

不要相信卖主知道他们为什么要卖，或买主知道自己为什么要买，也就是说，不要相信他们比自己知道的多。

——安德烈·科斯托拉尼

一、催化量与跟随量的概念

如果把价格比喻成航行中的船，那么成交量就像是信风、潮汐和暗流。有时突如其来的量能会使混乱局面逐渐明朗，有时却会让本来明朗的局面横生变故。但是，因此就认为量能决定价格运行趋向，则会犯下本末倒置的错误。

正如适宜的温度可以帮助鸡雏破壳而出，却不能决定一枚鸡蛋必然孵化出鸡雏。量能不是价格运行的决定因素，但是它能够起到加速或延缓的催化作用。

趋势或趋向运行中，平稳增加或减少的量能会使趋势或趋向运行得更长久，这种跟随或助推价格运行的量能性质即为跟随量，例如常量、量能消散、聚量等。

趋势或趋向运行中，量能突变往往预示着价格可能面临重大变化，这种引发或催化价格改变的量能性质即为催化量，比如多数的变量就是一种量能对价格的催化形态。

量能催化较容易引发量价背离的出现。比如，升势中出现较大量能，但并未推动价格相应地大涨，则意味着量能可能反而会催化跌势到来；跌势中出现较大量能，但并未使价格大跌，则意味着量能可能会催化涨势发生。

从量能催化的角度来说，当股价在一个趋势上稳定运行时，量能处于跟随性质，当量能催化现象出现时，意味着当前运行的趋势或趋向可能将发生改变。交易者对股价长期运行于一个趋势上的个股，可密切关注其是否有量能催化现象出现，一旦发现异动可能将意味着一个重要交易时机即将出现。

量能催化的量究竟达到何种程度才具有催化作用呢？这个问题跟个股股本大小、是否热门股、股价所处技术环境等有关，所以很难给出统一的答案。实战中，大幅上涨后的个股即使出现略小于最高成交量的情况，也会有催化反应。其他个股，当出现近几个月未有过的大成交量值或历史天量时，需要格外警惕催化反应。

二、量能催化与股价高点形成

如果突然放大的量能使得股价加速上涨，那么其对股价起到了同步催化作用，即同一方向上的催化。在催化量出现后的几个交易日，股价上涨的同时，成交量应至少保持在新常量或逐渐形成的聚量形态上，也就是跟随量随之表现出助推，否则量背离由此产生。

如果突然放大的量能并未使股价加速上涨，那么其可能会催化股价转向相反的方向。这就是反向催化，价背离由此产生。

如图 3-17 所示，A 点突然出现变量并催化股价上涨，之后的几个交易日，量能并未萎缩至 A 点之前的水平，说明跟随量已起到助推作用。

可能有人会问，B 点不是一个反向催化量吗？ B 点并没有出现量能突然放大，只是一个跟随性质的常量，无论是量背离还是价背离都不符合要求。

实战中，量能的催化与反向催化有简单易辨的形式，也存在复杂多变的形式。

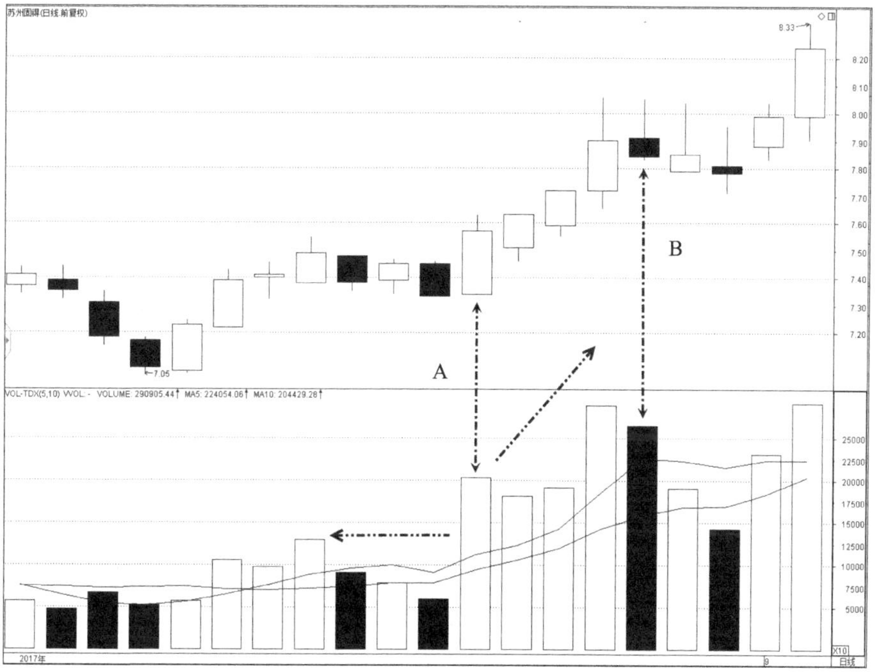

图 3-17

如图 3-18 所示，A 区域出现巨量级别的变量，但股价未能保住当日升幅，收出较长的上影线，之后的交易日该股开始一波回落调整。A 区域即为量能对股价的反向催化。

这个案例中的量能反向催化比较容易辨别，也利于交易者发现股价高点的形成。但实战变化总是层出不穷，某些情况下量能的催化和反向催化可能会接踵而至，使交易者在多空之间摇摆不定，难以做出最终判断。

如图 3-19 所示，A 点突然出现变量，但股价未能大幅上涨，而是冲高回落，当日收出一根类似于“黄昏之星”的 K 线，应该说 A 点具有量能反向催化的特征。但次日股价再度上涨，并未真正构成“黄昏之星”的 K 线组合。之后 B 区域几个交易日的量能形成新常量形态，而股价呈横向震荡。

对交易者来说，B 区域是极其难熬的，因为其中充满不确定性。如果仅就量价分析来判断，B 区域无疑是一个利于做空的高风险密集成交区。然而，C 点的大阳线会让做空或选择卖出的交易者后悔不迭。C 点的常量过

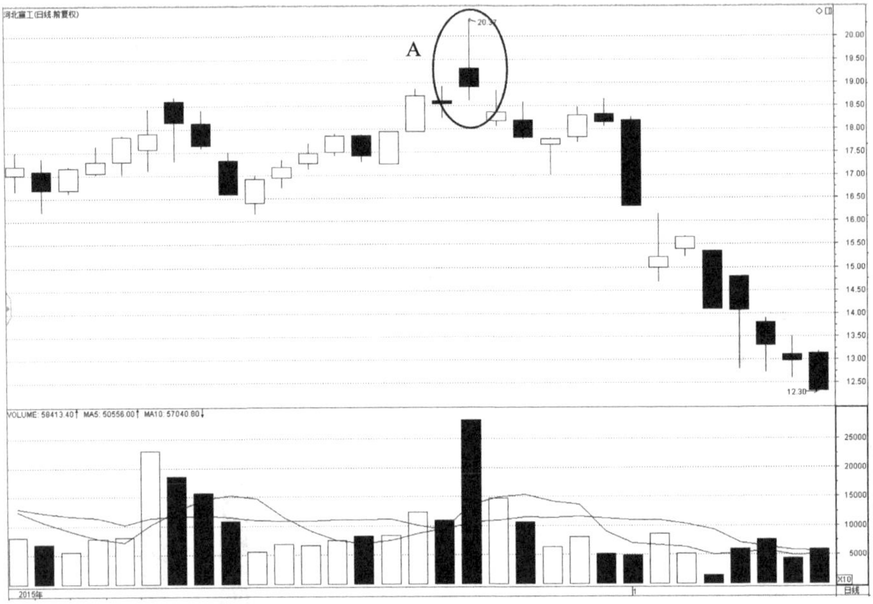

图 3-18

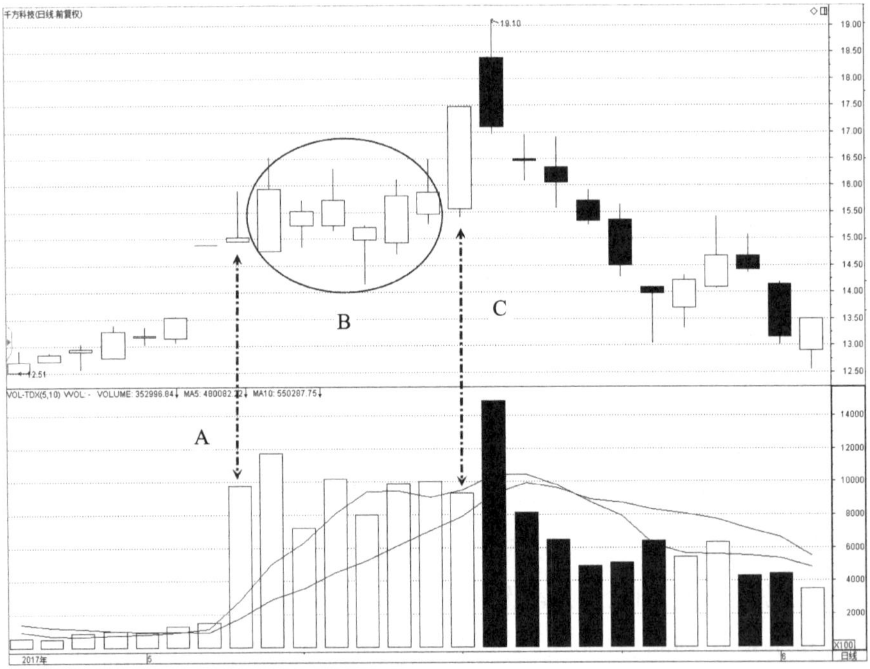

图 3-19

顶，似乎让做多局面忽然明朗起来，但下一交易日的走势再次让人大跌眼镜：变量再次突现，反向催化最终形成。

这就是一个较为复杂多变的反向催化案例，对习惯从技术环境分析入手的交易者来说，倒不是很难辨别。还有一些案例，量能的催化和反向催化接连出现，考验的是交易者的反应能力和心理承受力，反映的是交易的博弈性和诡诈性。

如图 3-20 所示，A 点出现量能催化，似乎昭示行情脱离盘局，开始走向明确的涨势阶段，但下一交易日再现变量反向催化。

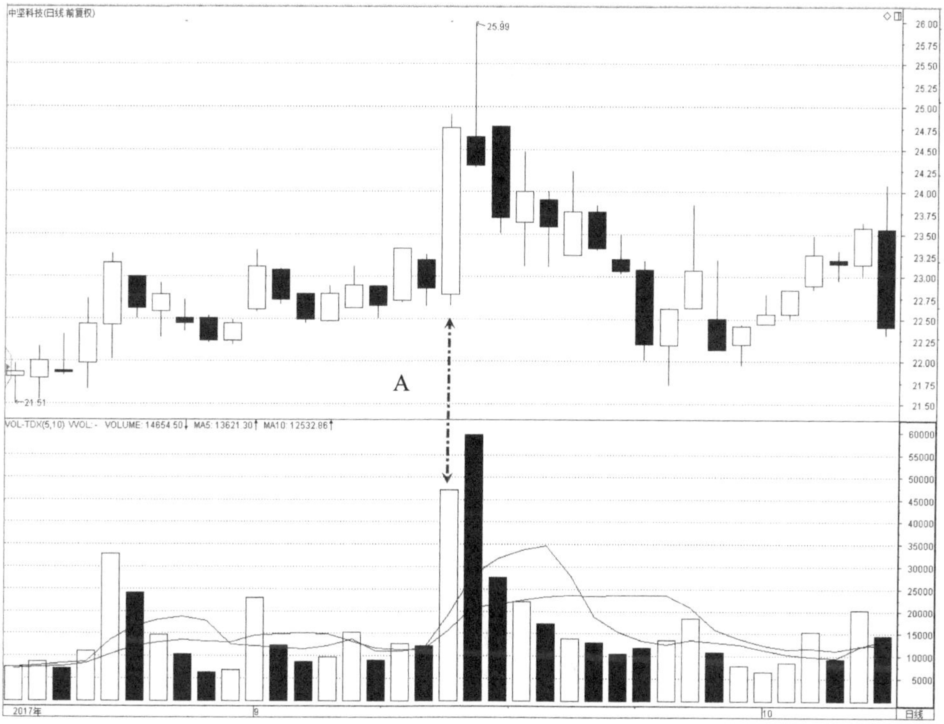

图 3-20

三、量能催化与股价低点形成

趋势下跌中的成交量，整体呈量能消散或常量形态，所显示的是交易冷清、乏人问津的局面。但是在细节上，比如量能消散或常量形态中，经常会出现间歇性的变量形态，而股价也随之出现短期反弹。

大多数此类反弹持续时间都会很短暂，基本不具有参与价值。但当一些量能催化条件出现时，相关个股可能出现具有一定持续性或级别不等的底部低点。交易者选择股价低点上量能催化的个股时，应针对经过长时间或大幅下跌的个股。

如图 3-21 所示，该股股价连续下跌形成阴聚量形态，至 A 点成交量放大，而股价当日探底回升、收出较长下影线（最好达到或超过实体），显示盘中开始出现做多力量。

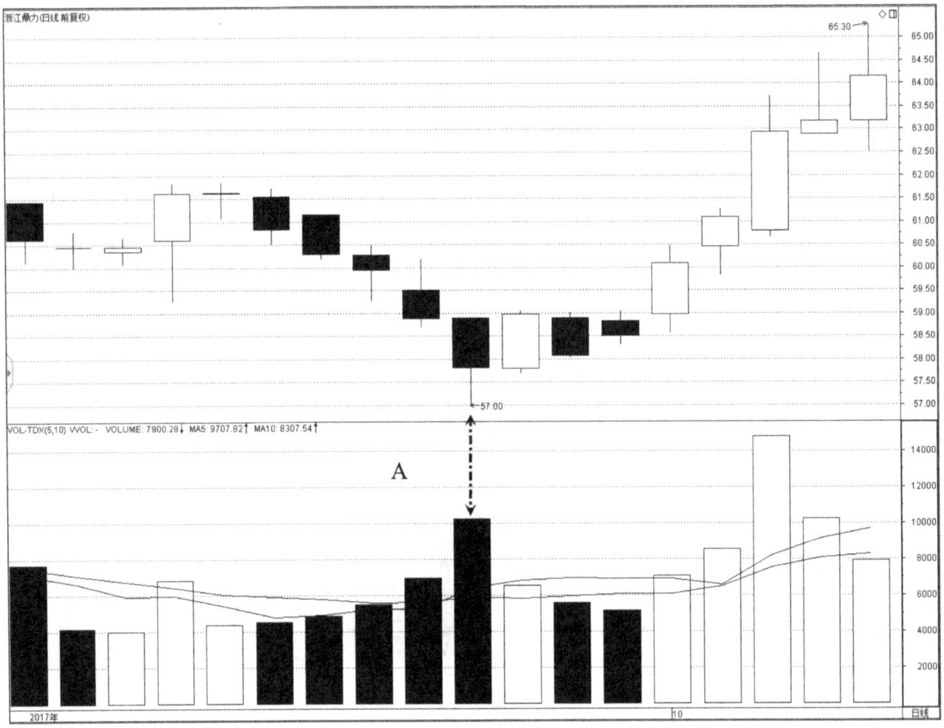

图 3-21

阴聚量形态下，止跌回升当日的量能一定要较为突出，明显大于阴聚量形态形成过程的量能，同时价格回升要具有一定力度。这种形态下，放出的量能不能促使价格进一步大跌，则反向催化价格回升。

分析价格低点的量能催化时，要特别注重技术环境。一些刚在涨势中发生转折或处于跌势正盛阶段的个股，也要避免介入。情绪宣泄的力量有时会将所有技术点都打破。

刚在涨势中发生转折或处于跌势正盛阶段的个股，其出现的量能催化形态有时是由部分喜好抄底的资金带来的。而有些主导资金善于迎合这些抄底资金的心理，当日可能会故意收敛减仓力度，让抄底资金踊跃进场，但随后交易日进场的抄底资金只能选择止损或被套。

随着股价逐步扩大跌幅，喜好抄底的资金会越来越少，越来越没有勇气进场。正基于此，经过大幅或长期下跌后的个股出现的量能消散通常不会是抄底资金所为。

如图 3-22 所示，该股在涨势中发生转折，虽然 A 点出现变量形态，成

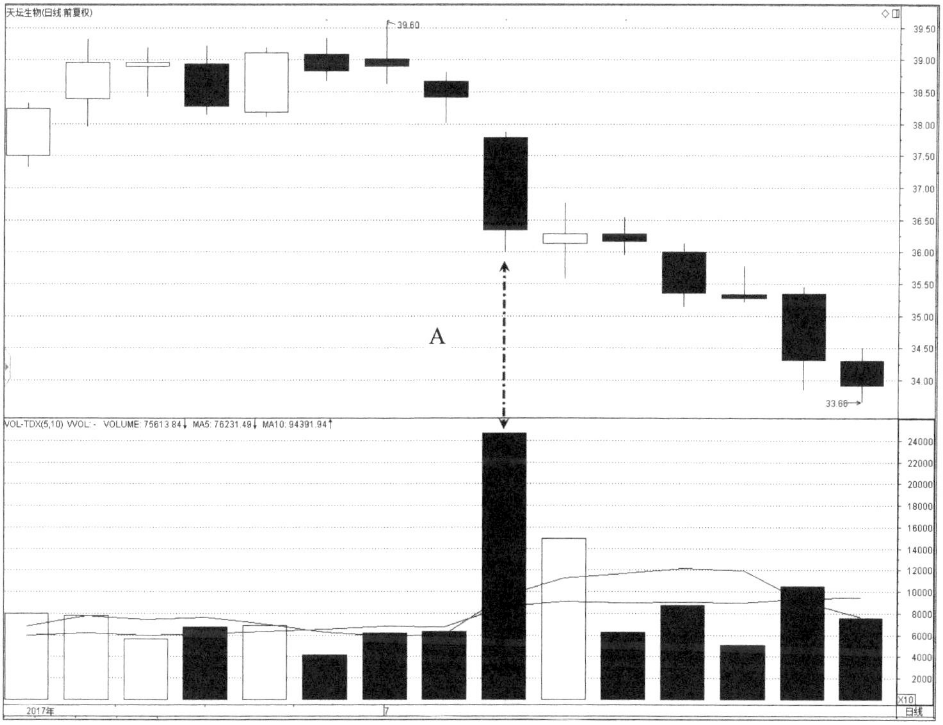

图 3-22

交量明显大于之前，但当日跌幅并未出现较大幅度的回收，下影线跟实体相比较小。这种变量形态显示的是对股价下跌的同步催化作用。

涨势发生转折的初期阶段，即使价格下跌中量能放大，也不可轻易入场抢所谓的股价低点。如上述案例中，即使你抢到了 A 点的股价低点，之后的交易日也很难获取多大盈利，能保证不亏就算反应快的了。

还有一种情况，即出现一段下跌后，K 线和成交量都出现反向催化形态（如图 3–23 中 A 点所示），但股价仍旧继续下跌。对这种情况，有时需要借助均线系统等综合研判。

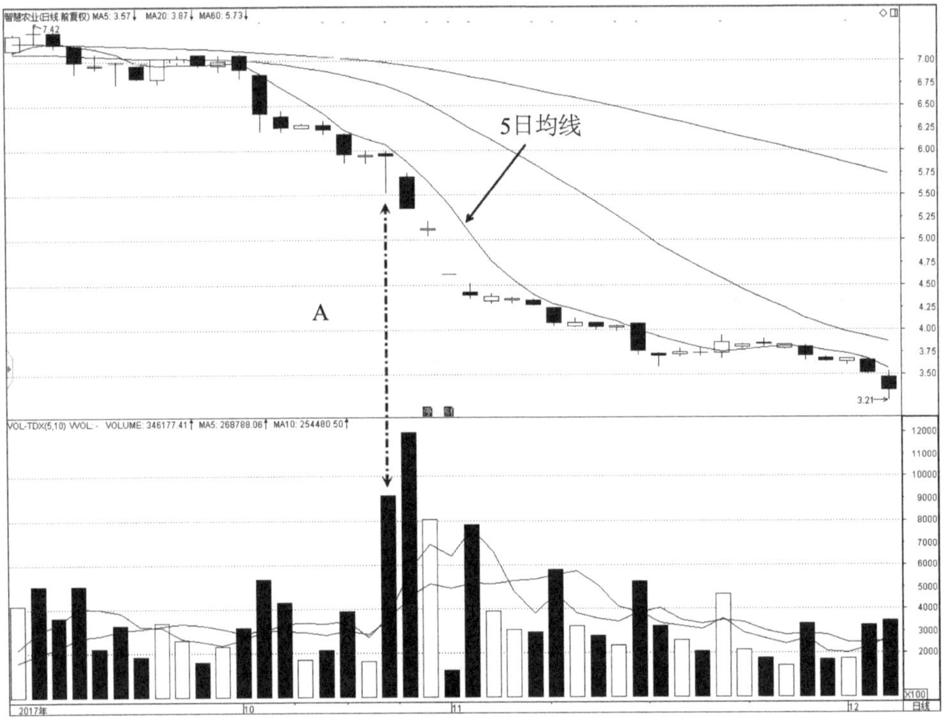

图 3–23

A 点虽然具有量能反向催化特征，股价和 5 日均线近在咫尺却难以触及，更不要说收复和突破了，这就显示出股价上涨强度其实很虚弱。

从均线理论的角度来说，短期的 5 日均线保持下行，压制着股价向下运行，是典型的压线形态。这是跌势中消耗做多动能的一种形态，尤其是在跌势的初中期出现时，更是应当回避的类型。

对于股价低点上出现的量能催化，最好关注经过长时间或大幅下跌的个股。这部分个股经过了一个做空动能相对充分的释放过程，本身的持续下跌动力并不足，一旦出现量能催化形态，说明有新资金或原存量资金蠢蠢欲动，极有可能正在酝酿一次级别较大的反弹行情，或开始构筑底部区域。

在构筑底部区域时，有些个股会多次出现量能催化下的股价急跌与急升，利用价格折返来吸纳筹码、降低成本。

如图 3-24 所示，该股长期运行于下跌趋势中，成交量相应处于常量态势。A 区域股价突然爆发两轮变量形态下的急速上升，但很快又回归平静。

这种从常量态势一跃而起的量能催化现象，就像是在空寂无声的地方，突然传来一阵惊魂动魄的雷声，其打破的必然是原有的宁静。

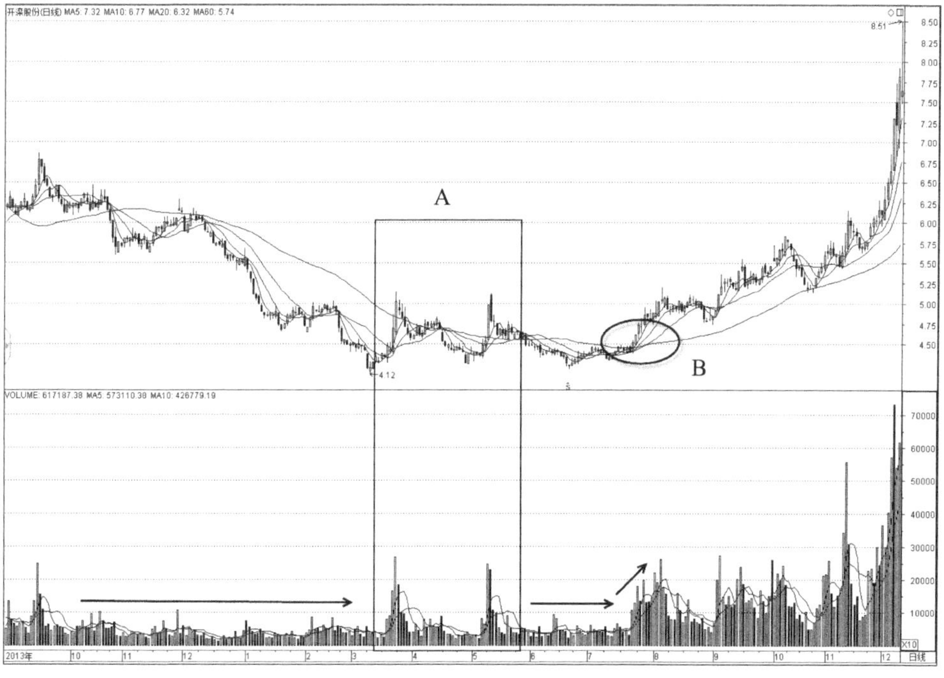

图 3-24

A 区域过后股价开始回落，量能重回前期常量水平，似乎 A 区域的“雷声”对其并无任何影响。B 区域股价突破均线系统并获得有效支撑，而量能催化以聚量攻击形式出现，这些技术细节都彰显出一个极佳交易时机的来临。

第十二章　量价实战综合分析

像新闻记者一样，投机家靠着自己追踪收集来的新闻为生，分析新闻，然后又必须像医生一样做出诊断。如果事情的发展与诊断不同，或用医生的话说，没有疗效时，就必须重新诊断。任何学校都教不出投机家，因为投机家的工具除了经验外，还是经验。

——安德烈·科斯托拉尼

一、股价止跌、见底的量能

当股价处于连续下跌过程中，无论是持仓还是准备买入的交易者，都想知道何时才能止跌。其实从技术细节上讲，股价止跌并不意味着就会转入上涨，止跌之后的股价可能横盘，也有可能稍作休整后继续下跌。

股价的止跌不难判断，如图 3-25 所示，A 点、B 点、C 点三根放量长下影 K 线出现后，股价皆出现不同程度的止跌反弹。但对交易者来说，这种形式的止跌只适合减持仓位，并不适合买入做反弹，原因在于股价反弹空间较小，大部分人难以顺利套利出逃。

这三个点都有类似量能催化现象，前文讲过，根据技术环境分析处于跌势的初中期并不属于关注的对象。但是出现类似量能催化现象就有很大概率会使股价止跌，这是交易者需要观察的技术点，有利于熟悉目标个股的特性。

止跌并不是交易者做多交易的信号，见底才是决定交易时机的关键。止跌和见底的意思并不统一，大多数情况下，止跌只是见底的一个阶段。

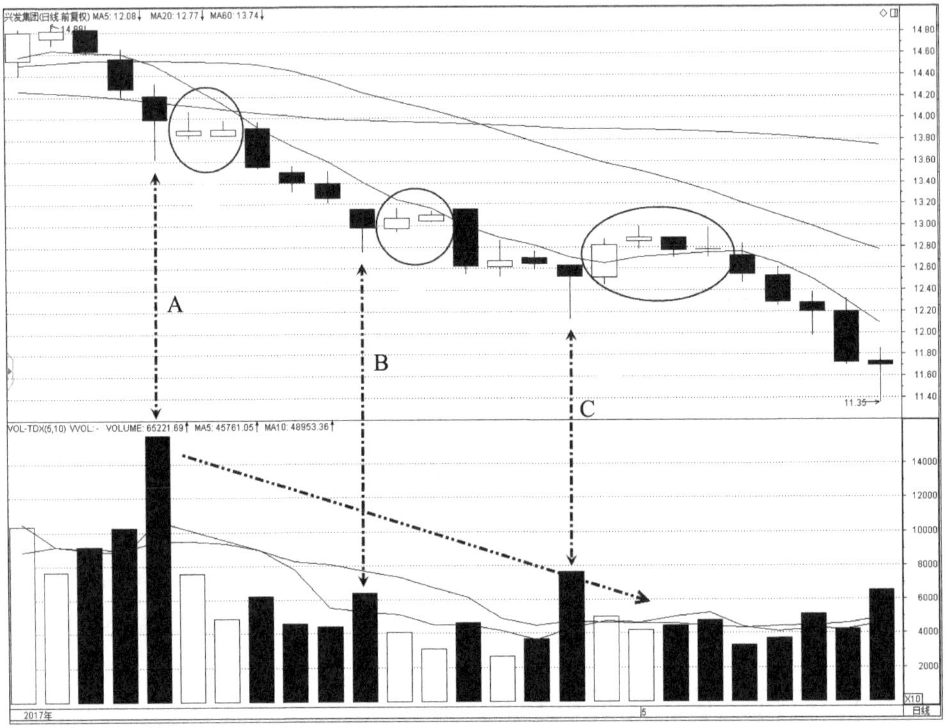

图 3-25

见底分为短期反弹底、中期反弹底和长期大型底。

就最为常见的短期反弹底来说，股价止跌只是初步信号，而是否见底则需要多个技术手段综合分析，比如分钟 K 线系统、均线系统等。

如图 3-26 所示，A 点股价探底回升，止跌信号非常明显。但之后的交易日，股价并没有马上启动上涨，而是和均线形成压线形态。

就短期反弹底来说，股价止跌之后会不会出现一个持续性的反弹，主要在于分析股价上涨的强度。一个连短期均线都不能突破并获得支撑的上涨，强度可想而知。B 点股价突破均线并在之后获得支撑，成交量呈聚量形态，此时短期反弹底已经出现。

见底必须有量能上的增加，以及对均线的突破和获得支撑。本案例的分析仅以日线为例，实战中则应从分钟系统开始，采取分层透视法逐级分析，这样会对见底与否有一个更充分、更详尽的判别。

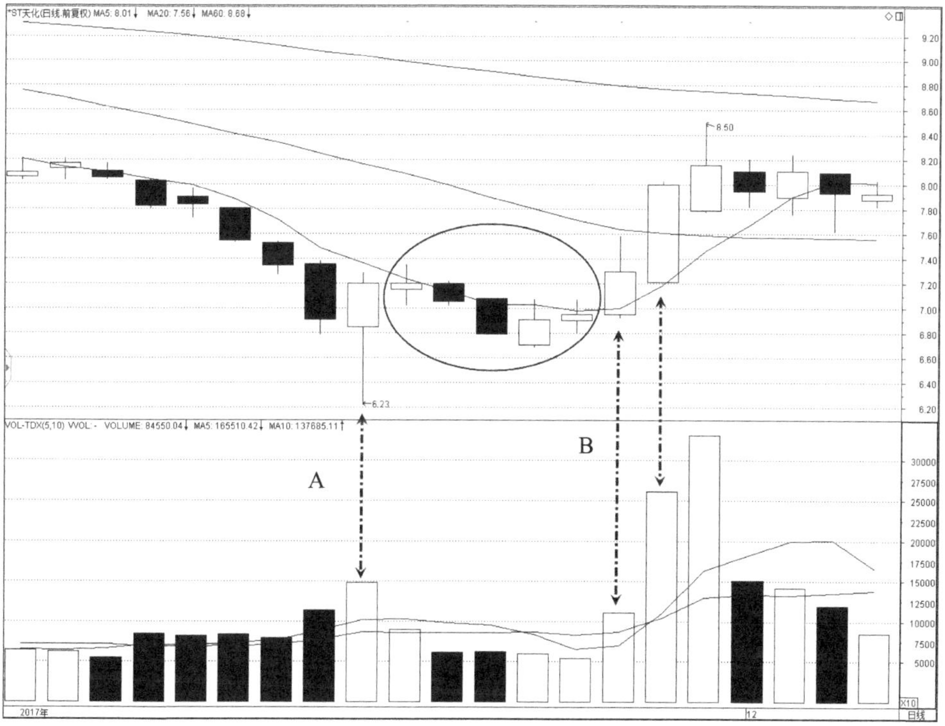

图 3-26

二、对倒的量能

对倒是指自买自卖的一种虚假交易行为。主导资金通过对倒可以打造交易活跃的假象，用以吸引市场资金跟风操作。对倒的种类分为单账户的对倒和多账户之间的对倒。单账户的对倒行为容易被监管部门发现，主力一般都采用多账户交易，这些同属于一个主力的账户之间的对倒，其隐蔽性相对较高。

提及对倒，可能一些有经验的交易者就会想到，主力对倒减仓或出货。诚然，有些情况下的对倒确实是主力为减仓或出货所为。但必须明确一点，对倒并非全部都是主导资金为了减仓或出货采取的操作手法。很多实力不够强大的主导资金，主要以对倒的手法拉高股价。从这个角度上说，对倒是主导资金在资金实力不够的情况下，以借力打力、四两拨千斤的“巧劲儿”

来运作股价的一种手法。

如图 3-27 所示，从股价相对低点就开始出现密集成交，及至震荡盘整阶段，甚至拉升阶段，成交量一直都呈现密集成交形态。

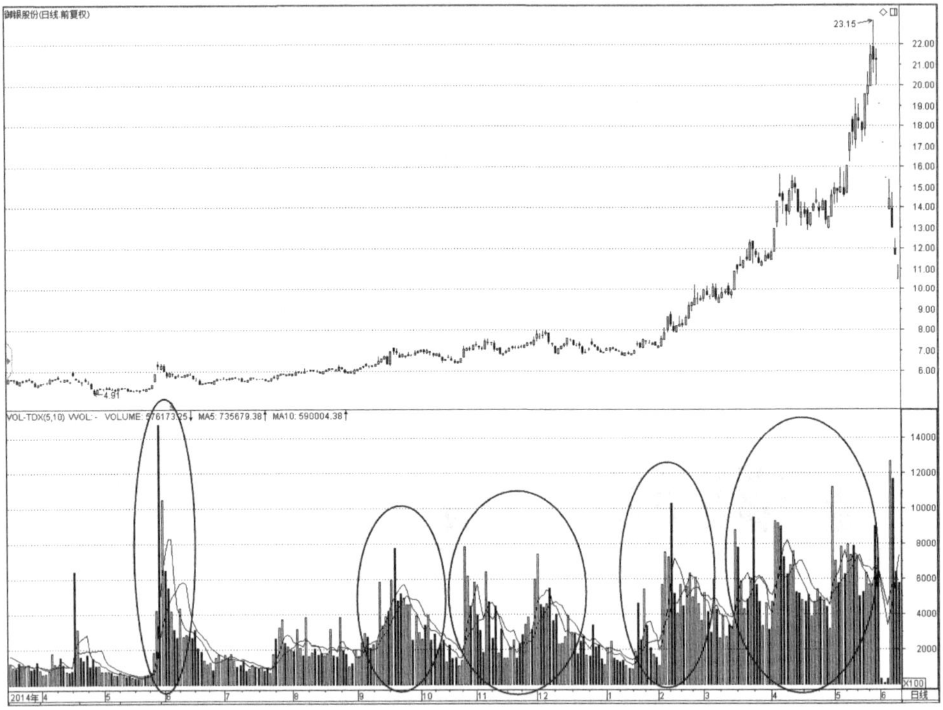

图 3-27

其实，这是一种很不正常的状态。整个上涨行情几乎都处于密集成交状态，说明主导资金实力不足，只能借用对倒等手法或技巧来弥补。

上述案例中主导资金以对倒运作股价上涨，这种类型的个股走势，折返较为频繁，密集成交是家常便饭，常常是盘中大买单连续出现，吸引跟风资金合力做盘将股价推高。这种以对倒运作股价上涨的手法常会让中长线持仓的交易者备受煎熬，但对摸清其中规律的短线交易者来说，采取波段性操作倒也乐在其中。

前文提到过，确实有一些对倒是主力为减仓或出货所为。及时发现这类对倒，买入者可预防跟风追高，持仓者可选择在第一时间抛出仓位。但从 K 线图上很难发现盘中对倒发生，只有通过分时图才能在第一时间捕捉到主力对倒的迹象。

对倒是希望股价短时间内大幅波动（上涨或下跌），所以通常会以成交大单的形式出现。成交大单一般是指千手以上的成交单。盘面上突然出现的成交大单会改变或引导股价的运行方向，确认成交大单的性质对提前应对股价可能出现的变化无疑具有重要意义。

并不是所有大单都是主导资金的行为，也可能是其他资金的行为。比如，某机构操盘手为尽快完成买入任务机械性大单扫盘行为、某机构看好个股后的试盘行为、盘中多个主导资金的博弈行为。如果是上述几种情况，大单消失后股价多会随之回落。

实战中的成交大单更多的可能是盘中主力行为。主力大单并不都是对倒，还有可能是真实的扫单拉升。

如图 3-28 所示，该股午后开盘股价直接被大单封上涨停板。图中 A 区域主要由 4 笔数千手的成交大单将股价封板。分时图的量柱接近 3 万手。这种情况就是主力真实扫盘的类型，股价升势凌厉，扫单坚决，没有拖泥带水的多余折返。

技术环境上经过急速上升或长时间涨升的个股，如果突然出现成交大单，股价却没有相应大涨，那么主力对倒减仓的可能性较大。

如果主力大单是对倒的，那么即使现价线瞬间被笔直拉起，也会很快出现折返。走势上拖泥带水，股价之后的变化或者说升幅并不明显，即使有所上涨，也会在之后或次日发生折返。

如图 3-29 中 A 点所示，现价线被笔直拉起，虽然分时图量柱达到 3 万多手，但升幅并不大且很快就出现折返。尽管午后开盘该股股价出现一定幅度的上升，但震荡回落的走势还是反映出后市存在较大隐忧。

案例中即为主力大单对倒的形态，这种盘局下对倒的目的很明确，就是为了刺激和诱使跟风资金追高进场，以满足主力减仓的需要。

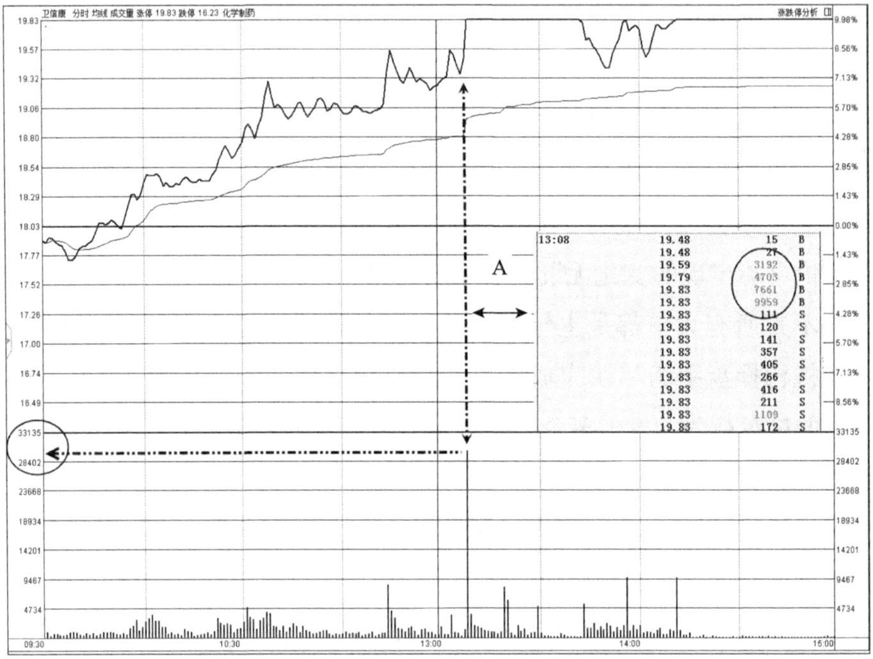
卫信康 分时 均线 成交量 涨停 19.83 跌停 16.23 化学制药
涨跌停分析
A
13:08
19.48 15 B
19.48 27 B
19.59 3192 B
19.79 4703 B
19.83 7661 B
19.83 9959 B
19.83 111 S
19.83 120 S
19.83 141 S
19.83 357 S
19.83 405 S
19.83 266 S
19.83 416 S
19.83 211 S
19.83 1109 S
19.83 172 S
09:30
10:30
13:00
14:00
15:00

图 3-28

兴化股份 2017-06-19 分时 均线 成交量
A
09:30
10:30
13:00
14:00
15:00

图 3-29

三、散兵坑

前面的章节讲到过挖坑，即主力在股价运行的各个阶段出于不同需要会通过减仓来打压股价，当股价回落到其希望达到的幅度时，主力便会重新拉升股价。股价形成的这种跌落—涨升形态，通常被称为挖坑和填坑。

其实，散兵坑就是挖坑的一种，只不过技术上通常将趋势转折区域出现的挖坑称为散兵坑。散兵坑是主力最坑人的一种洗盘行为，无数散户就是在趋势即将进入拉升阶段之前被清洗出局的。

散兵坑和《均线核心技术》一书中讲到的兜底坑其实是一个概念，名称不同是因为兜底坑更侧重均线理论，而散兵坑主要侧重量能理论。

散兵坑，技术上是指经过大幅下跌后，有中长期均线加入的聚拢或黏合形态下，价格突然向下快速跌落，但随后便开始回升、突破中长期均线，扭转趋势并启动第一波上涨。整个过程就像在路面上挖出一个坑，这个坑会对后面跟来的人造成影响，但对价格前行的道路来说，崎岖不平就是一种正常状态。

散兵坑是趋势扭转阶段比较常见的现象。在聚拢或黏合形态渐渐得到市场认可时，突如其来的急速下跌，并打破所有均线支撑，这种情况无疑会引发很大恐慌。

在上涨趋势并不明了、下跌趋势僵而不死的情况下，散兵坑会让多数持仓者失去信心、抛售筹码。在右侧“填坑”的价格回升过程中，已经卖出的人很少会再买回来，而主导资金想要的就是这个效果。

如图 3-30 所示，A 区域股价在量能变量形态下，从黏合状态中突然急速下跌，打破了所有的均线支撑，似乎正要开启新的大跌。但出乎意料的是，股价急跌急停，在低位盘整后回升并成功突破 250 日均线。股价在 250 日均线上测试压制转化为支撑后，随即开启新一轮升势。

A 区域就是一个散兵坑完整的形态，在这个形态构筑的过程中，成交量从挖坑开始前的变量转化为挖坑时的常量，及至回升时的聚量，都很符合挖坑量能的相关模式。完成散兵坑的填坑之后，成交量必然会有一个明

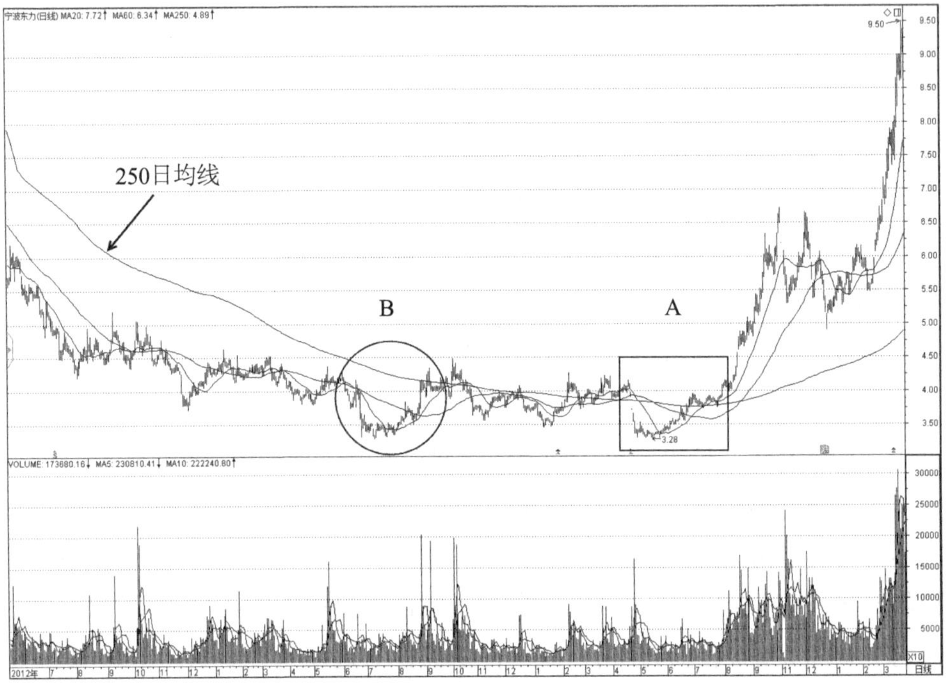

图 3-30

显的整体增加，这也是行情进入拉升阶段前的最后一次积淀过程，如 A 区域后的成交量整体形态。

B 区域的“坑”和 A 区域的“兜底坑”相似，但 B 区域并不符合兜底坑的标准。B 区域的“坑”缺少长期均线加入聚拢或黏合形态中的先期条件，前期只有短中期均线的一个常规盘整，更像是底部构筑阶段为吸纳带血筹码而挖的坑。同时，这里的量能也未在填坑后明显放大并形成聚量，而仅是一个变量形态，也显示出只是一个普通的挖坑与填坑。

从技术上来说，B 区域“挖坑”的起涨和盘绕 250 日长期均线，对这条长期均线最终扭转向上起到一定的牵引作用。这也是很多个股在构筑底部过程中，为使长期均线尽快进入修复并完成扭转常见的情况。

实战中，散兵坑形成过程的“挖坑”阶段并非都像上述案例中那样幅度相对较小，也有部分个股在“挖坑”阶段表现得穷凶极恶，以致会让持仓者抱有怀疑态度。

如图 3-31 所示，A 区域股价以 60 度区的角度下跌，下跌快且急，股价从每股 16 元多一直跌至 10 元上方。从幅度之大、过程之凶悍中，可以看出该股主力无疑是个“狠角色”。

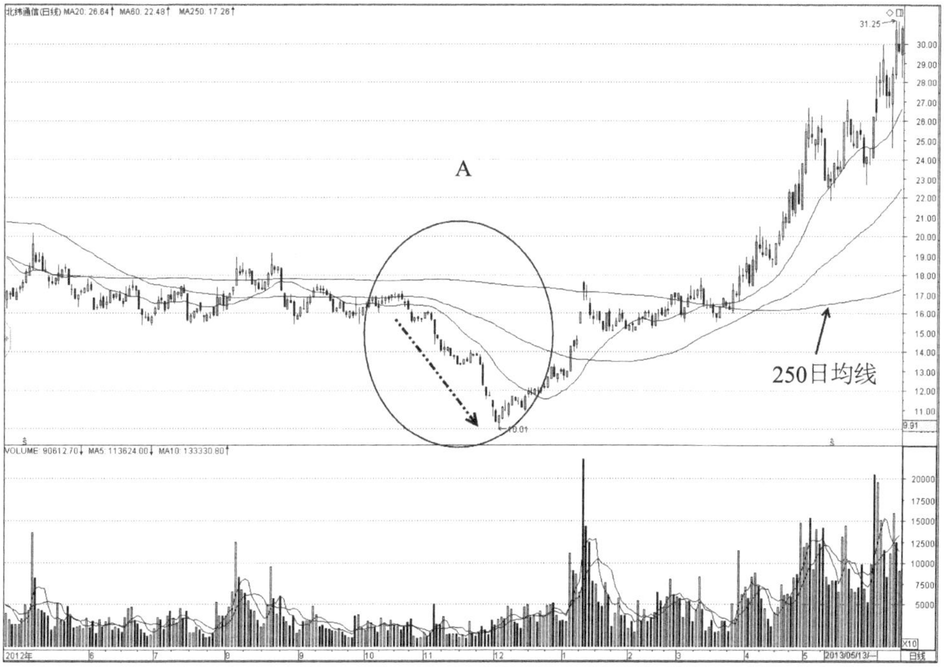

图 3-31

当然，散兵坑的深浅也与个股之前跌势中的整体下跌幅度有关。

经过长期大幅下跌的个股，即使想“深挖坑”恐怕也很难做到，因为没有那么多的套牢筹码愿意在此时割肉，多数被套牢的人早已淡然，不看盘了。而跌势中相对跌幅不大或刚经过一波次级反弹的个股，如果出现散兵坑，多数“挖坑”的深度很可观。

有时坑挖得深，并非全无好处，主力之所以“狠”，是因为意图长远，想把底部锤炼得更结实，为之后的“远大钱景”打好基础。

在讲趋势性上涨时，讲过一个概念——“最后一跌”，是指大多数个股在脱离下跌趋势进入底部构筑阶段时，会有一个加速下跌的过程，这个下跌过程通常会探明下跌的最低点，所以也被称为下跌趋势的“最后一跌”。这个概念容易和散兵坑混淆。

在某些个股上，可能“最后一跌”和散兵坑是重叠的，比如一些急速启动的个股。但在多数情况下，二者以先后顺序排列。

“最后一跌”出现在跌势结束进入底部构筑阶段时，而散兵坑多出现在底部构筑完成后，价格即将进入上涨趋势前，是主力清洗散户大军的行为。当然，二者并非都是必然存在的形态，毕竟实战中的变化形式实在太多。

四、封板与开板的量能分析

涨停的个股，既有以巨量封板的，也有以温和增加的量能封板的，既有封住涨停直至收盘的，也有涨停板盘中被打开的。这些涨停板上出现的不同量能变化，对分析个股后势具有重要的参考意义。

（一）涨停封板的量能

1. 温和放大的量能

在冲击涨停板的过程中，个股成交量多会增加，除非是开盘急速涨停或直接一字板涨停，其成交量或有缩减情况。

处于跌势中的个股涨停时，如果成交表现为温和放大，则在技术环境上多数都是经过大幅下跌的，其涨停板的价位远离套牢盘，所以不会有太大的解套压力。这种情况下，个股的后市应有一定程度的涨幅。

如图 3–32 所示，A 点股价涨停，而当日成交量仅温和放大，并未超出近几日的最大量能值过多。之后该股又连续上涨，量能也逐步放大。当成交量达到该股巨量甚至天量时，股价的上涨也随之走到了尽头。

处于涨势中的个股涨停时，成交表现为温和放大是极为理想的形态。尤其是突破前高点或某一技术关口时，封住涨停板的成交量温和放大，说明在多空争斗中并没有出现激烈交锋的情况，能够显示出主力的控盘程度较高。在接下来的交易日，如果能够继续保持温和放大态势，那么后期走势仍旧值得期待。

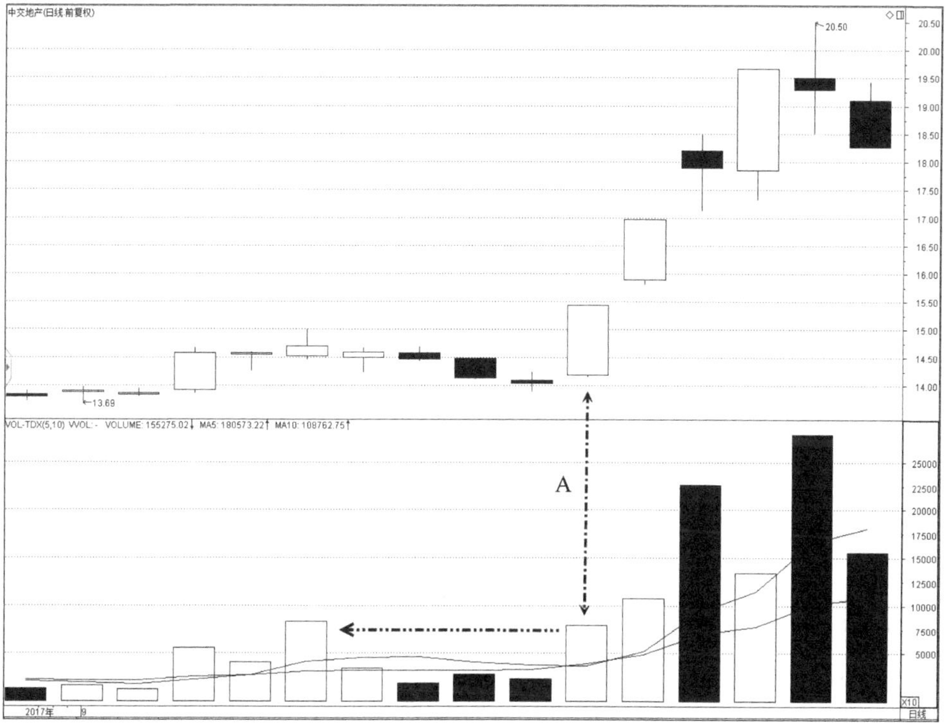

图 3-32

在之后的走势中，如果出现成交量放大，但股价不能继续涨停或大幅涨升，同时随着股价的冲高回落成交量呈变量、量能消散态势，则要警惕股价阶段性回落调整的到来。

2. 巨量封板

涨停板个股比较常见的量能形态是明显放大量能。放量封板说明主力的控盘程度尚不理想，仍有部分或较大部分抛盘会不时涌现。

涨势的初期放量封板属于正常现象，而且在实战中有主力虽高度控盘，但故意以对倒方式做大成交量，用以恐吓交易者，使其在分析判断上受到影响，过早卖出持仓。若在大幅或长期上涨后再出现放量封板，则要警惕主力借机出货。

如图 3-33 所示，A 点股价涨停，成交量达到该股巨量级别。从该股底部起涨至 A 点的价位，已经翻了 3 倍，涨幅较大。这里的涨停板放出巨量，

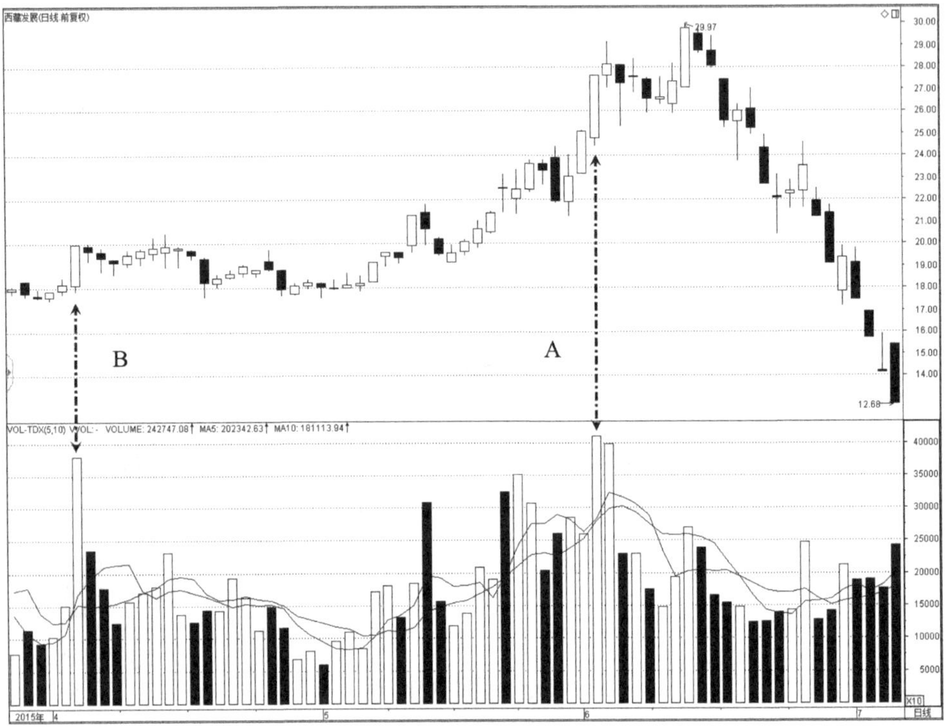

图 3-33

需要格外警惕。

其实从成交量形态分析上，A 点虽属于聚量形态，但之后股价上升，量能却呈消散形态，量背离的出现发出了高危警示信号。

如果处于跌势中的个股是以变量形态封板，那么后市除非资金继续以接力形式持续出现，否则涨停只是昙花一现，随后股价便回归跌势。

如图 3-34 所示，A 点该股突放巨量涨停，但此后股价并未继续上涨，而是就此回落重归下跌行情。该股处于跌势的反弹过程，成交量整体呈常量形态，反弹过程中也出现过变量，但数值不大。

A 点突然出现的巨量涨停板势必会让被套的持仓者大为振奋，以为该股苦尽甘来、跌势就此扭转，不乏有人会因此补仓操作。当然，活跃的跟风资金也免不了跃跃欲试。A 点及之后几日的量能也反映出这种情况。

学过变量理论的交易者应该熟知这种量能形态，尤其是达到巨量或天

图 3-34

量级别的变量，更是一个催化股价生变的形态。即便如此，交易者也会因为涨停板的存在心生犹豫。

这种技术环境中的变量涨停板虽然迷惑性大，但 A 点之后两三个交易日的股价及量能情况，应该能让交易者清晰地辨认变量的性质，不至于犯下买入或补仓的错误。

（二）涨停板被打开的量能

实战中经常会遇到个股涨停板被打开的情况，被打开涨停板的同时，多数个股都会有巨量成交。这些巨量来自何方，对确定个股的后期走势具有重大意义。

巨量打开涨停板后的个股，其后期走势并不一致。原因在于，处于不同技术环境中的个股，巨量打开涨停板的技术意义完全不一样。

例如，某些长期大跌之后的个股，在反弹之初出现巨量打开涨停板，虽然之后可能出现一定程度的回落，但主导资金的意图在于打压吸筹。而经过急速上升或长期大幅上升的个股，出现巨量打开涨停板则可能是阶段性顶部信号。

如图 3-35 所示，A 区域该股当日高开后即冲击涨停板，随即折返而下，这时的量能最为密集。虽然之后股价再次上涨封住涨停板，但 A 区域巨量冲板却折返而下的情况值得交易者重点关注。

有人可能会说，早盘冲板而不封是主力常用的吸筹或洗盘手法，关键在于之后能够封住涨停板。的确如此，这样分析在思路上并没有什么差错，但并不是所有个股都是这种情况。不分析技术环境，一概而论地认为是同种原因使然，那么终究会在实战中遭遇重挫。

如图 3-35 所示，该股当天共有 4 次（见图中 A、B、C、D 区域）冲板或封板后打开的情况，每次都会有相对较大的成交量。尤其是 D 区域，尾盘即将进入集合竞价之前的 2 分钟忽然出现大单将封板打开，并打低近 3 个百分点。这个现象意味着买一的巨量封单，以及多个价位的挂单全部被成交。

突如其来的巨量卖单当天出现 4 次，在前三次之后股价都封上了涨停板。如果主导资金意在洗盘，那么似乎没必要在 B 区域之后再封板，这样打压效果会更好，而且容易引出一定的恐慌盘杀跌。

然而，主导资金似乎有些担心引起市场恐慌，所以 C 区域之后仍旧封板。随着股价再度封住涨停板，市场情绪会有一种“就知道主力在洗盘”的感觉，挂单博涨停的应该不少。

尾盘最后几分钟的急跌并不会让太多的人产生恐惧，因为当天多次出现这种情况后再封涨停板。所以最后三分钟的竞价结束时，当天的收盘价并没有被抛盘打得很低。买入者可能还在期望次日再封涨停板的盛况出现。

尽管图 3-35 的分时走势已明显昭示出主导资金出逃的迹象，但可能很

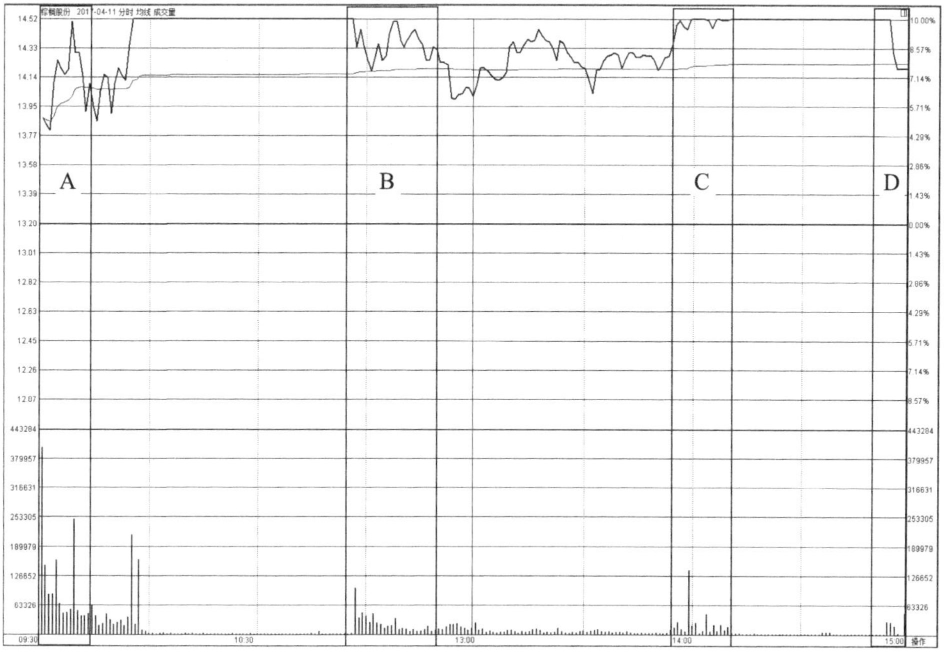

图 3-35

多人会沉迷在涨停板的幻象里，不愿相信对自己不利的分析结论。

其实不但是分时图，K 线图同样可以提示交易者做空点的临近，如图 3-36 所示，A 点即为图 3-35 分时走势形成的 K 线。A 点之前，技术环境上该股处于急速上涨态势中，量能呈变量，而 A 点当日换手率高达 43%，股价却未能封住涨停板，说明这里就是一个催化股价生变的变量。交易者即使在 A 点未能成功减仓，在之后的交易日也应择机减仓。

五、量能凹口

量能凹口是指图示量柱形成像凹口一样的形态。量能凹口在日线系统上容易出现骗线，而在分钟系统上的应用效果较为理想。时间单位越小的分钟系统出现的量能凹口准确性越好。量能凹口形态适用于短线交易者寻找价格低位的介入点。

量能凹口形态很形象地显示出资金从逃逸到回归的过程。交易中不管

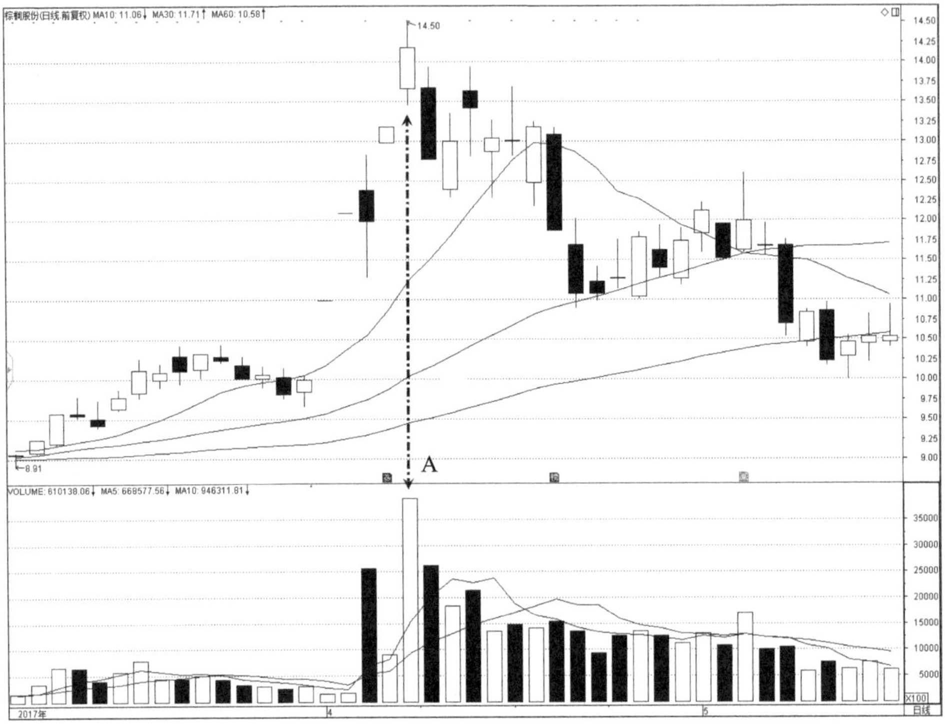

图 3-36

是主导资金还是市场资金，其逃逸之后必有回归，只不过因等级和层次不同，从逃逸到回归的时间周期上有很大差异。这里的量能凹口专指短期行为。

如图 3-37 所示，该图为 15 分钟 K 线图，A 区域股价大跌、成交量放大之后，开始呈盘整走势，至 B 区域再度放出较大成交量，并和 A 区域成交量形成了一个凹口形状。

图中 B 区域在量能形态上没有问题，该股后势出现了上涨，但在技术确定性上还是存在些许瑕疵。强调这一点是为了提醒交易者在判断形态时注意一些重要环节上的差距，因为这些差距极可能造成形态上的失败走势。

B 区域的瑕疵主要体现在 K 线上，如果那根放量 K 线没有创出新低的下影线，而是保持小阴线形态，就更为完美！有人可能会说，B 区域那根放量 K 线收出一个较长下影线，不是更能显示出资金回归吗？

问题就在于此！因为下影线太过明显地暴露出了资金回归的意图。

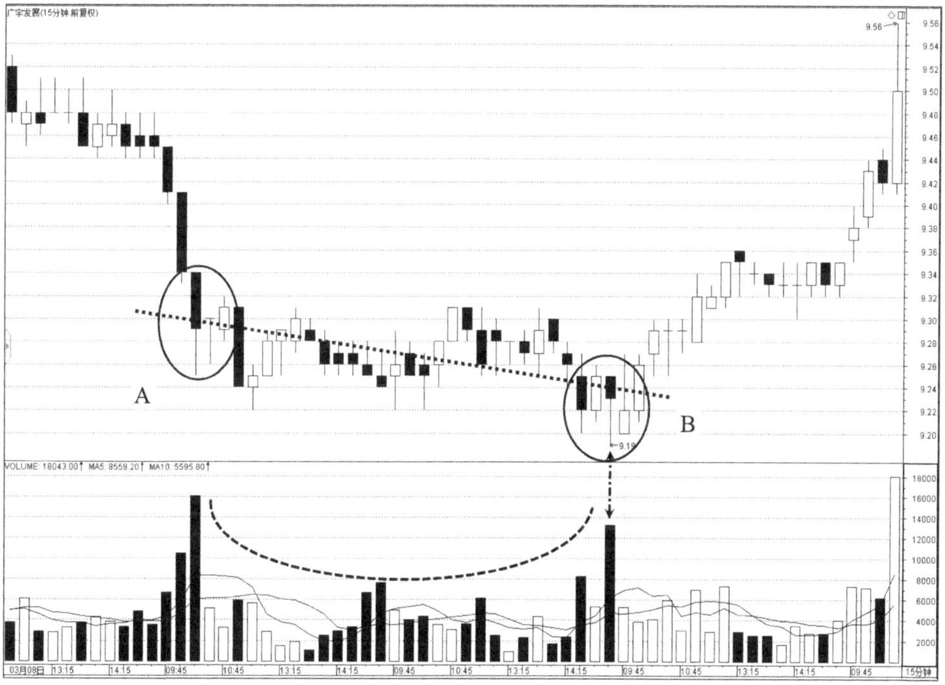

图 3-37

基于博弈的诡诈性，主力会刻意隐藏自身行为的轨迹，就像《孙子兵法》中所说：兵者，诡道也。故能而示之不能，用而示之不用，近而示之远，远而示之近。

B 区域那根放量 K 线的次一交易日，股价还是对前一交易日的下影线予以填充。主导资金的用意在于，驱赶前一交易日跟风进场的市场资金，弥补自己露出的破绽。

量能凹口形态中，类似 B 区域的位置，既不能是中大阴线，也不能是中大阳线，二者都不符合形态要求。小阴线是比较理想的 K 线形式，尤其是和 A 区域位置的股价能够保持运行重心不大角度下移会更佳。在成交量上，B 区域应接近 A 区域，不能有较大距离，否则难以构成合格的量能凹口形态。

六、控盘庄股的量能特征

通常把某一个股中能够对股价运行起到影响或操纵作用的资金称为主力。有些个股并无长期坐庄主力，只是短期资金进场炒作，故称主导资金，意指一段时间内对行情起到主要引导作用的资金。主导资金这个概念包括但不限于主力资金。

还有一个词也是用来形容对股价运行起到操纵作用的资金，即庄家。庄家一词引申自赌博术语，现在的股票市场上已经较少采用这个词，多习惯用主力来代称一些操纵资金。但“控盘庄股”这个概念依然存在，它的含义是指大部分流通筹码被主力资金控制的个股。这个概念其实更贴近“庄家”一词的本义。

控盘庄股在运行中，无论是图形还是具体走势，都异于其他个股。尤其是在成交量或换手率上，控盘庄股具有明显的特点。

比如之前提到过的“减量过顶”，其技术原理是：当主力将较大比例的流通筹码锁定后，市场上留存的筹码很难对股价形成统一的、有目的性的影响，而控盘主力通过次级或短期回落进行震荡，可以不断地降低持仓成本。当主力再次拉升股价时，这些高点多会被轻松越过，换手率必然也会逐级回落。

如图 3–38 所示，A 区域放出较大的量之后，随后 B、C、D 区域的量能整体逐步降低，股价却保持稳定的趋势性上升。减量过顶的多次出现给与交易者的重要提示就是，该股可能已经被主力控盘。

当一个控盘庄股在多次减量过顶后的股价高点开始出现较大换手率时，交易者必须警惕真正的股价顶部可能正在构筑，如 D 区域之后的放量情况。

为什么这样说呢？

主力将较大比例的流通筹码锁定，才能称为控盘。既然控制住多数的流通筹码，那么较高换手率的连续出现又是谁的筹码？毫无疑问，必然是主力的。一个控盘主力不再珍惜手中筹码而是肆意外露时，其目的性应该很明确。此时，交易者应当做的就是准备跑路。

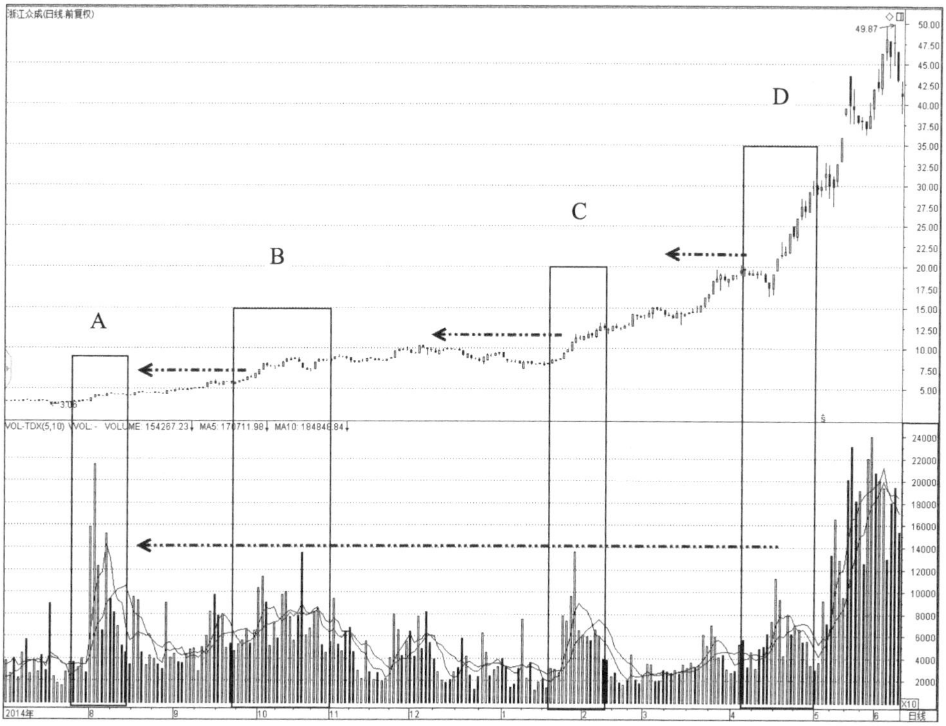

图 3-38

控盘庄股失去减量过顶的特征是一个危险信号。控盘庄股价格高位的换手率或者说成交量，怕增不怕减！因为增大的量能意味着主力加大减仓或出货力度。

其实，控盘庄股在多数震荡中形成的股价高点都是主力手里的道具。对控盘主力而言，这些股价高点所具有的真实压力根本不值一提。因为这些高点多是其阶段性减仓形成的，被套在高点上的散单多数会在股价下跌时低价抛出，所以一些看起来岌岌可危的“股价顶部”，其实不过是一个罩着恐怖外壳的空架子。

当然，有时也会出现一些“对手盘”。即被套在阶段性高点上的并非仅是寻常的散单，还包括有组织的机构资金。对控盘主力来说，这是一场相对艰难、耗时的硬仗。

这些有组织的机构资金不像散户那样容易在低位交出筹码，而会不断地跟主力抢食筹码，这就使得主力不得不使出十八般武艺击退对手。于是，一些控盘庄股往往会出现长时间或凶悍的调整，甚至会让人误以为该股主力已经出货跑路。

对控盘主力来说，尽管被“抢走”的筹码数量不足以威胁到自己，但一个强大对手的存在无疑会给今后的操作带来一系列的麻烦。

如果用技术手段不能甩掉这个“麻烦”，那么可以通过其他方式解决，比如合作。关于主力行为分析的内容，此处不再深入探讨，可参阅中国宇航出版社后续出版的《主力行为分析核心技术》一书。

第十三章　成交量相关指标及实战应用

投机行径就像一段危险的航海旅程，航行在发财和破产之间。需要一艘适合远航的船和一位聪明的舵手。这艘船指的是资金、耐心和坚强的神经。聪明的舵手必须是一位经验丰富并能独立思考的人。

——安德烈·科斯托拉尼

一、能量潮指标

本章将列举几种和成交量有关的技术指标，在实战中，这些技术指标不能作为交易的主要或唯一依据，而只能是技术分析的辅助手段。

能量潮指标（OBV）是美国投资分析家葛兰碧提出的，并被广泛使用。OBV 主要是以成交量作为突破口来分析股价运行趋向的一种技术指标。笔者认为，OBV 较适宜运用于短线交易的分析与判断。

OBV 是统计成交量变动的趋势来分析股价趋向的一种指标，而股价的波动与成交量的放大或萎缩有密切关联，即股价上升所需的成交量总是较大，下跌时则较小。

OBV 的相关技术理论认为，市场对股价运行趋向或趋势的争议越大，成交量就越大，反之成交量就小。因此，可用成交量来判断市场的人气和多空双方的力量。

OBV 指标的理论基础包括两点。

其一，重力原理。上升的物体迟早会下跌，而物体上升所需的能量比下跌时多。因此，股价的上升特别是上升初期必须有较大的成交量配合；股价下跌时则不必耗费太多能量，故此成交量不一定放大，甚至会萎缩。

其二，惯性原则。热门股一旦启动，成交量和股价的波动将在一段时间内具有持续性；同样，冷门股成交量和股价波幅较小的趋势也会在一段时间内具有持续性。

OBV 的计算公式：

当日 OBV= 前一日 OBV± 今日成交量

如果当日收盘价高于前日收盘价取正值，反之取负值，平盘取零。OBV 把股价上升时的成交量视为人气积聚，做相应的加法处理，而把股价下跌日的成交量视为人气离散，并做减法运算。

有些软件中，将一段时间内的 OBV 进行移动平均计算形成 MAOBV，即 OBV 的平滑线。

OBV 应用原则如下。

（1）OBV 下降而股价上升，预示股价上升能量不足，可能随时下跌，是卖出股票信号。

（2）OBV 上升而股价下跌，说明市场人气旺盛，下档承接力较强，股价的下跌只是暂时的技术性回调，股价可能即将止跌回升。

应用这些原则时，绝不可照搬或死钻牛角尖。如图 3-39 所示，OBV 在图中整体呈上升趋向，A 区域之前，基本能够体现第二个原则的情况，但 A 区域却出现意外：股价的大幅暴跌在 OBV 上仅仅反映为一个微幅波动。

其实 A 区域出现的情况和 OBV 的计算缺陷有关，使其难以体现股价暴跌情况。这也是在前文中，笔者认为 OBV 较适宜短线交易的原因。该指标反映短期内的量能、人气波动较为理想，但若应用于股价的中长期趋势判断，则很容易产生误导。

（3）OBV 线缓慢上升，股价也同步上涨，表示行情稳步向上，股市形势尚好，股价仍有上升空间，应持股待涨。

（4）OBV 线缓慢下降，股价也同步下跌，表示行情逐步盘跌，股价仍

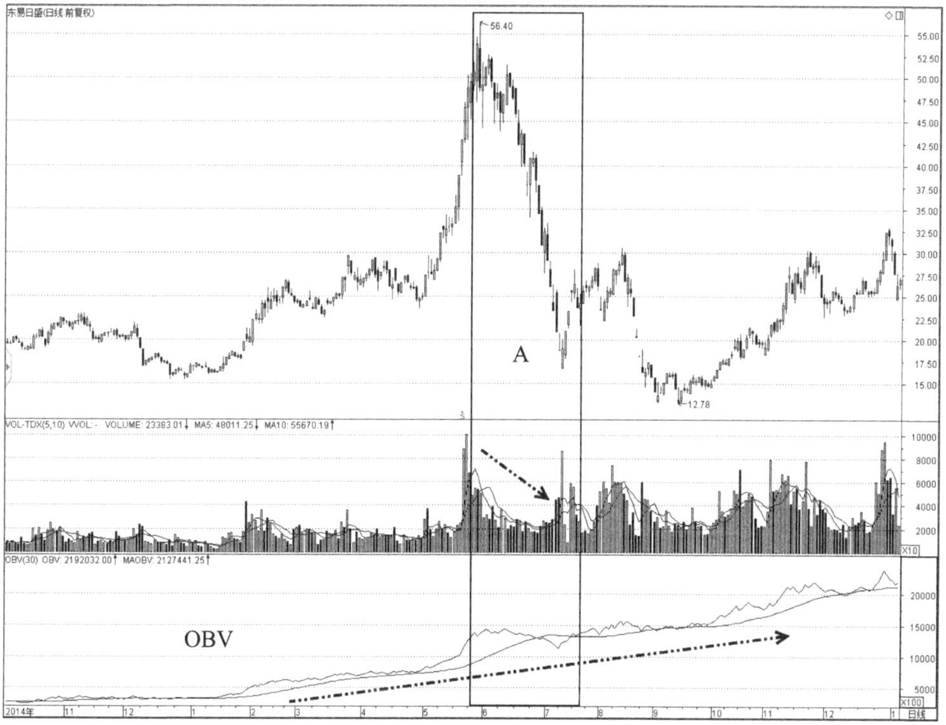

图 3-39

有下跌空间，应以卖出股票或持币观望为主。

（5）OBV 线急速上升，表明市场资金已全力涌进，而买方能量的爆发不可能持续太久，行情可能出现回落。对短期急升并涨幅较大的股票更为准确。

（6）OBV 线急速下跌，表明市场上大量卖盘汹涌而出，行情已经转入跌势。

如图 3-40 所示，A 区域 OBV 的急速上升与急速下跌，能够较好地反映出股价走势。图 3-40 为 30 分钟 K 线图 OBV 在股价短期波动上的反应与提示信号，具有重要的参考价值。

图 3-40

二、正成交量指标与负成交量指标

（一）正成交量指标

正成交量指标（PVI）又称为正量指标，其主要作用是辨别目前市场是处于多头行情还是空头行情，并追踪市场资金流向。识别主力资金是否在不动声色地购进或抛出股票，同时侦测散户的活跃程度。

PVI 理论认为，当日的市况如果量增价涨，表示散户主导市场；如果当日的成交值缩减，表示主力资金暗自吸纳股票。

正成交量指标的计算公式：

$$PVI(n)=PVI(n-1)\times PV(n)$$

公式须先比较当日成交金额与前一日成交金额后才能计算。

当 $VOL(n) > VOL(n-1)$ 时，$PV(n)=Close(n)/Close(n-1)$，否则 $PV(n)$ 为 1。

第一次计算时，PVI 一律以 100 代替。

软件中，通常还有一条 PVI 的 *n* 天移动平均线（MA），MA 平均线参数设定为 72、144 等。

PVI 应用原则如下。

（1）PVI 位于其 *n* 天移动平均线之上时，表示目前处于多头市场。

（2）PVI 由下往上穿越其 *n* 天移动平均线时，代表买进信号。

（3）PVI 位于其 *n* 天移动平均线之下时，表示目前处于空头市场。

（4）PVI 由上往下穿越其 *n* 天移动平均线时，代表卖出信号。

PVI 和下文将提到的负成交量指标（NVI）同样是适于短线交易范畴内分析应用的指标，交易者必须明确和理解这一点。实战中，个人认为其在 K 线分钟系统中的准确性和适用性要远远强于日线系统。

15 分钟 K 线图如图 3-41 所示，其中所标示的为卖出与买进信号发出的位置，基本符合股价后期运行趋向。

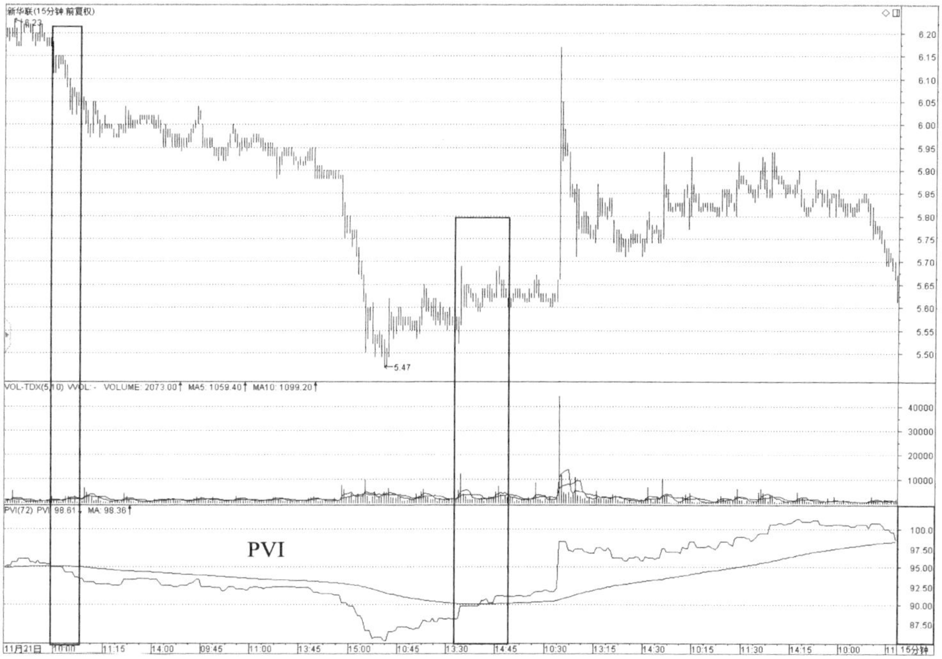

图 3-41

（二）负成交量指标

负成交量指标（NVI）又称为负量指标，和PVI一样，同由费班克（Norman Forback）提出。NVI 可以和 PVI 结合分析，除主要用于寻找买卖点外，更是侦测多头强势市场的主要分析工具。

NVI 应用原则如下。

（1）NVI 位于其 *n* 天移动平均线之上，表示目前处于多头市场。

（2）NVI 由下往上穿越其 *n* 天移动平均线，代表买进信号。

（3）NVI 位于其 *n* 天移动平均线之下，表示目前处于空头市场。

（4）NVI 由上往下穿越其 *n* 天移动平均线，代表长期卖出信号。

（5）NVI 与 PVI，分别向上穿越其 *n* 天移动平均线，为多头强势上涨启动信号。

如图 3–42 所示，NVI 与 PVI 分别向上穿越移动平均线，显示行情由缓慢上涨到强势上涨启动的过程。

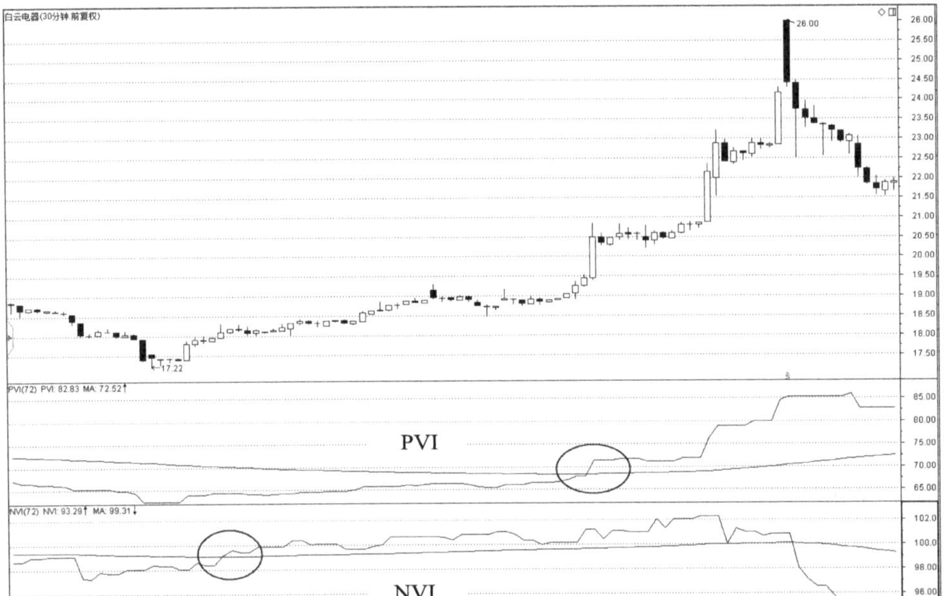

图 3–42

三、成交量变异率

成交量变异率（VR）是通过分析股价上升日成交额或成交量与股价下跌日成交额或成交量的比值，从成交额或成交量的角度测量市场热度，了解市场买卖意愿，从而分析股价趋向的技术指标。

VR 的计算公式：

VR=（AVS+1/2CVS）/（BVS+1/2CVS）

AV=n 日内股价上升日成交量，AVS=n 日内 ΣAV。

BV=n 日内股价下跌日成交量，BVS=n 日内 ΣBV。

CV=n 日内股价平盘日成交量，CVS=n 日内 ΣCV。

MAVR=VR 的 m 日简单移动平均，参数 n 为 26，参数 m 为 6。

VR 应用原则如下。

（1）VR 分为 4 个部分：低价区域（40 ~ 70）、安全区域（80 ~ 150）、获利区域（160 ~ 350）和警戒区域（350 以上），如图 3-43 中 A 区域所示。

（2）当 VR 处于低价区域时，股价多呈低位震荡盘整，可能会形成底部，可追踪观察。

（3）VR 处于从低价区域上升到安全区域时，成交量可能会进入衰退期，股价很容易转入下降期。如果 VR 在安全区域附近盘整（或直接穿越），一旦进入获利区域，市场极易产生一段多头行情，如图 3-43 中 B 区域所示。

（4）当 VR 处于警戒区域时，意味着市场资金处于狂热状态，股价可能会反转下跌。但需要注意，在 VR 转入下行时，股价可能仍会维持一段时间的惯性上涨，如图 3-43 中 C 区域所示。

四、量相对强弱指标

量相对强弱指标（VRSI）是通过反映股价变动的 4 个元素（即上涨的天数、下跌的天数、成交量增加的幅度、成交量减少的幅度）来研判量能趋势，预测市场供求关系和买卖力道。

相对强弱指标（RSI）以成交价为计算基础，而 VRSI 以成交量为计算

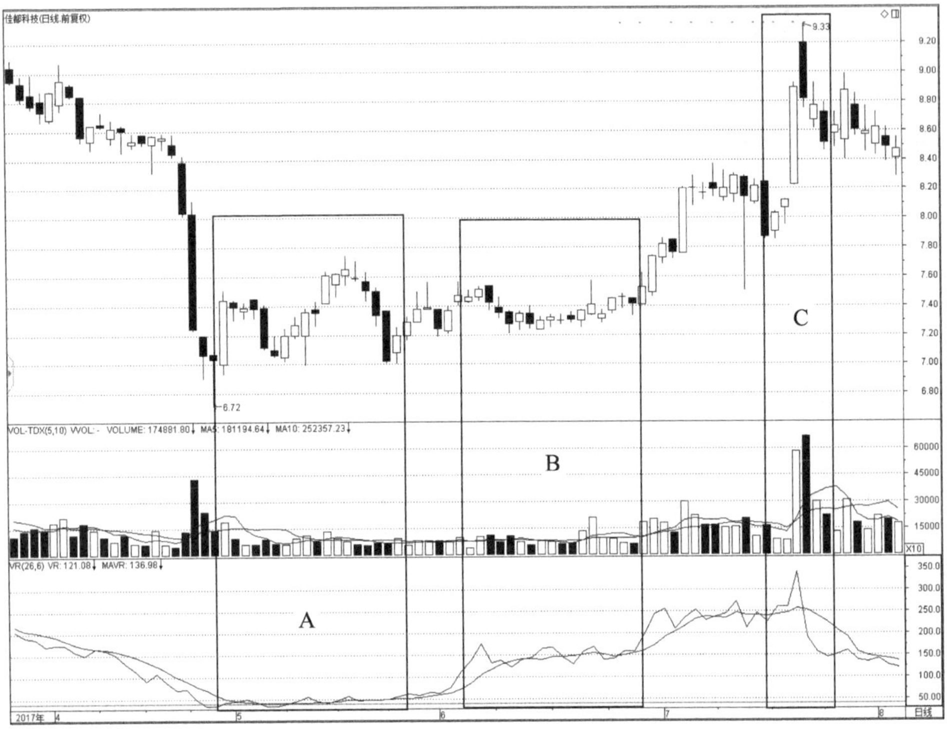

图 3-43

标准。量比价先行，故此 VRSI 相对于 RSI 能提前判断价格走势。

VRSI 的计算公式：

先求相对强弱值，再推算出 VRSI 线。

相对强弱值 =*n* 日内成交量增加幅度总和 /*n* 日内成交量减少幅度总和

VRSI=100−100/(1+ 相对强弱值)

参数：统计天数 *n* 一般取 6、12、24 等。

VRSI 指标应用原则如下。

（1）VRSI 以 50 为中轴线，大于 50 视为多头行情，小于 50 视为空头行情。

（2）VRSI 在 80 以上形成 M 头或头肩顶形态时，视为向下反转信号，如图 3-44 所示。

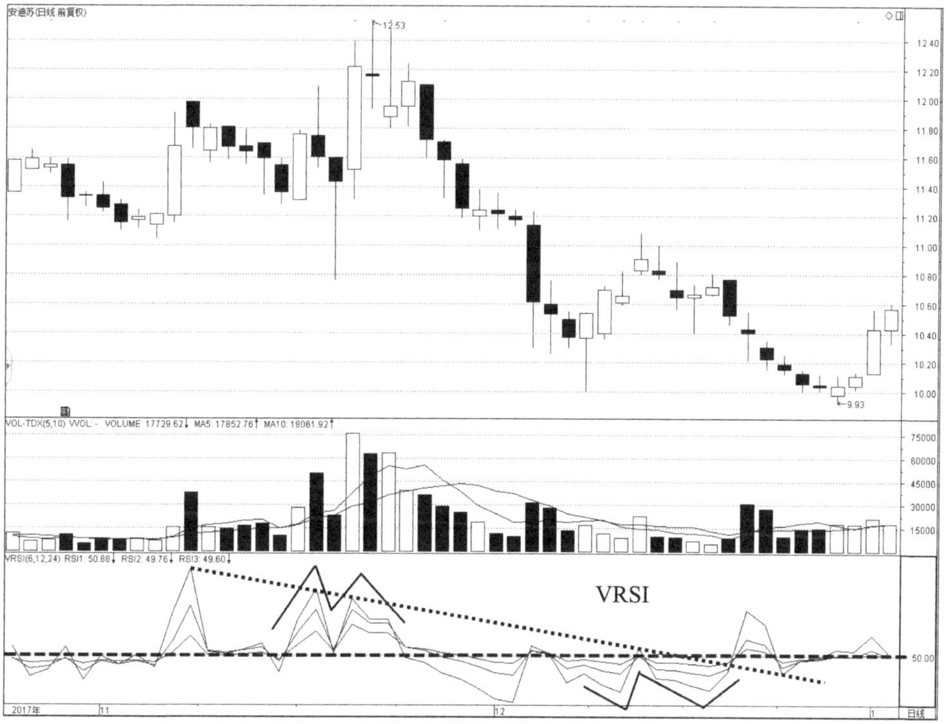

图 3-44

（3）VRSI 在 20 以下形成 W 头或头肩底形态时，视为向上反转信号，如图 3-44 所示。

（4）VRSI 向上突破其高点连线时买进，向下跌破其低点连线时卖出，如图 3-44 所示。

股价创新高，同时 VRSI 也创新高点时，表示后市趋强；若 VRSI 未同时创新高点，则二者背离出现，表示可能回落。

股价创新低，同时 RSI 也创新低点，则后市趋弱；若 VRSI 未创新低，则二者背离出现，表示可能会见底回升。

第十四章　寻找与性格匹配的交易

崩盘通常以暴涨为前导，而暴涨都以崩盘收尾，一再重复。证券市场的走向是典型的轮回过程。涨跌不是人类心理的反映，而是一种介于恐慌和自负之间的舞蹈，证券市场的历史是一连串由暴涨和灾难交织而成的。

——安德烈·科斯托拉尼

一、风险如虎

当交易技术达到一定水平后，交易中最大的敌人就是交易者自己。在性格、心理承受能力、学识、年龄等方面，交易者存在较大差异，这些差异反映在股票操作上会带来截然不同的结果。了解自己，剖析自己，找到自己的弱点所在，才能谈到寻求克服弱点的办法。战胜自己是指战胜自身的弱点。

对交易造成影响的个人因素有很多，但性格无疑是其中最重要的，正所谓性格决定命运。交易者首先要根据自身的性格特点，选择适合自己的交易方式。也就是说，要明确自己属于哪种类型的交易者。这个说起来好像挺容易，但真正能够正确评估自己的人并不多。

不少人在股票市场拼杀多年，无论是技术水平还是理论水平都很不错，但是很难获取与之对应的收益。究其根本，问题不是出在心理上，就是交易方式跟其性格并不匹配。

针对自己性格上的弱点，首先需要寻求改变，如果做不到这一点，那么不妨尝试调整自己的交易方式。性格上的弱点或短板或许会随着交易方式的调整转化为优势或长处。比如，性格保守、谨小慎微、视风险如虎的交易者却偏偏喜欢在短线交易的泥潭里挣扎，搞得自己疲于奔命不说，收益上也很难取得理想成绩。

谨慎型交易者的优点是不会轻易受小道消息或股评的影响，而喜欢自己作调查研究和分析论证。所以，这个类型的交易者应选择业绩良好、价值低估的股票，并以波段交易或中长线交易为主。

如图 3-45 所示，该股业绩优良，产品驰名中外。如果谨慎型交易者选择在价格低位进仓，然后以中长线交易为策略，既能避免短线交易对自己的煎熬，也能获得良好的收益。

谨慎是人们的天性，对缺乏股票知识的新手来说，谨慎是保护自己的有效手段。谨慎型交易者一般不会未经思考便匆忙做出交易决策，很少受

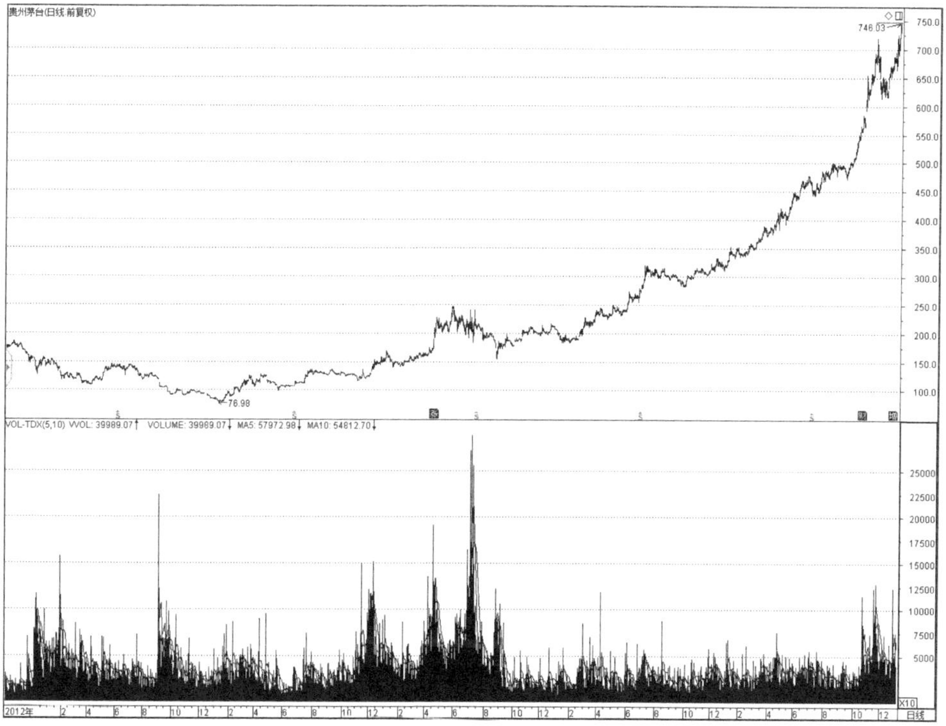

图 3-45

小道消息的影响，而是更愿意相信自己的研究和分析。虽然已经关注和分析某只股票很长一段时间，但在操作上仍然犹豫不决，害怕存在没有考虑到的风险因素。

经常会出现这样一种情况：过度谨慎导致犹豫不决，以致错失良机，从而无法实现收益的稳定和快速增长。过多地浪费时机则是成本上的损失。

谨慎型交易者是典型的长于分析研究而短于行动的类型，所以应避免短线交易。因为短线交易意味着必须面对股价短期内大幅波动，而这极易引起心理失衡和促发恐慌情绪，这些都是谨慎型交易者难以应对的。

谨慎型交易者往往心理承受能力欠缺，不希望遭受一丁点儿损失，一旦出现失误，则要经受很长时间的心理折磨。谨慎无可厚非，但如果过度谨小慎微、视风险如虎，每笔交易都让你辗转难眠，那么股票交易并不适合你。

二、我不知道风往哪个方向吹

新月派诗人徐志摩曾有一首诗《我不知道风是在哪一个方向吹》，用此来形容迷茫型交易者颇为贴切。这个类型的交易者性情随和，很少与人发生争执，容易倾听别人的建议和意见，但缺乏主见，且不愿通过学习和思考加以改变。

迷茫型交易者的交易决定往往是由网络传闻、消息、朋友推荐以及个人突发奇想、特定兴趣爱好等促成。只要能引起他们的兴趣，就会随意做出决策，而不会追寻根源，多问几个“为什么”，跟风和追高是其典型的操作方式。

如图 3–46 所示，该股为曾经一度热炒的板块领头羊，在短时间内出现极大升幅后，股价高点仍旧聚集着巨大成交量。这些密集成交中不乏迷茫型交易者跟风进场。

当一个热点板块被资金反复炒高后，虽然骗不了有技术分析能力的交易者，却对迷茫型交易者具有很大吸引力。尤其是这些板块或概念，在网络上被吹嘘得天花乱坠，且铺天盖地传播开来，无疑对什么都不懂、什么

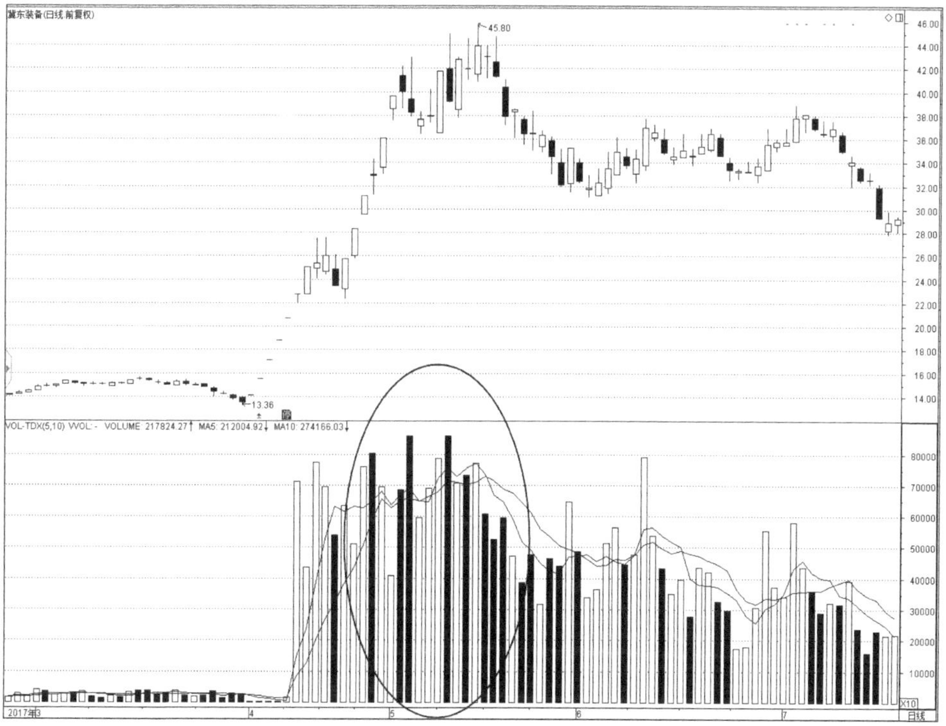

图 3-46

都好奇的人来说具有极强的煽动性和诱惑力。

迷茫型交易者一般很少在意宏观经济形势的变化会对股市造成何种影响，也懒于分析大盘技术环境和目前的运行趋势等。遇到交易难题时，只会向外界发出“求救”信号。

迷茫型交易者很容易忘记失败经历，也不会对失败进行总结和分析。在持仓过程中经常相信运气或天意护佑，而不是通过有效分析和判断来决定股票仓位的取舍。

当行情发生重大转折或意外情况时，其很难做到及时止损或止盈，更多的情况是：本来获利丰厚，在行情见顶回落时不知止盈出局，最终不赚反亏；执迷于鸿运当头，不愿止损而死守仓位，最终导致高度套牢。赚钱、亏损都不知因果，很多这种类型的交易者在盈亏轮回间，带着无尽的伤痛和遗憾告别了股市。

迷茫型交易者寻求改变的唯一途径就是，加强技术知识学习并学会反思成功和失败的交易案例，别无他途。至于适合的交易方法或方式，在技术能力未能实现长足进步前，最好的选择是先别着急交易。

三、跟着感觉走

有不少交易者具有一定的技术能力，却不太善于调适交易心态。同时性格偏急躁，难以忍受股价的正常波动，很希望买入后股价就一飞冲天。

当个股处于震荡盘整状态时，交易者就会情绪烦躁，持仓信心开始动摇。如果此时个股突然急速下跌，他们内心就会充满恐惧，一些灾难性的联想立即浮现在脑海里。接下来，交易者就会跟着感觉走，“卖出就可以脱离危险”的本能思维会将所有理性分析和判断瞬间格式化。

如图 3–47 所示，该股处于涨势中，但上涨过程并非一路上扬，而是很多次折返。对这些回落调整性质的折返，可能不少交易者就会觉得难以忍受，甚至会认为这是行情发生转折并开始进入大跌阶段，随即在折返过程中选择卖出离场。

股价下跌时会跟着感觉走，上涨时同样会跟着感觉走。比如，分析出某一价位有强大压制，但当股价涨到这个价位附近时，却不能及时执行事前的交易计划，总感觉股价还会继续上涨。

感觉型交易者多数很喜欢股票市场上的风云变幻，以及交易带来的刺激，这使他们具有一种归属感。感觉型交易者最喜欢追逐热门股票，感受热门股票价格的频繁变动正是这类交易者乐此不疲的原因。感觉型交易者对冷门股票呆滞的价格波动方式不屑一顾。

感觉型交易者在交易时间里经常处于非常忙碌的状态，他们目不转睛地盯盘，不断查看涨跌幅榜，生怕错过任何有价值的买入机会。而不断地买入、卖出使他们觉得自己很充实，有归属感。

对这种类型的交易者而言，空仓甚至比亏损更让他们恐惧，同时因为缺乏持股耐心，一些大牛股经常从他们手中溜走。他们经常宣称：某某牛股大涨之前我曾买过，但没能等到开始大涨……

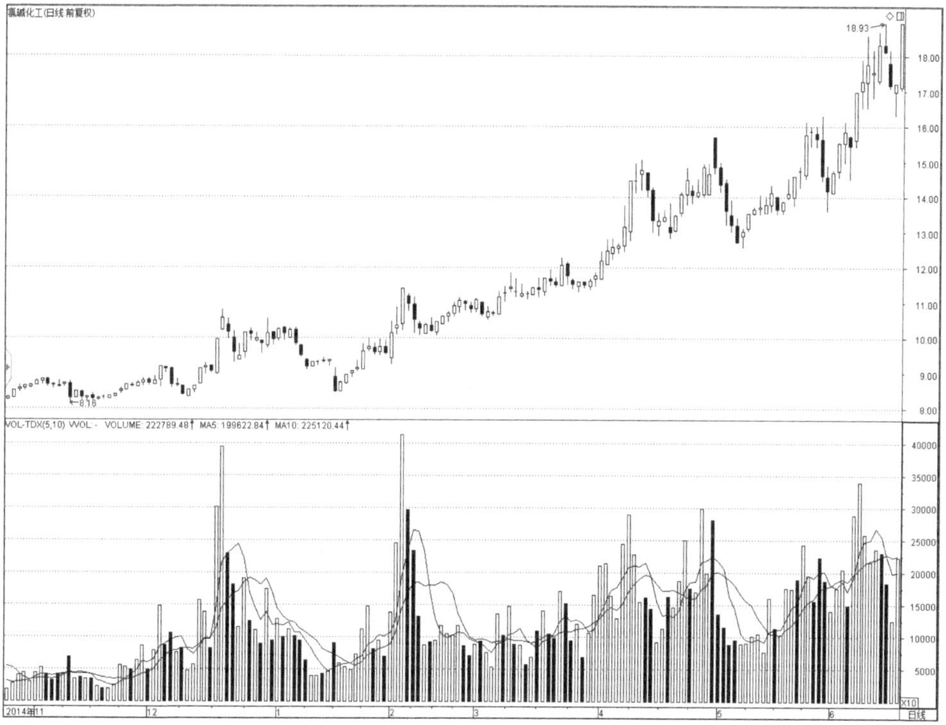

图 3-47

感觉型交易者的最大弊端就是，对市场过度兴奋，对股票过度热情。即便持有的是一只稳定上涨的股票，他们仍旧难以抑制交易的冲动选择卖出，寻找新的交易机会。从某种意义上来说，这部分交易者更愿意享受交易过程本身，而不是交易结果。但频繁操作通常会造成资金亏损。

对感觉型交易者而言，学会克制、懂得耐心的重要性也许比什么都重要。

四、藩篱牢固

在基本面和技术面分析上有一定造诣的交易者对行情发展有自己独到的分析和判断，并在实战中形成了个人的交易体系。但市场价格的波动受多种因素影响，谁也不能准确判别每种影响因素，更不用说能有较好的把握了，所以行情总会有出人意料的变化。

偏执的人永不服输，总是千方百计地为自己辩护，来证明自己的看法正确无误。其总是特立独行，像是不合节拍的独奏。不相信他人，对自己评价很高，总认为自己正确，善于诡辩，即使有时理屈词穷，还要强词夺理，责怪他人不对。

技术交易体系越是成熟的交易者，其对自己的分析判断越是高度“自信”。听不得半点儿不同意见，在行情分析判断上唯我独尊。当这种心态无限泛滥后，即使面对明显错误，偏执型交易者也不会认错，甚至会出现跟市场运行趋势对抗的极端表现。

偏执型交易者会对一些极其明显的技术信号视而不见，即使内心感觉到种种不安，仍旧固执己见。

如图 3-48 所示，A 区域变量出现后，量背离随之出现，该股高点信号已经相对明确。但对偏执型交易者来说，如果这个高点并不符合自己的分析判断，那么他们宁愿眼看着股价开始下跌，也不愿做出改变。

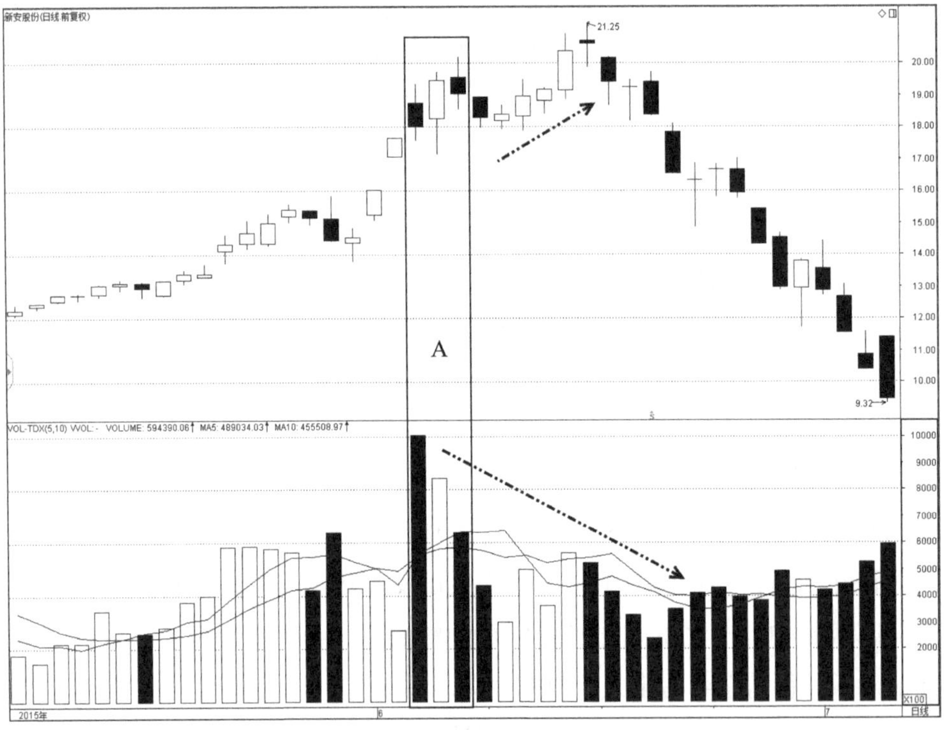

图 3-48

无论是谁都拗不过趋势，跟趋势对抗的结局必然输得很惨。

偏执型交易者欠缺的就是勇于承认错误，及时调整心态。犯错属于交易成本，是对追求的付出。

当交易者犯错后，第一感觉应该是“这次错误，让我得到了什么教训”。如果犯错后，交易者能感觉到的只是“羞耻”，那么就要警惕可能会陷入偏执的泥沼。

五、瘾君子

生活中总有一些人很容易沉迷于某一事物而难以自拔，如沉迷赌博、网络游戏、毒品等。股市上也有类似的“瘾君子”，比如一些人迷信于内幕消息、分析软件等。

有部分交易者认为，在股市上要想赚钱只有依靠内幕消息，其他一切分析手段都是白费心思。这些交易者之所以沉迷于内幕消息，思想根源在于他们认为股票市场的庄家和主力是万能的、无敌的，而探知庄家、主力或上市公司的内幕消息是获利的唯一途径。

这些交易者探知内幕消息的途径，一般是通过研究报纸和网络上的专题文章、股评、券商调研报告，以及证券咨询公司的专题荐股和市场传闻等。

市场上，关于庄家、主力的资金、筹码等信息多数是虚假的，或是某些人根据市场数据推演而来，基本不具备可靠性和实用性。另有一些为主力、庄家故意释放的烟幕弹意在利用交易者的买进或卖出从中渔利。沉迷于内幕消息的交易者基于这些信息做出的决策，其可靠性可想而知。

有些交易者认为花钱买来的专业人士的建议肯定是真实的，却不知由此上了某些“黑嘴”咨询公司的贼船，最后落得“赔了夫人又折兵”。对大多数散户来说，如果内幕消息传播到了大众化的级别，那么即使是真实的，也早已过了“保质期”。

有些沉迷内幕消息的交易者即便上当受骗仍然不知悔悟，甚至内心还在为行骗者开脱，“也许是主力突然出现意外”“也许是市场反应过于迅速”，等等。交易之道，信息固然重要，但如果由此误入钻营内幕消息的偏门，总归要付出代价。

沉迷于内幕消息的“瘾君子”是无药可救的，不依靠自身能力，而是依赖外界信息。这类交易者最好的选择就是及早退出市场，否则的话被骗是不可避免的。

还有一种沉迷型交易者，他们为技术分析的细节所困。沉迷于技术分析细节里的交易者完全醉心于技术分析和指标预测，已经视交易为生活的全部内容。所有时间都花在了观察价格走势和分析股票数据上，甚至达到废寝忘食的地步。几乎没有社交活动，朋友之间日渐疏远，家庭内部也开始出现矛盾，争吵日益频繁。

过度沉迷于技术分析的交易者不仅给自己的生活带来了烦扰，也会对交易造成负面影响。过于刻板地追求技术分析细节、指标预测的准确性，甚至排斥一切非技术性因素，比如情绪宣泄等，机械地认为只关心盘面的价格波动就足够了。

一些沉迷过深的人，自以为勘破天机，甚至忘记了分析的目的是获取盈利与收益，把预测未来价格波动当成了他们唯一的追求和目标。

技术分析对交易固然重要，但如果沉迷其中、食古不化，则反受其扰。沉迷于技术分析不是一种健康状态，对一个只见树木不见森林的交易者来说，没有全面、统筹性的眼光和大局观，很难在股票市场长久盈利。

对沉迷型交易者来说，有时失败会是一剂苦口良药，能让他们及时“醒”过来。

技术绝不只是若干种图形分析，还包括交易心理、操作水平、交易环境等。一个技术高明的人，如果交易心理极其孱弱，那么无论多么准确的预测，也会迷失在股价的波动中。

六、随波逐流

有一部分人认为只有兢兢业业、勤勤恳恳的工作才是富裕之路，而股票交易并不能致富。奇怪的是，他们仍旧把大量资金投入股票市场，并任其随波逐流。这种交易者或可称为土豪型。

或许投入资金前，土豪型交易者有过自己的研究分析，或接受过相关专业人士的建议，于是认为长线交易就是持股不动，买入股票后可以置之不理。实际上，长线并不等同于无所作为，弃之不顾。这部分交易者由于误解股票交易，从而产生随波逐流行为。

还有一种土豪型交易者，往往忙于工作、家庭以及其他琐事，虽然开始交易决策时花费了一些时间和精力，但这类交易者很容易忘记自己确立的交易策略，以及当初的买入理由。随着时间流逝，当他们重新想起自己还存在这份交易时，可能会因为长时间远离市场、疏于研究分析，很难回忆起当初的思路，更难以把握卖出时机，于是决定等熟悉市场行情后再说。但拖延时间越长，做决定就越难，最终变成了“随它去吧，爱咋咋地”。

土豪型交易者的行为是对自有资金的不负责任，这个类型的交易者更适于投资储蓄和国债，而不是投资股票。

第十五章　大赢家的定力

股价永远不会等于公司实际价值，否则就不会有证券交易所了。在指数上涨过程中，即使最差的投机者也能赚到一些钱；而在指数下跌过程中，即使挑到好股票的人也赚不到什么钱。因此，投机看重的是普遍趋势，其次才是选股。

——安德烈·科斯托拉尼

一、危机里的宝藏

约翰·邓普顿说："人们总是问我，前景最好的地方在哪里，其实这个问题问错了，你应该问，前景最悲观的地方在哪里？"1997 年，如果有人这么问的话，邓普顿的回答必然是韩国！

最悲观的地方，往往埋藏着人们无心探窥的宝藏！

1997 年泰国爆发金融危机，不久这场金融风暴席卷菲律宾、印度尼西亚、马来西亚、韩国、日本等亚洲国家。几周之内，这些国家的大量资本开始流出，汇率崩溃，金融机构倒闭，货币贬值逾 50%，股市一落千丈，国内产出急剧下降。

这些国家的政府为巨额债务缠身而无力偿还，经济陷入混乱，局势异常严峻，急需援助。在危机爆发前，韩国一直在努力朝工业强国的目标迈进，从其国内生产总值增长水平来看，是当时世界上增长速度最快的国家之一。

遭受经济危机沉重打击的韩国，经济衰退似乎已是不可避免。大部分投资者对韩国市场不抱期望，撤离好像是唯一明智的选择。但是，邓普顿眼中看到的却是一个极度悲观的市场，在危机中暴跌的韩国市场，遍地都是“便宜货”。

十几年来，老谋深算的邓普顿一直对韩国进行着跟踪研究，他对韩国在危机之后的发展前景，甚至比韩国人自身都清晰明了。如果危机造成的经济后果不为人们所了解或被高估，这个机会甚至会更好。

危机爆发后，韩国政府迫于无奈不得不向国际货币基金组织求助。国际货币基金组织计划向韩国提供585亿美元的贷款，以帮助其应对危机，但这项贷款计划附带很多条件，主要是要求韩国对外资开放其金融市场，并从市场上清除效率低下的公司。

邓普顿等待的出手时机终于出现了。通过一个总部在美国的专门投资韩国的基金，邓普顿开始进入韩国市场。

1999年，当美国的互联网、科技股掀起一股股热浪，而以巴菲特等为首的价值投资者被市场认为“廉颇老矣”的时候，作为当之无愧的“全球投资之父”，邓普顿正在投资极度悲观的市场——韩国，获取2倍以上的巨大收益。

2004年，91岁高龄的邓普顿回到留下美好记忆的韩国。这次，他选择了韩国汽车制造商起亚汽车公司的股票。韩国起亚汽车公司是以其低市盈率、高收益增长率等多项优良表现来满足“便宜货”理论标准的，邓普顿再次毫不犹豫地一掷千金。一年后，他收获了1倍以上的利润。大师的传奇似乎永远没有尽头，90多岁高龄仍旧叱咤风云的，在世界投资史上能留下几个人的名字?

丝毫不变的传奇不会重复出现，经常重复出现的是投资者一次次的由悲观到疯狂、由疯狂再到悲观。离开人群的方向，在偏僻的角落里，说不定正有着一份传奇等着你。

二、世人笑我太疯癫

富国银行的注册商标是一辆四轮马车，图案象征着可靠和成功。

富国银行成立于 1852 年，其创办者是亨利·威尔斯和威廉·法戈，主要提供快递服务，以及经办银行业务。

自成立以来，富国银行进行过 100 多次并购行动，成为美国经营最成功的商业银行，以及全球效率最高的银行之一。富国银行从来没有遭遇过亏损，一直享有良好信誉。人们对它的管理体系评价甚高，其他银行家纷纷效仿。

1990 年美国房地产泡沫的破灭将银行界拉入巨大的危机，富国银行亦未能幸免，股价大幅下跌。“银行”这一字眼在当时就意味着大幅裁员、不动产贷款销账、股息急剧下跌等。

在市场一片看空声中，巴菲特逆势大举介入富国银行，虽然这不是他第一次如此作为，但选择这样的时机购买银行股，即使只是想一想也十分不合情理。一些权威人士提醒说，房地产价格的迅速下降很可能会导致银行系统崩溃。

1991 年，由于巴菲特大量买进富国银行的股票，使得该银行的股票开始复苏性上涨，但他的介入并没有改变市场下跌的大趋势。

1992—1993 年，富国银行因计提坏账业绩差点儿陷入亏损，股价又一次跌至巴菲特最初买入时的水平。巴菲特不为所动开始实施第二次购进。

一些看空富国银行股票的人这样评价巴菲特的买进：一旦巴菲特资金不足，该银行的股票就会骤然下跌，巴菲特最好还是把钱捐赠给慈善事业。

巴菲特对此予以回应道：“我并不是想推销富国银行的股票，或抱有其他什么目的。我只是觉得它是一家非常优秀的企业，有着最好的管理模式和合理的价格。在这种情况下通常可以赚到更多的钱。”

在危机中是什么让巴菲特勇于买进富国银行，他眼中的富国银行有哪些不同寻常的特质呢?

（1）富国银行有非常出色的管理团队。巴菲特在 1990 年致股东的信中说道: 我们在富国银行找到银行界最好的经理人卡尔·理查德特和保罗·汉森，首先，这两个人加起来的力量大于个别单打独斗；其次，他们对有才能的人从不吝啬，但也厌恶冗员过多；再次，尽管公司获利较好，但他们控制成本的努力不曾稍减；最后，他们都坚持自己所熟悉的，让自己的能力而非自尊来决定成败。富国银行出色的管理团队是吸引巴菲特的重要原因之一。

（2）富国银行拥有行业中更好的盈利模式、客户基础和成本优势。它是美国唯一一家被评为AAA级别的银行。它是全能型以客户为导向的银行：银行的目标是满足客户在财务上的全部需求，帮助他们在财务上取得成功。银行的服务是以客户为中心，而不是以产品为中心，这一点贯穿在产品设计、销售和服务中，成为富国的核心理念和发展动力。

富国银行的交叉销售模式为创造利润做出了巨大贡献。它有一个与其他银行不同的地方，它的分支机构都不叫分行，而是叫商店。这是一种有特殊意义的叫法。它可以向一个公司客户推销5.3个金融产品，向个人客户平均推销4.6个产品。这种交叉销售模式大大提高了富国银行对客户资源的利用能力，实现了效益最大化。

富国银行很注重对风险的控制，尤其是在风险的分散化上做得很好。富国拥有80个业务单元，分别为客户一生中可能产生的各种金融需求提供合适产品，这样就把业务风险分散化了，使其不容易受到经济周期影响。风险的分散化也是富国银行不良贷款率低的主要原因。同时，他们避开了大多数有大麻烦的领域。以上几点造就了富国银行利差在同行最高，而承担的坏账风险却更低。

（3）富国银行是公认的好银行，在巴菲特眼中最吸引他的是富国银行的安全边际。巴菲特在1989年购入富国银行时对应PE和PB分别是5.3倍和1.21倍，1992年购入时对应PE和PB分别是15.3倍和1.41倍，1993年购入时对应PE和PB分别是10倍和1.54倍，1996年购入时对应PE和PB分别是7.4倍和0.95倍。

富国银行的估值非常之低，安全边际明显。就算公司可能有较长的低迷期，而且美国经济何时复苏不得而知，但凭借较强的成本控制能力和业务拓展能力，巴菲特相信富国银行未来盈利是高概率事件。

世人笑我太疯癫，我笑世人看不穿。事实和时间证明了巴菲特的远见卓识。2004年巴菲特持有的富国银行市值35.08亿美元，而其投资成本仅为4.63亿美元。

三、精准狙杀

1985年美国和日本签订《广场协议》，美元对主要货币持续贬值，泰国政府因实施盯住美元的汇率制度，汇率随之大跌，进而提升了泰国的出口竞争力。

出口的快速增长有力推动了泰国经济发展，泰国的GDP以每年超过8%的速度增长，被视为亚洲奇迹。

20世纪90年代以后，为了吸引外资、促进经济快速发展，泰国改变了其一直实行的较为严格的外汇管理制度，采取了一些开放措施。

一是开放了离岸金融业务，推出了曼谷国际金融安排（BIBF）。根据这一安排，1993年泰国中央银行向15家泰国商业银行、35家外国商业银行在泰分行发放了BIBF的经营许可证。凡获批准的商业银行可以从国外吸收存款和借款。

二是允许非泰居民在泰国商业银行开立泰铢账户，进行存款或借款，并可以自由兑换。1989年，外国私人资本面向泰国的流出与流入分别在1000亿泰铢左右，1994年分别达到15000亿泰铢左右，5年间增加了15倍。并且在这些资本中，短期资本占比较大，增长较快。

1995—1996年，非居民泰铢存款、经由BIBF的企业短期美元借款、股票市场的国外投资等急剧增加。仅从对银行的债务余额看，1996年年底的701亿美元债务中就有65.2%为短期债务。这些外国资本主要流向了泰国的股票市场和房地产市场，引起股票价格和房地产价格飞涨，泰国金融泡沫逐渐开始膨胀。

1993年外资对泰国证券的投资为30多亿美元，1995年上升到60多亿美元。而在房地产市场上，大量低息美元贷款的涌入，让泰国金融界大喜过望，许多银行一窝蜂似地把近 30% 的贷款投向了房地产业，造成供求严重失衡。

泰国这一时期经济发展上的虚假繁荣来源于大量外来资本投入，而非国内劳动生产率的真实增长。国民劳动力素质普遍低下，处于国际产业链末端，这些弊端和劣势并没有引起该国政府的自省、也未采取谨慎的应对策略。

1990 年美国完成了对日本的金融掠夺，美元对主要货币的汇率开始由贬转升。由于美元持续大幅升值，泰铢实际有效汇率跟随美元不断走强，升值削弱了泰国的出口竞争力，泰国出口增长从 1995 年的 24% 骤降到 1996 年的 3%。

出口下降导致泰国经常项目逆差迅速扩大。同时，由于美元升值，大量短期热钱迅速撤离，泰国金融资产泡沫开始显现破裂迹象。

索罗斯曾提出反身性理论和繁荣萧条序列理论。东南亚出现的如此巨大的金融漏洞，肯定给索罗斯提示了一个完美的攻击路径。所以，他一直耐心等待拐点到来，以便创造类似击跨英格兰银行式的奇迹。

1996 年，泰国房地产泡沫破灭造成商业银行和金融公司经营状况恶化。

1996 年 6 月底，泰国商业银行不良资产达到 1 兆 7800 亿泰铢，不良资产率达到 35.8%。次年 8 月，泰国金融贷款中有 25% 无法付息，大量企业和银行无法清偿债务，尤其是外债。

巨额不良资产使泰国金融市场更加动荡，1996 年 5 月至 1997 年 5 月泰国股指下跌幅度超过 60%，金融市场剧烈波动和经济不断恶化加剧了市场对泰铢贬值的预期。

泰国政府为了维护盯住美元的固定汇率，同时为了阻止外资流出，被迫继续实行紧缩性货币政策，不断收紧银根，持续提高利率，到 1996 年泰国利率达到 13.25%，为当时亚洲国家或地区最高水平。

高利率政策进一步抑制了投资和消费，加剧了经济衰退，造成了商业银行的巨额不良资产。高利率还加大了企业债务负担，迫使企业转向国际金融市场寻求低成本筹资，从而进一步扩大了对外负债规模。

1996年，由于经常项目逆差迅速扩大，泰国经济形势恶化，使泰铢承受巨大贬值压力。1997年泰国外债达到900亿美元，相当于GDP的50%，其中短期外债占到了60%，仅1997年6月至1998年6月到期外债就高达450亿美元。

1997年3月3日，为了维持盯住美元汇率制度，泰国中央银行通过增加对外汇市场的干预力度来保持泰铢稳定。泰国中央银行宣布国内9家财务公司和1家住房贷款公司存在资产质量不高以及流动资金不足的问题。索罗斯认为，泰国金融体系漏洞的深层次问题已经显现，拐点已经来临。

索罗斯下令抛售泰国银行和财务公司的股票，储户在泰国所有财务及证券公司大量提款。持有大量东南亚货币的西方对冲基金闻风也随之大举抛售泰铢。在巨量国际投机资本合力攻击下，泰铢一时难以抵挡，不断下滑，1997年5月最低跌至1美元兑26.70泰铢。

5月中下旬，针对以索罗斯为首的国际投机者，泰国央行倾全国之力开展了一场抵抗行动，意在震慑贪婪的热钱，使其知难而退，不敢兴风作浪。

泰国央行第一步便与新加坡组成联军，动用约120亿美元的巨资吸纳泰铢。第二步用行政命令严禁本地银行拆借泰铢给索罗斯等国际投机者。第三步则大幅调高利率，隔夜拆息由原来的10厘左右升至1000 ~ 1500厘。泰国的组合拳法立时奏效，泰铢在5月20日升至1美元兑25.20泰铢的新高位。

相当多的人认为，由于银根骤然收紧，利息成本大增，会迫使索罗斯大军措手不及，铩羽而归。

但熟悉索罗斯的人绝不这么认为，这极可能只是索罗斯挥出重拳之前的一次试探性攻击。为了这次机会，索罗斯已经卧薪尝胆数年之久，此次他有备而来，志在必得，绝不会轻易放弃。

果然，1997年6月下旬，量子基金再度向泰铢发起猛烈进攻。泰国上下一片混乱，只有区区300亿美元外汇储备的泰国央行经过短暂反抗，便“缴械投降”。面对投机者肆无忌惮地疯狂抛售泰铢，泰国央行要想泰铢保持固定汇率已经力不从心。

泰国政府只得拿出最后一招，实行浮动汇率。不料，这早在索罗斯预料之中，为此他还专门进行了各种准备，各种反制措施纷纷得以执行。泰铢顿时一泻千里，处于无人救助、无人敢救的悲惨境地，7月24日泰铢兑美元降至32.5:1，再创历史最低。

成功点燃泰国“风暴”的索罗斯并没有见好就收，“森林法则”告诉他一定要赶尽杀绝，不能放过“饱餐”的机会。

索罗斯判断，随着泰铢大贬，其他东南亚国家的货币会随之崩溃，于是下令继续扩大战果，大军席卷整个东南亚。

菲律宾、马来西亚、印度尼西亚、新加坡等国金融市场开始剧烈动荡。菲律宾比索、马来西亚林吉特、印尼盾、新加坡元，甚至连经济闭塞的缅甸货币也走软下滑。

自7月21日以来，惊恐万状的印度尼西亚人竞相购入美元，印尼盾汇率开始大幅下跌，其跌幅连破历史纪录。从1997年年初到8月20日，印尼盾对美元已贬值23%左右，远远超出了政府一厢情愿制定的每年5% ~ 6%的指标，贬值幅度之大在东南亚仅次于泰国。

受汇率影响，雅加达证券市场的股票综合指数也一降再降。仅8月前三日就下降了20%以上，一个月内降下150.55点。

印尼盾贬值后，以进口原料为主的制造业成本大增，导致包括汽车、计算机在内的产品价格大幅上扬，建筑材料涨价，主要日常必需品价格也上涨了5% ~ 13%。通货膨胀率从预计的6%以下升至8%以上。

由于印尼盾剧烈贬值，各公司外部债务一夜之间剧增100%，导致已超过1100亿美元的外债进一步攀升。至此，东南亚金融危机全面爆发，东南亚诸国过去几十年的发展成果顷刻间化为乌有。

索罗斯自进入金融领域至今，他所取得的骄人业绩很少有人能够望其项背。虽然他也曾经历惨痛失败，但他总能跨越失败，经过“凤凰涅槃”的过程后变得更加强大。